BuddhAll

All is Buddha.

BuddhAll.

BuddhAll

如來藏論集

談錫永・邵頌雄 ◆ 著

在智境上覆障著識境，
如是的一個境界，便名為如來藏。
法身不離煩惱纏，故於一切有情的煩惱身中，
皆具足清淨的如來本性，
也就是說每一個眾生都有佛性。
透過本論集對如來藏精闢的探究與分析，
以及如何觀修如來藏等談論述，
對於佛法的抉擇與實修，
能提供相當廣大的助益與參考，
是現代佛教知識份子不可錯過的著作。

目錄

第三章：《寶性論》導論

自序

　　本論集是將筆者一些舊作重新整理，再加上筆者及邵頌雄各自一篇新作的結集。結集的目的，是想藉《入楞伽經》及《寶性論》的梵本新譯，說清楚佛家重要的如來藏思想。

　　集中第一章〈如來藏體性與觀修〉，為筆者的新作。此中由《寶性論》說如來藏體性，由《入楞伽經》說如來藏觀修。然而此僅屬方便，並非說《寶性論》與觀修無關、《入楞伽經》與體性無關。

　　凡佛教法（如四諦、十二緣起、般若、法相等），皆體性與觀修互相聯繫，於各別經典中僅有所偏重，從來沒有離觀修以說體性，或離體性以說觀修。因此，對於一些專說體性的經論，亦不能離觀修而理解，對專說觀修者亦當如是。是故本章之所言，即力圖藉此對一經一論作溝通。

　　集中第二章及第三章，原分別為《入楞伽經》及《寶性論》的導讀，當時所導讀者為《入楞伽經》的劉宋譯、《寶性論》則為筆者的藏譯，現在為配合二梵本新譯，已將兩篇導讀作適當修改，但主旨則未變。

　　至於第四章〈寶性論五題〉，原為舊編《寶性論新譯》的附錄，其註文依夾註形式而寫。此文目的在於說明關於傳譯及傳播上的一些問題。

　　值得特別一提的，是邵頌雄撰的第五章〈略談近代漢

土學術界對如來藏的詮釋與研究〉，文中綜述自支那內學院以來以至近年的漢土學者研究。邵君用功甚勤，稽鈎出許多資料，讀者由此可以窺見對如來藏的理解參差。如今三兩唯識今學學人對如來藏痛心疾首，視為邪見，他們大概未讀過歐陽竟無先生與呂澂先生的有關論著。

然而這篇文章亦嫌未夠完備，例如目前流行一時的三系判教，實源自宗喀巴對空性見的判別，他以應成見為中道，以餘宗為太過與不及，當年法尊法師曾將有關論典譯出，不過未將有關論典整系翻譯，由是即造成對宗喀巴說法的揣測，因而導致三系判教的確立。筆者對此曾隨文闡述，但卻非專論，邵君若能就此主題詳加研討，則更能令如來藏珍重。

上來五章，雖收集新舊文章結而成集，但中心思想一貫，可以視為對如來藏的維護，亦可視為是對《入楞伽經》與《寶性論》的合論。在積非成是的環境下，維護如來藏並非易事，然而筆者相信，至少對事不對人的研究態度，終能令讀者對問題細心思考。若能令人重新思考如來藏，這就夠了，因為筆者絕無意將如來藏定為一尊，並用此以取代其餘的宗派。

於附錄部份，邵頌雄君輯錄了研究本書所論之一經一論參考書目，由此可窺見其學養。此書目非泛泛而輯，實有所取捨，故希讀者加以珍重。

如來藏為佛家觀修之究竟見，難可了知。本書遵敦珠法王的教授，由筆者及頌雄加以發揮，實為三代學人的心血，望此能為研究如來藏開一康莊大道，則如來藏系列經

論，以及文殊不二法門系列經典，皆能為人利益，是於此有厚望焉。

　　本書若有少份功德，悉皆迴向此世間苦難眾，願不更聞刀兵饑饉災病之名。

談錫永

西元二千又五年歲次乙酉

第一章

如來藏體性與觀修

《入楞伽經》與《寶性論》合論

第一章：如來藏體性與現修

第一節　前言

「如來藏」(tathāgatagarbha) 為佛家重要思想，且為佛家之究竟見。弘揚此思想，有一系列經論。於經典中，除明說如來藏諸經，如《如來藏經》(*Tathāgatagarbhasūtra*)、《勝鬘經》(*Śrīmālāsiṃ hanādasūtra*)、《不增不減經》(*Anūṇatvapurnatva-nirdeśa-parivarta*)、《入楞伽經》(*Laṅkāvatārasūtra*) 等外，尚應包括以文殊師利菩薩為主名，所謂「不二法門」諸經典[1]。於論典中，則主要為彌勒瑜伽行派諸論，除此以外，其實龍樹一些論典亦有如來藏思想。[2]

---

[1] 此等文殊師利經典甚多，包括《文殊師利現寶藏經》(異譯：《大方廣寶篋經》)、《聖善住天子所問經》(異譯：《如幻三昧經》)、《文殊師利普超三昧經》(異譯：《阿闍世王經》)、《魔逆經》、《未曾有正法經》、《文殊師利淨律經》(異譯：《清淨毘尼方廣經》)、《法界體性無分別經》、《文殊師利巡行經》、《須真天子經》、《諸法無行經》(異譯：《諸法本無經》)、《思益梵天所問經》、《維摩詰經》等等，於此不能盡錄

[2] 此等論著，包括《菩提心論》(*Bodhicittavivaraṇa*) 及《法界讚》(*Dharmadhātustava*)。西方學者 Christian Lindtner 認為《菩提心論》應毫無疑問是龍樹的論著。引用此論著的論師亦包括清辯 (Bhāvaviveka)、無性 (Asvabhāva) 及寂護 (Śāntarakṣita)。龍樹於此論除破瑜伽行派「三自性」為了義說外，亦明顯有四重緣起思想，重重破立。此論唯完全保存於藏文譯本 (然有梵文片斷殘本保留十一偈頌)。英譯可參 Christian Lindtner，*Master of Wisdom* (Berkeley: Dharma Publishing, 1997)，頁 32-71，另參同書頁 248-255。至於《法界讚》，施護的舊漢譯問題甚多，筆者已據藏譯重繙此論，收拙《四重緣起深般若》附錄 (台北：全佛出版社，2004)。此外，不空譯《百千頌大集經地藏菩薩請問法身讚》除多出尾段三十餘頌以外，其內容實即《法界讚》。讀者尚可參 D. Seyfort Ruegg, "Le Dharmadhātustava de Nāgārjuna," *Etudes tibetaines dédiées à la mémoire de Marcel Lalou* (Paris: Librarie d'Amérique et d'Orient, 1976)。

　　依如來藏作觀修之宗派，於漢土，以禪宗、華嚴、天台等宗為主；於藏土，則以甯瑪派（rNying ma）、薩迦派（Sa skya）、噶舉派（bKa' brgyud）、覺囊派（Jo nang）為主。於漢土統名為「空宗」，於藏土則統名為「大中觀」（dbu ma chen po）。

　　如來藏經典結集，較般若系列經典為晚，卻與瑜伽行經典，如《解深密經》（Saṃdhinirmocanasūtra）、《密嚴經》（Ghanavyūhasūtra）等同期，故般若系列稱為「二轉法輪」經典，如來藏與瑜伽行系列則稱為「三轉法輪」經典。但其實如來藏與瑜伽行思想，於二轉法輪時已見端倪，不過非是此時期傳播重點而已。亦即，於二轉法輪時，施設「般若」（prajñā）、「空」（śūnya）、「緣起」（pratītyasamutpāda）等名言以說法，而於三轉法輪時，則施設「如來藏」（tathāgatagarbha）、「佛性」（buddhadhātu/ buddhatva）、「藏識」（ālayavijñāna）及「三自性」（tri-svabhāva）、「三無性」（tri-niḥsvabhāva）等名言。名言不同，所說法門似有異，若自究竟而言，則彼此實皆相同。為便抉擇與決定，故說空性與緣起；為便觀修，故說八識、三性、三無性，此即所謂「法異門」。

　　如來藏思想與瑜伽行思想同時傳播，即謂瑜伽行之觀修與修證如來藏有絕大關係，所以瑜伽行派論典，大多說及如來藏，此如《大乘經莊嚴論》（Mahāyānasūtrālaṃkāra）、《佛性論》（Tathāgatadhātuśāstra）、《寶性論》（Ratnagotravibhāga）等。瑜伽行為觀修之道、如來藏則為觀修之果，故二者不可相離。亦正由於此，始能明為何於三轉法輪時，既說如來藏，復說瑜伽行。此二者非相雜。

　　最足以說明如來藏與瑜伽行關係之經典，當推《入楞伽經》；最足以說明瑜伽行派之如來藏思想論典，當推《寶性論》。故今即就此一經一論，以說明其中重要脈絡。

　　為明脈絡，筆者曾為此一經一論撰寫「導讀」，又以《寶性論》舊譯落於他空見，故就藏譯加以重譯，此二者分別見於筆者所主編《佛家經論導讀叢書》之〈入楞伽經導讀〉及《甯瑪派叢書》之《寶性論新譯》。

　　此二叢書面世之後，雖為漢文版本，亦頗得國際學者回響。日本如來藏權威高崎直道對《寶性論》之繙譯即予以過譽，但卻亦提出坦率批評，認為筆者過份遷就藏譯及甯瑪派見地，以致有時與梵本不合，以此之故，促使筆者據梵本再重新繙譯此論。此外，學者亦有對《入楞伽經》之梵本及三種舊漢譯有所討論，加上筆者於講經時亦感覺舊譯每多扞格難通致生疑義，為此又據梵本將此經重新繙譯，如是前後六年，所成即為今呈獻於讀者之《入楞伽經梵本新譯》及《寶性論梵本新譯》，由此二新譯，如來藏與瑜伽行二者之脈絡即易明曉，下來即據此二新譯本而論述。

第二節　如來藏之傳播

於論述之先，欲一說關於如來藏思想之傳播歷史。

依一些近代學者的說法，如來藏思想之傳播分為三期，而此思想之後期傳播與「瑜伽行中觀」（Yogācāra-Madhyamaka）大致同時，並且認為，如來藏思想與「瑜伽行中觀」都企圖將「中觀」與「瑜伽行」兩派思想作一調和，亦即是調和龍樹（Nāgārjuna）之中觀與無著（Asaṅga）所傳之彌勒瑜伽行，然而二者卻實無可調和，故說此調和為不合理。

此種說法，根本忽視佛家近二千年傳統之觀修，忽視瑜伽行中觀各宗派傳承。無論漢藏，種種宗派傳承都受自宗重視，代代相傳皆有祖師名號，每位祖師亦各自有其歷史，但在「調和說」學者眼中，卻可能只是一堆無稽故事，因此，他們便依着名言，依着一己之猜想來下結論，既然說是瑜伽行中觀，那當然便是將「瑜伽行」與「中觀」調和。實際上，他們根本不知道瑜伽行中觀即是依如來藏思想作觀修之「大中觀」（dbu ma chen po），亦不知道漢傳、藏傳許多主流宗派，都依此而成立其觀修體系，他們更不知道「瑜伽行中觀」之內涵與類別。

事實上，如來藏思想（亦即「瑜伽行中觀」）於龍樹稍晚時代，即於文獻中可見其傳播史實。此見於多羅那他（Tāranātha）之《印度佛教史》，於第十七章〈聖天阿闍梨時期〉，說於月密王（Candragupta）時，為聖天阿闍梨（Ācārya Āryadeva）弘法時代，其時於南方有阿闍梨龍召

（Ācārya Nāgāhvāya）說瑜伽行中觀。他又名如來賢（Tathāgatabhadra），七度赴龍界說法，撰有《三身頌讚》（*sKu gsum la bstod pa*）、《如來藏讚》（*sNying po'i bstod pa*）。由於其弘播，當時於南方 Vidyānagara 城，即使孩童亦唱《如來藏經》（*De bzhin gshegs pa'i snying po'i mdo*）偈頌。他為龍樹弟子，曾長期主持那蘭陀（Nālānda）寺。

此中所說《三身頌讚》有藏文譯本，說如來藏。《如來藏讚》未見有漢藏譯，亦未見梵文原本 —— 張建木先生譯，附梵名為 *Tathāgatagarbhastotra*[3]，此或即指《如來藏經》中之偈頌。

故若依多羅那他之說，是則至遲於西元二世紀時，如來藏思想（即瑜伽行中觀），實已廣弘於南印度，此亦即今日所謂藏傳佛教之傳承。至於漢土，禪宗、華嚴、天台等宗雖無瑜伽行中觀之名，然其宗見則實亦相同。

上來所說，可與近人之研究印證。近代歐美學者研究《入楞伽經》，發現經中所說之若干偈頌，嘗為龍樹《中論》及世親《唯識三十論》所引用[4]。今但舉 Christian Lindtner

---

[3] 見張建木譯，多羅那他《印度佛教史》（四川：四川民族出版社，1988），頁98-99。

[4] 據近代西方學者研究，龍樹論著中，包括《中論》、《不思議讚》等，曾多次引用《楞伽》偈頌，詳見 Christian Lindtner, *Master of Wisdom* (Berkeley: Dharma Publishing, 1977)；Christian Lindtner, "The *Laṅkāvatāra Sūtra* in Early Madhyamaka Literature," oral presentation to The Eighth Conference of The International Association of Buddhist Studies at the University of California, Berkleley, August 8-11, 1987；Nancy McCagney, *Nāgārjuna and the Philosophy of Openness* (Lanham: Rowman & Littlefield Publishers, Inc., 1977)；有關世親《唯識三十頌》引用《楞伽》之研究，見 Lambert Schmithausen, "A Note on Vasubandhu and the Laṅkāvatārasūtra," *Asiatische Studien*, XLVI・1・1992。

所說為例,用以討論。

如《中論》第十八品第12頌云(依波羅頗蜜多羅譯)——

> 諸佛未出世　聲聞已滅盡
> 然有辟支佛　依寂靜起智[5]

此頌義未見於餘經,然卻同於《入楞伽經》第十品第488頌(依拙《入楞伽經梵本新譯》,下同)——

> 聲聞所得為滅智　諸佛所得是為生
> 緣覺眾與諸菩薩　由除煩惱而成就

按,上引《中論》頌,此頌鳩摩羅什譯與梵本不同,彼譯云——

> 若佛不出世　佛法已滅盡
> 諸辟支佛智　從於遠離生[6]

此譯令人誤解頌義,以為當佛不出世而佛法滅盡時,唯辟支佛由「遠離」而生智。波羅頗蜜多羅譯較勝,但亦未能令人易解,此頌若依梵文[7]重譯,應譯為——

> 諸佛為無生　聲聞為滅盡
> 辟支佛之智　由寂靜而起

此即與上引《入楞伽經》偈頌同義。此中「無生」(anutpada),亦可解為不起現行,故舊譯為「不出世」。若

5　大正・三十,no. 1566,頁108c。
6　大正・三十,no. 1564,頁24a。
7　saṃbuddhānām anutpāde śrāvakāṇāṃ punaḥ kṣaye jñāṃ pratyeka bhuddhānām asaṃsargāt pravartate

比較頌義，「聲聞為滅盡」，即「聲聞所得為滅智」；「諸佛為無生」，即「諸佛所得是為生」[8]；辟支佛依寂靜（asaṃsarga 遠離）而起智，即「由除煩惱而成就」。

如是分別三乘，確為《入楞伽經》之創說。

復次，《中論》第二十五品第3至5頌（依鳩摩羅什譯）云——

> 無得亦無至　不斷亦不常
> 不生亦不滅　是說名涅槃
>
> 涅槃不名有　有則老死相
> 終無有有法　離於老死相
>
> 若涅槃是有　涅槃即有為
> 終無有一法　而是無為者[9]

此三頌義，顯然隱括《入楞伽經》一段經文——

> 復次、大慧，大般涅槃非壞非死。大慧，若大般涅槃是死，則應更有生與相續。大般涅槃若壞，則彼當是有為法。以此之故，大般涅槃非壞非死，為行人之所歸趣。
>
> 復次，大慧，大般涅槃無捨亦無得，非常亦非斷，非一義亦非無義，是名涅槃。

---

[8] buddhānāṃ janma saṃbhavant，此言佛之「生」，即指佛內證智境自顯現為一切識境，故說為 janma saṃbhavan，此可直譯為「諸佛有法之根基」，其「生」義如是。本經即持此義以說「無生」，故「諸佛所得是為生」（諸佛為諸有法之根基），便亦即「諸佛為無生」。《入楞伽》頌，故意突顯「生」義，與聲聞之滅盡相對。

[9] 大正‧三十，no. 1564，頁34-35。

一向以來，學者皆認為《入楞伽經》之結集比龍樹為晚，甚至有認為比世親亦晚，近代研究者推翻舊說，認為《入楞伽經》之文字結集雖遲，但其經義及其偈頌，實於龍樹以前即已流行。對此說法，讀者可自行參考彼等論述。於此不贅。此處但提出龍樹弟子龍召阿闍梨廣弘如來藏於南印之史實，作為旁證，支持《入楞伽經》內容至遲於龍樹時代即已流傳之說。

將如來藏思想之弘揚期推前，有助於對若干論典理解。此如龍樹之《菩提心論》（*Bodhicittavivaraṇa*），由瑜伽行中觀觀點着眼，可確定無疑，但學者慣於接受西方學者之舊說，將佛家思想視為由「發展」而成，遂認為於龍樹時代唯有緣起思想，不可能說等同「如來藏藏識」（tathāgatagarbha-ālayavijñāna）之「菩提心」（bodhicitta），由是對此等論典致疑，若上來所說之如來藏弘揚期成立，則至少可除去對龍樹若干論典之疑問。

第三節 「如來藏藏識」義

今且一說「如來藏」與「如來藏藏識」。

何謂如來藏？近世學者但由「藏」（garbha）此名言着眼，解讀為胚胎、根源、本質等[10]，甚至有將之等同為藏識，此等解讀，實過份落於名言層次，而非由經典及其觀修以理解「如來藏」之名。

於《勝鬘經》中，說云——

> 如是法身不離煩惱，名如來藏。世尊，如來藏者，即是如來空性之智。
> 世尊，此如來空性之智，復有二種。何等為二？謂空如來藏，所謂離於不解脫智一切煩惱；世尊，不空如來藏，具過恆沙佛解脫智不思議法。[11]

由是知如來藏實為如來內自證智境界（如來空性之智），故說有二種。空如來藏之境界，行者由觀修而證，於觀修中離「不解脫智」、離「一切煩惱」。此中所謂「不解脫智」應即指落於四重緣起之現證[12]，未能盡超越緣起，故即使於初地能觸證真如、於六地已現證般若波羅蜜多，所證者仍為「未解脫智」，即使由八地起入深般若波羅蜜多已離緣起，以未究竟離相礙緣起故，亦為「未解脫智」。及至佛地，盡離緣起，證根本智，此始說為解脫智。

---

10 參本書第三章《寶性論》導讀，註2。
11 依菩提流志譯。《大寶積經・勝鬘夫人會》，大正・十一，no. 310，頁677。
12 見拙著《四重緣起深般若》（全佛，2004年）及《心經內義與究竟義》。下來尚有詳說。

　　至於不空如來藏之境界，非由修證而成，實為法爾。故具佛解脫智不思議法，此即如來法身。於佛地上，於金剛喻定證智，可說為空如來藏智，然實同時法爾而起後得智，即起觀察世間（即觀察識境）之智，此即法爾與證智雙運而成不空如來藏智境界，亦即一切如來之內自證智境界。

　　何以須說後得？以如來法身既為智境，智境不落言詮不可思議，不可見亦不可說，故如來以本願力，必自顯現為識境，是名大悲，是故如來亦恆時不離識境。既不離識境，即當有觀察識境之智，由是說名為後得。至於法身佛，雖未示現，然亦不離識境而成周遍法界之生機，此亦說為後得，故說「法身不離煩惱，名如來藏」。

　　於《文殊師利所說不思議佛境界經》，說云 ——

　　　　世尊，非思量境界者是佛境界。何以故？非思量境界中無有文字；無文字故，無所辯說；無所辯說故，絕諸言論；絕諸言論者是佛境界也。[13]

　　然則如何始能見此智境？經續云 ——

　　　　世尊，諸佛境界當於一切眾生煩惱中求。所以者何？若正了知眾生煩惱，即是諸佛境界故。……佛境界自性，即是諸煩惱自性。[14]

　　由此兩段經文，即易了知佛境界（智境）唯由其所自顯現之煩惱境界（識境）而成認知，故說「法身不離煩惱」，求認知法身則須向「一切眾生煩惱中求」。

---

13 依菩提流志譯，大正・十二，no. 340，頁108b。
14 同上。

於《入楞伽經》中，羅剎王羅婆那請大慧問法，頌云
——

中「內自證趣境」為筆者依梵文 pratyāma-gati-gocara 而譯，唐譯為「自證智境界」實未全合。所謂「趣境」，本指六趣眾生心識境界，是識境非智境。於此處，正指佛觀察識境世間之智，見為如是，即佛內自證趣境。

何以請佛説內自證識境，則正以智境「絕諸言論」，無可説故。若一旦落於言説，則已顯現成為識境，故云。

是故經中第一品第1、2頌云 ——

> 心自性為法藏義　　無我離量離諸垢
> 其內自證趣所知　　願佛示知入法道
>
> 無量功德善逝身　　於彼現為化已化
> 內自證趣法得樂　　適時佛請入楞伽

請佛示知者，為佛「內自證趣所知」（pratyātma-vedya-gati-sūcanaham）；於佛之化身，説為「內自證趣法」（pratyātma-vedya-gati-dharmaratam）得樂[15]，凡此皆揭示《入楞伽經》之主旨，説佛智境唯藉識境而成自顯現，此即與上來所引二經同一旨趣。

然而，由佛智境所自顯現之識境，雖成識境具諸煩惱，而智境實未嘗因此而變易其本質，依然清淨，故《入

---

[15] 此即「得內自證趣法樂」。

楞伽經》第六品有云——

> 由無始來時種種虛妄識量積集習氣所熏，〔如來藏〕即有藏識之名，彼與生起無明住地之七種識俱。此如大海，波濤恆時洶湧，然而其體則無間而持續，盡脫離無常之過失，不涉自我，體性究竟本來清淨。

其下又云——

> 大慧，菩薩摩訶薩若求殊勝義者，當求名為藏識之如來藏清淨。

此中「如來藏有藏識之名」及「名為藏識之如來藏」，可分別解讀為「智境成識境而自顯現」及「自顯現為識境之智境」。由是，即知經中施設「如來藏藏識」此名言，實即顯示《勝鬘經》中所說，「如是法身不離煩惱，名如來藏」此甚深義。若離此義以說如來藏及如來藏藏識，皆違背佛說。故《入楞伽經》第六品有云——

> 大慧，我加持勝鬘及餘深妙淨智菩薩，說名為藏識之如來藏與〔餘〕七識俱起，令未離執着之聲聞眾從而得見法無我，勝鬘以得佛力故說如來境界，此非二乘及外道之臆度境。大慧，如來境界即是如來藏藏識境界。

此中「境界」一詞，於梵文用 viṣaya，而非常用之 gocara，此專指由根官所認知之境界，故亦即所謂「趣境」。由此段經文，即明智境自顯現而成之識境，是「如來藏藏識境界」（tathāgatagarbha-ālayavijñāna viṣaya）義。

　　上來所說，已明「如來藏」及「如來藏藏識」。下來即
依此義以説《寶性論》及《入楞伽經》。

第四節 如來藏體性

1 七金剛句

《寶性論》說如來藏體性，分七金剛句而說。此七金剛句，即1）佛（buddha）、2）法（dharma）、3）僧（saṅgha）、4）佛性（dhātu）、5）菩提（bodhi）、6）功德（guṇa）、7）事業（karman）。

本論專說如來藏，於古代向無異說，唯近代學者卻依名言，將七金剛句視為非主從關係之七義，《寶性論》分別說此七者，唯對佛性（如來藏）說得篇幅最多。日本學者高崎直道反對此說，深得論義。

彼等學者不知本論以如來藏為中心，於其前說佛、法、僧三寶者，初，以如來藏為佛本性；次，以說如來藏為佛所建立之教法；復次，以僧為依如來藏教法修學之人，主題全在如來藏。

於正分第一品說第一金剛句佛寶，第4頌云（依拙《寶性論梵本新譯》，下同）——

> 既證佛體性　無初中後際
> 寂靜自覺知　我向作頂禮

釋論第7頌云——

> 唯內自證故　不依他而覺
> 具三覺為智　示覺道為悲

　　依頌義，知其說佛寶者，實依其內自證而說，其內自證即佛體性（buddhatva）。論中亦多用「本性」（prakṛti）一詞，此可理解為諸佛之本質。此本質亦即諸佛內自證智悲雙運境界，亦即一切諸佛之法身。故知此實由如來藏建立佛寶，如來藏即佛內自證境界故。

　　於說第二金剛句法寶，第9頌下半偈云——

　　　　離言內證法　清淨無垢智
　　　　如日破無明　貪瞋癡等障

　　釋論第12頌上半偈云——

　　　　離思量離言　聖者自證智
　　　　故不可思議

　　此即明說法寶為離言詮之佛內自證法。故知此實為如來藏教法，亦即不可思議不二法門。

　　於說第三金剛句僧寶，第13頌云——

　　　　敬禮正知者　由本明淨心
　　　　見煩惱無實

　　　　由是而了知　周遍諸有情
　　　　極無我寂靜

　　　　觀見等覺性　遍於一切處
　　　　其智無障礙

　　　　彼以智慧眼　於清淨中見
　　　　無量有情眾

釋論第15頌云 ——

> 知世間寂靜　故能如實見
>
> 心淨故能證　煩惱本來無

此即說僧寶修證如來藏，故說其修證境界為「由本明淨心，見煩惱無實」，且「遍於一切處」而於清淨中見有情。

由上來所引，即知其建立佛、法、僧，無不依如來藏而建立，若謂其但別說三者，非說如來藏，則未免太受標題所誤。若標題為「內自證如來藏佛寶」、「說內自證如來藏法寶」、「修佛內自證如來藏僧寶」，則學者當不能謂說三寶非說如來藏。

學者一旦昧於論義，即不知本論之說三寶，尚有一重深義，即以本來明淨心而周遍一切界以說如來藏體性；至於說「其智無障礙」，則說如來藏須離相礙緣起而證，亦即盡超越四重緣起始能入佛內自證智（於「四重緣起」，下來當說）。

於說佛性後，《寶性論》復說證菩提、功德、事業。說此三者亦即說如來藏。

初，證菩提。《寶性論》為此建立「雜垢真如」（samalā tathatā）與「離垢真如」（nirmalā tathatā），說言 ——

> 「雜垢真如」者，謂真如離諸污染，此為〔佛〕性未離煩惱殼之名，亦即如來藏。
>
> 「離垢真如」者，此為〔上說〕性之名，當其於佛

地轉依之性相,即謂如來法身。

此即謂若未離「藏識」之名(未離所自顯現之識境),佛性可名為「如來藏」,故即真如雜諸垢障;此雜垢真如轉依圓滿,所現證者即為佛內證智境界,是謂如來法身。故可説為真如離諸垢障。此離垢真如,則為如來藏之自性。亦即如來藏以法身為性。

「證菩提」者,即轉依圓滿,亦即行者由觀修而現證空如來藏智,於後得時,即現證法爾不空如來藏智。是則説為證菩提,實説觀修如來藏以至現證如來藏。説為「雜垢」與「離垢」,無非欲顯明觀修與現證之「轉依」義,是即轉捨一切如來藏所自顯現之識境,而依得諸佛智境。

次,説佛功德。論言——

> 又如摩尼寶所有明色形相不離不脱。舍利弗,如來所說法身之相亦復如是,過於恆沙不離不脱不斷不異,不思議佛法如來功德智慧。

故正分第三品第1頌言——

> 自利利他勝義身　　為世俗身之所依
> 現為離繫異熟果　　六十四功德差別

此說勝義身,即「圓滿清淨無垢性」,亦即諸佛法身,亦即「離繫果」。然此無垢性法身不成顯現,故自顯現而成色身,故說勝義身「為世俗身之所依」。是故釋頌2云——

> 自成就依處　　是佛勝義身
> 他成就依處　　則是世俗身

　　如是，即《入楞伽》所說之「如來藏藏識」義。藏識境界之世俗身，現為「異熟果」，然後始成自顯現，成自顯現始能利他。

　　此中佛勝義身，以身智界三無分別，故可說之為佛智境，而其自顯現世俗身，當然即是識境。無論智境識境，皆具足諸佛六十四種功德，是即如來藏之功德。故知說佛功德，仍未離如來藏體性而說，非別有安立。

　　更次，說佛事業。此說有兩種事業，一者、無功用行，此即離諸作意；二者、常不休息，此即無功用行常不間斷。

　　於論第2頌下半偈云——

　　　　此即無垢功德藏　　觀察有情諸差別
　　　　煩惱所知障雲覆　　以大悲風吹令散

　　說為「無垢功德藏」，實指如來藏。如來藏自顯現為藏識，即為「煩惱所知障雲覆」，故佛所行教化事業，即為「以大悲風吹令散」，令「有情」得離二障（煩惱障、所知障）而現證如來藏，入空如來藏智。

　　由上來所說，七金剛句無不說如來藏，但分別為三寶及菩提、功德、事業。佛法僧三寶依如來藏而建立，諸佛成就（證菩提、法爾具足功德、無間作大悲事業）亦依如來藏而建立。

2　一因三緣

於《寶性論》第一品，說出生佛法僧三寶，有一因三緣。以雜垢之如來藏為因，以離垢佛法身、佛功德、佛事業為緣。稱為「四種不可思議法」。此四者，釋論第25頌云——

> 清淨而污染（如來藏）
>
> 無染而清淨（佛法身）
>
> 不捨離〔佛性〕（佛功德）
>
> 無作無分別（佛事業）

括號中之註釋為筆者所加。由此即知，「清淨而污染」之如來藏，實為出生三寶因，而以離垢法身不空如來藏以為緣，此已明如來藏之體用。於是即專說雜垢真如如來藏之體性，此即第四金剛句。

於第四金剛句，有總說與別說。總說只一頌，即第27頌——

> 佛智入諸有情聚　　以無垢性故無二
>
> 於佛性上現其果　　有情故具如來藏

言「佛智入諸有情聚」者，即謂佛智周遍一切有情界，有情界以佛智為因，現其果亦為佛性。於此因果中，佛智不因其「入有情聚」而變異，有情界亦不因其現為有情界而離異佛智，故以其具無垢性而言，可說「佛智」與「有情聚」為無二。

　　此頌所言，即上來說如來藏藏識基本義理。由是知《寶性論》之建立如來藏，實同《入楞伽經》。近代學者有以一說如來藏，一說如來藏藏識，於是認為二者之建立不同。此不同，即如來藏思想之「發展」。實誤。此唯施設名言有異，如來藏思想一貫，何嘗有所發展耶，此唯詮釋之方式與施設有異而已。

　　至於別說，《寶性論》立如來藏十義，此即說如來藏之性、因、果、用、相應、行相、差別、遍一切處性、不變異性、無二性等。此可視為瑜伽行派之施設。經典所說為基本義理，諸宗派則可作施設以配合自宗之觀修，此即「道名言」之建立。上來十義，說相應、行相，即瑜伽行派之不共施設，故可視為自宗不共義。不共者，與餘宗不共。然而無論如何不共，皆不得與基本義理相違，讀《寶性論》，於此須知。今但說此不共施設。

　　此說相應，即謂觀修如來藏須與其圓滿清淨因相應，說為三者，論言——

　　　　然則何等為此三義？一者法身清淨因、二者佛智成就因、三者如來大悲生起因。

復言——

　　　　法身清淨因者，以修習信解大乘教法故；佛智成就因者，以修習般若及三昧〔定〕故；如來大悲

生起因者，以修習菩薩大悲心故。[16]

瑜伽行派主張轉識成智，是謂轉依。若依如來藏義，是即轉捨識境而得入智境，然而止觀修習僅為與如來藏相應之一因，是為「佛智成就因」，其餘二因，實亦應説。

大乘首重發菩提心，菩提心可謂大乘之基石，故龍樹於《菩提心論》強調大悲，視之為修習波羅蜜多之根本；彌勒於《現觀莊嚴論》説修證般若，入手即説大乘二十二發心，令行人得入道基。菩提心者，説為智悲雙運，此中之大悲，一般説為利益有情，故智悲即為自利利他，菩薩證地道上智即為自利，具大悲心即是利他。《寶性論》所言「如來大悲生起因」，釋論解為「以修習菩薩大悲心故」，即用一般説法以説菩提心，實未説菩提心之密義。於此密義，可説為如來法身功德事業，此亦即一切界之情器世間以至佛淨土，其所以具有生機，即以法身周遍之故。生機即是法身功德事業，由是説為大悲。由是亦説法身不離煩惱殼，此義於下來尚有提及。

法身清淨因之相應，釋論説為「修習信解大乘教法」，此中之「信」，一般釋為信仰之信，於〈後分〉，釋論亦唯強調信仰，如云：「若然智者具深信」及「於彼不思議境界，若能虔誠具深信」，此即以共義釋「信」。然而本論〈後分〉第2頌云——

　　勝者境界生信解　　即成聚佛功德器

16　此可參考下文説「如來藏四德性」，此三因，分別建立為淨、我、常。四德性中之「樂」，以三昧為因，故實亦由「佛智成就因」建立。如是成立常、樂、我、淨四德性。

此說須「信解」者為佛境界，非僅為大乘教法，既信佛境界，即能於抉擇及決定生信，是即「信」之密義。

此三相應因，若依密義，當為修證而建立。凡修證，行人先須抉擇，然後依抉擇義觀修，由觀修而得決定，復依決定而現證。此即修證之次第。

今「**法身清淨因**」之所謂「信」，即信法身清淨，亦即抉擇如來藏為本性明淨、抉擇如來藏為佛智境、抉擇如來藏藏識為佛智悲雙運，非僅信仰之信。

是故接言「**佛智成就因**」，是即觀修，亦即釋論所言之「修證般若及作止觀修習」。

其後言「**如來大悲生起因**」，是為決定。於如來藏之修證，即為決定識境乃智境之自顯現，復決定無變異與無異離二義，如是始能決定空如來藏智與不空如來藏智。

必須如是理解三因，始明觀修如來藏之相應義。行者與三因相應，自能由抉擇、觀修、決定而現證，故此三因，實為得現證如來藏因。

此說行相，第一品第45頌云 ——

　　凡夫聖者佛　　不離於真如

　　如實見者言　　都具如來藏

是謂如來藏有三種行相，可說為凡夫之如來藏、聖者（菩薩）之如來藏、佛之如來藏。

其下於「分位差別」一節，更說此三種行相差別，第47頌云——

> 不淨與染淨　及圓滿清淨
> 次第相應者　凡夫菩薩佛

釋論云——

> 一者、境界不淨者名為有情界；二者、境界有淨及不淨者名為菩提薩埵；三者、境界圓滿清淨者名為如來。

此即依三種行相作三種差別。觀修行人，由觀修境界而得知差別，是即明觀修之次第。如是即明，觀修如來藏非唯觀修空性，唯空非是圓滿清淨。

若言，清淨即是空，云何唯空非是圓滿清淨。

答言，說清淨即是空，是用清淨以形容空性境界，但空性中必同時有自顯現，其自顯現亦為空性，故說為「空不異色，色不異空」，此中「異」者，為異離之意。既色空二者恒不異離，是即於佛境界中不能說為「唯空」（stong rkyang），實應說為「現空」（snang stong）。

「現空」者，空性中有自顯現，自顯現亦具空性。此始為如來藏義。如來藏既為佛內自證境界，於中即非唯空性，以其必須自顯現為識境始成可見，且法身恆時不離識境始成法身功德故。此如《入楞伽經》第一品第44頌云——

> 如一往見而見者　是則不能見於佛
> 分別不起不見佛　離世得見轉依者

　　此即謂若離識境，不得見佛（「分別不起不見佛」），但於識境中須離緣起法（「離世」），始得見佛（「轉依者」）。此即喻勝義與世俗、智境與識境雙運。

　　由是可知，唯空性非圓滿清淨，必須不離識境而見空，始名圓滿而清淨，此中之「圓滿」，即圓滿成就識境。

　　以佛境界為智境與識境雙運，故圓滿成就識境，此即上來所說佛之大悲。以大悲故，情器世間得以成顯現。此已說為大悲之密義。故此大悲，始可理解為法界之生機，就有情眾而言，此周遍法界之生機又可名為大樂，以成就情器世間為樂故。由是說菩提心之密義，即說為樂空雙運，此與智悲雙運可說為同義詞，然而着眼點卻不相同。說為「樂空」（bde stong），着眼於觀修之境界；說為「智悲」，着眼於明其體性。

　　上來已依《寶性論》說如來藏體性。

第五節　如來藏之觀修

《入楞伽經》說如來藏，以說觀修為宗旨，故施設名言為「如來藏藏識」，以便行者由觀修藏識境界以現證「名為藏識之如來藏」。

由是本經正分實可分為三科：一者、由觀修說如來藏；二者、說修證如來藏；三者，說現證如來藏。下來，即據此三科以說。

1　由觀修說如來藏

說如來藏，說為五法、八識、三性、二無我。此即是說「如來藏藏識」，亦即由藏識境界以明名為藏識之如來藏。

此中五法，為相（nimitta）、名（nāma）、分別（vikalpa）、正智（samyakjñāna）、如如（tathatā）。

相與名，為二種顯現。彌勒於《辨法法性論》說為「二取顯現」與「名言顯現」。人即依於此二種顯現而作分別，由是建立人我與法我，情器世間遂被妄計為真實。此即藏識境界，經中復由八識、三性更作詳說。

對於相，經中說為「能取所取之分別境界」，此即彌勒施設為二取顯現之依據。二取即能取所取，顯現即是分別境界。

對於名，經中說為四種語言差別，是為：相語言、夢語言、計着妄念與分別所起語言、無始分別所起語言，經言——

> 相語言由分別形色與性相，且執以為真實，由是生起；
>
> 夢語言者，大慧，於回憶先前所經境界時，依非現實境生起；
>
> 計着妄念與分別所起語言者，大慧，由憶念過去所作競爭業而生起；
>
> 無始分別所起語言者，大慧，由習氣生起。彼習氣種子則自無始來時自妄想與遍計中生。

此即四種名言顯現相。對於日常事物及人物，凡愚即依其相而施設名言，此施設最為廣泛，人即執之以為現實。夢語言則相反，依非現實境而執為真實，此如經驗、理想等。計着妄念與分別所起語言，即如恩怨情仇種種語言名相，是即過去所作種種競爭業。此等恩怨情仇競爭業，非由習氣直接生起，若由習氣真接生起者，如情欲、飲食等名言，則為無始分別所起名言顯現。

由是依於二取及名言，共成五種分別。即二取顯現分別及四種名言分別。

此種種分別，皆是識境，經中於是更說八識。識有八種，依其功用則可分為兩種，現識及分別事識。現識指藏

識，彼「以不可思議熏變為因而起變現功用」；分別事識
則指餘七識，彼「以無始以來由戲論而致之習氣為因，起
分別外境功用」。

　　所以於識境中，藏識僅成變現，餘七識始成分別。由
是識境有三種相，「轉相」（pravṛtti-lakṣaṇa）、「業相」
（karma-lakṣaṇa）、「賦性相」（jāti-lakṣaṇa）。是即三種分別
相，然而餘七識與藏識非異非不異，以藏識即是餘七識之
因，而於識滅時，僅為餘七識不復起功用，非藏識滅。以
其因故非異；以其用故非不異。

　　此中第六意識及前五識（眼耳鼻舌身識），其分別成
為「轉相」，即轉變境界而成分別相；第七意（末那識）
分別成「業相」，即由業力習氣而起諸分別相，恆時執自
我為中心，成為我與我所；第八心（藏識、阿賴耶識）則
具「賦性相」，以其所藏者為諸識見分及相分種子，如眼
具眼之賦性、耳具耳之賦性，是為賦性相。—— 前人譯
jāti 一詞為「真相」或「智相」，未合，jāti 實意為體性或
賦性，此處仍指藏識之體性或賦性而言，故仍是識境。若
稱為真相或智相，則已是如來藏境界，故改譯為「賦性
相」。

　　如是三種分別相，實亦即前說之五種分別，故亦可涵
蓋為二種顯現。

　　依於相、名、分別，說三自性，即遍計自性

（parikalpa- svabhāva）、依他自性（paratantra-svabhāva）、圓成自性（pariniṣpanna-svabhāva）。此即認知相名分別之三種不同概念。

凡愚認知事物，一切皆執有物性，是故真實，是即由遍計二取與名言以成認知，此中唯有妄計，如由其相（二取）其名（名言）而作分別，遂妄計此分別為真實，由是建立人我與法我。

若依緣起以認知事物，則一切法皆被建立為緣起性，是即由依他以認知事物。

當初地菩薩觸證真如時，其對一切法之認知始為圓成自性，故圓成自性即是真如境界，亦即離上來所說一切分別相境界。

彌勒瑜伽行即由建立此三自性而成行人之抉擇，依抉擇觀修，然後決定為三無性。此即：一者、抉擇一切法為遍計自性，於是由觀修而決定其為相無自性，由是超越凡愚之妄計。二者、抉擇一切法為依他自性，於是由觀修而決定其為生無自性，由是超越依他。三者、抉擇一切法為圓成自性，於是由觀修而決定其為勝義無自性，由是超越圓成。

若於龍樹中觀，則建立為四重緣起義。於此實應細說。

宗喀巴大士於《中論廣釋‧正理海》（*Rigs pa rgya*

mtsho）中，說緣起有三性，論云[17]——

> 此中說為差別事之緣起者，即說為「有為法」之
> 緣起。彼說為相連（phrad）、相對（ltos）、相依
> （rten）三種異名。

---

[17] 宗喀巴《中論廣釋・正理海》（*Rigs pa rgya mtsho*）說緣起三性云 ——
此說為差別事緣起者，可解釋成有為法之緣起。彼復說為「相連」
（phrad）、「相對」（ltos）、「相依」（rten）等三種異名。
所依據之詞義，〔義為〕於一切所知之生起。生起有二種——
生者於非有為法為非有，然卻依彼〔非有為法〕而建立，是亦有「生」
義。〔如《中論》云：〕「作者依業有，業復依作者，除此緣起外，未
見能生因。」此謂依於業而生起作者，然業卻非作者之能生。彼理若
用於他法，亦說為量、所量、所立、能立等彼此相互而生，然卻非彼
此相互能生。《寶鬘論》亦云：「此有即此生，有短即有長」。此即
如「短」非「長」之能生。
復次，謂依各各因緣而生起。除離繫果外，須作於實有法，諸非彼之
緣起者，乃依他法而生起，然於心觀待處，實非彼之因緣。若爾故
云：「何故世間法，悉為因緣法，是故世間法，皆為空性法」。
（藏文：gnyis pa ni/ skabs 'dir khyad gzhir bstan pa'i rten 'brel ni 'grel par
'dus byas kyi rten 'brel la bshad do// de la phrad ltos rten gsum rnam grangs
par gsungs pas rten pa'i sgra don mi [ni] shes bya thams cad la yod la 'byung
ba la gnyis yod pa'i skye ba ni 'dus byas min pa la med kyang de la brten nas
'grub pa yang 'byung ba'i don du gsungs pa yod de/ byed po las brten byas
shing// las kyang byed po de nyid la// brten nas 'byung ba ma gtogs pa//
'grub pa'i rgyu ni ma mthong ngo// zhes las la brten nas byed pa po 'byung
bar gsungs kyang las byed pa po'i skyed byed min ba dang/ rigs pa de chos
gzhan la yang sbyar bar gsungs pa'i skabs su tshad ma dang gzhal bya dang
bsgrub bya dang sgrub byed phan tshun la brten nas 'byung bar gsungs
kyang phan tshun skyed byed du mi rung ngo// rin chen phreng ba las kyang/
'di yod na ni 'di 'byung ste// thung du yod na ring po bzhin/ zhes gsungs
kyang thung du ring po'i skyed byed min pa bzhin no// de yang rang rang gi
rgyu rkyen la brten nas 'byung na bral 'bras ma gtogs pa rnams dngos po la
bya dgos la de min pa'i rten 'byung rnams ni chos gzhan la brten nas 'byung
ba yin yid ltos sa de des rgyu rkyen min no// de ltar byas na/ gang phyir rten
'byung ma yin pa'i/ chos 'ga' yod pa ma yin pa/ de phyir stong pa ma yin
pa'i chos 'ga' yod pa ma yin no// zhes gsungs pa yang legs par drangs par
'gyur ro//）

於相對、相依二緣起性，論中說此即緣生之二種差別：一者、「生者於非有為法為非有，然卻依彼〔非有為法〕而立，是亦有生義。」二者、「依各各因緣生起，除離繫果，須作於實有法。非彼之緣起者，乃依他法而生起，然於心觀待處，實非彼之因緣。」如是說相對與相依。

宗大士論義嚴謹，是故說得艱深，今且略釋其義 ——

於相對，說有為法與非有為法相對。若一有為法依於非有為法而安立，此非有為法對彼有為法而言，便亦有「生」義，是即相對緣起。

有為法落於緣起，非有為法卻不落緣起，此如「業」，是非有為法（業之現行則是有為法），人依業而生，然而人卻非以業為生因，故此「生」義實由相對緣起而成為生。

此亦如如來藏與藏識，如來藏非有為法，藏識則是有為法，如來藏自顯現而成藏識，唯此非說藏識以如來藏為生因，故僅說藏識由與如來藏相對而成為生。

於相依，除離繫果（可理解為佛果），一切法雖依於各別因緣而生起，唯仍須依於觀待而始成為有。此所謂「觀待」，即如眼識之於色、耳識之於聲等，此等「觀待處」如眼識等，非色、聲諸法之因緣，然而無此觀待，則境界不生起，故亦說為生起此境界之因緣，名為相依。

格魯派說此緣起三性，實為識境中緣起法之三性。然甯瑪派則說四重緣起：業因（相連）、相依、相對、相礙。此中差別，以緣起三性為識境緣起，相礙緣起則非識境緣起。

此中業因緣起，即相連緣起（「相連」，取因果相連義）。此亦即一般之所謂「因緣和合」。由建立因緣和合而成為有（業因有），即可破凡愚之由相名分別而成之實執。此相當於瑜伽行之以相無自性（lakṣaṇa-niḥsvabhāva）以超越遍計自性。

此中相依緣起，說心識與外境相依。心識依外境而始起功能；外境唯依心識而成變現，故成「相依有」。由此相依有即破業因有，亦即證知「因緣和合」而成之有亦無自成，以其唯識故。此相當於瑜伽行之以生無自性（upatti-niḥsvabhāva）超越依他自性。

此中相對緣起，說如來藏與藏識。藏識境界中諸法實為如來藏之自顯現，藏識義，則相對於如來藏而成立，故成「相對有」。由此相對有即破相依有，亦即證知所謂藏識唯藉智境之自顯現而相對成立，此相當於瑜伽行之以勝義無自性（paramārtha-niḥsvabhāva）以超越清淨依他[18]。

此中相礙緣起，為甚深不共緣起。說為不共，即大中觀所施設，不與餘宗共。此緣起又說為兩重義——

一者，識境由相礙而始成為識境。譬如眼識，由受局限（相礙）而始成為眼識，故眼識唯能緣色，不能緣聲。

二者，於智境自顯現成為識境時，受種種相礙（條件與局限），故其自顯現即由因應相礙緣起而成為有（相礙有）。

---

18 依他性有淨染二分。今人多說清淨依他等同圓成自性，實際上，若謂清淨依他即於依他自性上「無執以為緣」（《解深密經》語），則此當指藏識，藏識唯含藏種子，故不起分別，是即無執以為緣。至種子起現行，則是雜染依他。由是清淨依他非同圓成自性。

此如吾人之情器世間，必須受三度空間相礙，故自顯現為立體；必受一度時間相礙，故自顯現為三時（過去、現在、未來）。此因應相礙而成立之有法，名為「圓成」，亦名為「任運成就」。

由諸法依圓成（適應相礙）而成為有，此於緣起法可名為「相礙有」，於彌勒瑜伽行即圓成自性。初地菩薩證入相礙有，破相對有，即名無二（相對則必為二），是名觸證真如，亦可說為住入法性。

此際行者雖住於相礙，亦可說為已離緣起，則指其已離由識境建立之「緣起三性」，然而實未離由非識境建立之相礙。然而何以說其為非識境，則以於抉擇相礙時，離六根以認知六根之相礙（此如修六根圓通）；由離時方以認知時方之相礙（此如觀修「第四時」及「不定方」），由是說此緣起為非識境（未證入佛內自證智境前之離識境）。

於初地後，由二地至十地，其抉擇見即依相礙有而層層建立，亦即抉擇圓成自性以觀所緣境，如是離諸相礙，證勝義無自性性以超越圓成自性，及其究竟，即證無礙，是謂不二法門。

由上來所說，即知瑜伽行之三性三無性，實與四重緣起義理和同，名相不同，實以施設名言不同故，然彼此實為「法異門」。至於四重緣起之現證，於下來尚有詳說。

行者觀修三自性二無性，其現證者即為正智。經中說「上聖智」有三相：一者、離識境相；二者、一切諸佛本願

力加持相；三者、依聖智趣自證相。此說三相，非說有三種智。正智唯一，具相有三。

復次，此具三相之上聖智，經中明言為八地菩薩之修學，此即於八地以前，雖已觸證真如，其現證果仍未得稱之為上聖智。反而言之，此亦即八地以前之證智，未能具足此三相。

於觀修次第，經中說言，「菩薩通達辨別遍計自性義，由是即能淨治而入二無我，照明菩薩諸地。」此即云相依緣起之觀修已能入二無我，說為「入」，則尚未現證。此說地前資糧道與加行道，以此觀修為基得入見道修道菩薩地，故云「照明菩薩諸地」。

於見道位，初地菩薩觸證真如；歷至六地，菩薩證般若波羅蜜多；復歷至八地，菩薩始現證深般若波羅蜜多，故知經中實言唯深般若始能離諸識境。關於離識境，經中說兔角牛角喻，此喻深密，於此更當一說。

經言，有兩種外道見——

一者、「斷言一切法自性隨因壞滅而無有，即以此分別見而謂兔角無有，彼等乃說一切法無有如兔角。」

此非如今人所言，兔角子虛烏有，自然無有，此種外道見比令人所言遠為深刻，彼由「因」之成壞而說有無，兔角無「生因」是故為無，於是即由種種因壞滅而說無見。

二者、「見大種、求那、極微、實境、形與位等諸法差別有，故執着於兔無有角而牛有角。」

　　此與前一種外道不同，前者入於斷滅邊，此則入於二見，二見者，由相對而成立，故說為有與無。

　　經中否定此二種外道見，謂兔角「非是非非是」（na-asty-asty-vimirttam），亦即「非有非非有」。—— 於此須知，說非有非非有不同於說有無，此可標點為「非有」、非「非有」。於此分別，即其深密之處。

　　常人依於識境，即依於二取而成分別，此為識境之第一層次。既成二取分別，於是復依此分別以建立概念，是為名言。既有名言，於是即又成名言分別，由是即成二見，此為識境之第二層次。

　　於牛角兔角，若依二取，則成「角」之分別，依此分別建立「角」此概念，復由此概念分別牛有角、兔無角，如是二見。此二見於現實生活中十分合理，以現實生活即為識境故。但若欲離識境，則必須離名言分別，亦即須離種種由二取分別所建立之名言，如「角」。

　　若已離角之概念「角想」，是則便無牛有角、兔無角之分別。經中於說上聖智三相時，詳說離識境相，以兔角為喻，目的即在於說明欲離識境，非為直接離二取顯現，實應同時離名言顯現。無角想即根本無有角無角之分別，故兔角於二取顯現中雖其說為「非有」，但若離名言顯現（離「角想」），此「非有」便亦不能成立，故更同時說為非「非有」。

　　於此「非有」非「非有」之施設中，「非有」為識境，非「非有」則已非識境。此更當注意，說非「非有」，並非說之為有，只是對「非有」之否定。於非識境中，既

已無角想，故已實無「非有」之想，由是始能離分別。

　　此點於行者之觀修甚為重要。行者登初地，住於相礙緣起中入圓成自性，即已離相對緣起之依他。若以初地為核心，行者即有兩個難點。一者，於地前如何觀修相礙緣起以離相對，令得入初地？二者，離相對後住入相礙，於修道位又須如何離礙？此二難點，即可由觀修非識境加以解決。

　　觀修非識境，由相礙緣起作抉擇，即可離由名言顯現而成之有無二見。當能決定一切名言顯現為非有非非有時，即能現證離識境相，由是即能觸證真如，入於初地。

　　於二地至十地修道位，住於相礙，亦須依非識境觀修然後始能離相礙。《華嚴經》極力辯破時方，即是為此，以時間空間為人之最大障礙（最大局限），有生以來即俱在，若不能離此相礙，則無由證法身與報身。何以故？以法身大悲周遍一切界，即周遍一切時空；以報身為法身智境之自顯現，雖顯現為形色，但已非吾人之識境。

　　說上聖智三相之離識境相，須如是理解，始能明本經所說之深刻。

　　至於上聖智三相中第二「一切諸佛本願力加持相」，此應理解為諸佛之大悲，其「本願力加持」，即周遍一切界具足生機。此亦可說為大樂，於前已略說。

　　今不妨更據瑜伽行派說法，以明生機義。彼以「阿陀那識」（ādāna）為藏識之別名，然其特義，則於執持種子

之外，更強調其為執持感官、身，令其不壞之根本識。此謂其能支持生命，可稱為「生命力」，是即生機。然不能謂器世間有阿陀那識，故說為「諸佛本願力加持相」，令生機義可周遍情器世間。

第三「依聖智趣自證相」，此即智悲雙運境界，亦即智境自顯現為識境之雙運境界。諸佛證根本智之同時，離一切礙而現證唯一（不二），必法爾自顯現而成識境，此識境雖稱為後得，然已非用凡愚之心識以緣境，故於名言，施設為「後得智」，以示與識分別。由是根本智說之為智，後得智實可說之為悲，是即「智」與「趣」雙運境界，亦即華嚴宗所說之不變與隨緣，此境界即是諸佛自證相，於前亦已略說。

經中依五法說相、名、分別、智已，當說如如。故說「常、不可思議」。經言——

> 依世尊教，所謂常不可思議，即自證殊勝境，為第一義諦。

復言——

> 大慧，諸如來之常不可思議，不同外道之常不可思議。其為諸如來內自證聖智之如如。

於常、不可思議，須離識境以認知。「不可思議」實意為離識境。正因離識境故，始不可以識境名言以思以議。至於「常」，若仍落於名言概念以認知，用識境之常恆以為其「常」，則恰如落於「角」此概念者說兔角為非有，

此於上來已說須破，故知此所謂常，乃說佛內自證境界，非同識境之所謂常。

經言——

> 以其與虛空、涅槃、寂滅同類，是故為常。

又言——

> 此常，非由量之推度而來，非基於有非有、常非常等外加義。

由此經文即知實不宜判如來藏為「真常」，蓋此「真常」乃由「量」推度而說，由與空、無常等概念相對而說，亦即由識境名言而說，如是由識境說如來藏即不能說之為如如，亦不得說其為第一義諦。

依如如境界，亦即依佛內自證境界，即可說為二無我、空、無生、無二等，此即依智境自顯現為識境而說，佛以智緣此識境，故說「無我」等法，凡愚以心識緣此同一識境，故有「我」等名言。由是《入楞伽經》始建立如來藏藏識，復說五法以明之。

上來所說，即由觀修以說如來藏。

2　修證如來藏

今更說第二科，修證如來藏。

所謂修證，如大慧所問，實即修證空性、無生、無二、無自性相四法門。經言——

> 大慧菩薩摩訶薩重白佛言：世尊，願為我說云何
> 一切法空、無生、無二、無自性相，我及諸菩薩
> 若得悟入空性、無生、無二、無有自性法門，離
> 有無分別，當能疾證無上正等覺。

現證如來藏無非即現證無分別，以無分別即佛內自證境界故，此義見於《入無分別總持經》。然則如何現證無分別？此即由現證空性等而證。

然而，空性、無生等，實依識境而施設名言，非第一義諦境界，是故經言——

> 世尊言：空性，大慧，空性實無非為一遍計自性
> 句義。以人執着於遍計自性，故我說空性、無
> 生、無二、無自性。

故修證如來藏亦可說為三性三無性之觀修，遍計自性為識境、依他自性由識境度入非識境、圓成自性為非識境。若以四重緣起說，業因為識境、相依住識境、相對入非識境、相礙住非識境。如是證空、無生等，及至現證勝義無自性，或說為現證無礙無分別，始為現證如來藏。

由是經中復說「成大修行者法門之現觀」——

> 世尊答言：此有四法，大慧，具足此者，菩薩即

成大修行者，云何為四，此謂——

一者、觀察自心所現
（svacittadṛśavibhāvanatā）。

二者、遠離生住滅想
（utpādasthitibhaṅga-dṛṣṭivivarjanatā）。

三者、善見外境無有
（bāhyabhāvābhāvopalakṣaṇatā）。

四者、求得內自證聖智相（svapratyātmārya-
jñānadhigamā-bhilakṣaṇatā）。

初，觀察自心所現，經言——

謂由認知三界無有而唯心，離我及我所，無動搖
無來去。

然則如何抉擇三界為無有？經言——

由無始時來遍計妄見習氣聚所熏，三界由是顯
現。諸類別外境如身、資、住處等與業行相依、
與分別心相應，故被計真實。

此即抉擇識境之所以被計為真實者，無非由業行與分
別而成立，於是持此抉擇見作觀修，即生決定，「三界無
有而唯心」。

關於「唯心」，實應一說。

佛家說心與外境有三種說。分三次第，即此唯識無
境；一切唯心造；唯心所自見。

瑜伽行說唯識無境，即以外任何實法，唯依心識變

現。是故人之心識變現為水者，餓鬼心識即變現之為膿血，而天人心識則變現之為甘露。由是心識之影像映現，人即視此似相為實相，執為實有，然而一切法實唯識變現。於變現，又說為「因能變」與「果能變」。「因能變」者，謂一切法皆由藏識中種子變生，故藏識種子為因；「果能變」者，謂因所生果，於藏識中起見與相分之分別。此中見分可理解主觀分別，相分可理解為客觀認知，二者同時於外境起用，由是變現似相。

　　華嚴宗則說「一切唯心造」，此說當由印度他空見諸師傳來。此謂心為萬法之本體，此本體唯一真實，可名為「心真如」、亦可名為如來藏。法界中一切法皆由此一心所造，亦可說為真如隨緣作一切法。頌云[19]——

　　　　心如工畫師　　畫種種五陰
　　　　一切世界中　　無法而不造
　　　　如心佛亦爾　　如佛眾生然
　　　　心佛及眾生　　是三無差別

　　二種說法之差別，在於唯識學派以藏識為心，華嚴家則以如來藏為心（心真如）。由是區別為阿賴耶緣起（由藏識變現一切法），與如來藏緣起（亦名真如緣起，由如來藏顯現一切法）。二者比較，阿賴耶緣起唯說識境，如來藏緣起則說佛內自證智隨緣造作識境。又因此故，阿賴耶緣起不能周遍一切界（一切時空），如來藏緣起即可周遍（「一切世界中，無法而不造」）。

19　依佛馱跋陀羅譯，大正‧九，no. 278，465下。

　　然而華嚴家以一心為萬有本體,視為唯一真實,此即落於他空見。他空見者,謂真實本體不空,所應空者只是外加於此本體上之垢障。

　　《入楞伽經》則說唯心所自見,此「心」雖仍指如來藏,但未說心為唯一真實本體,亦未說心有造作。此說唯心所自見,如說唯鏡所自映照。明鏡映照外境,非造作外境,亦未說唯鏡真實,一切外境虛妄。故此唯心所自見,即說為如來藏自顯現,或智境自顯現。於此句義中,強調「境界」與「自」。既為境界,即無本體可言,故如來藏絕非唯一真實本體;既為「自」顯現,即隨緣顯現為一切界識境,如明鏡所自映照者而自顯現,由是即無造作可言。

　　今於《入楞伽經》,唯識今學家將「唯心所自見」等同「唯識無境」,空宗中觀宗則將之等同「一切唯心造」,於是,前者即不解如來藏義,後者則用他空見以等同,是皆未達本經所言之如來藏體性與觀修。

　　今經中所言之「觀察自心所現」,尚未至「唯心所自見」境界,但為「一切唯心造」境界,故說為「認知三界無有而唯心」。何以不說唯心所自見?此則以觀修須依次第,行者須先修他空,此際將真如、圓成自性、如來藏皆施設為唯一真實之本體,及能現證,則已安住於相礙緣起中,然後始作進一步觀修,故唯八地以上菩薩,始能觀修「唯心所自見」。此處所言,為資糧道上之抉擇,故至他空見為止,以觀察自心所現。

　　次,遠離生住滅想。此即為加行道上為現證無生作準備之觀修,亦即加行道上對外境與內識之觀修。由此觀修

延續，至八地，即證無生法忍。非為「既知唯識無境，無境即無生住滅」等籠統之言。經言——

> 謂一切法如夢如幻而生起形色，唯實無有生起。……
>
> 〔行者〕既見外有境唯與心相應，且見諸識無有動搖，三界無非為一複雜因緣網，但唯分別，即可觀內外一切法遠離屬性，於其自性實不可得，是即不成生見。由是彼與現觀相應，證諸法如幻等性，入無生法忍，住第八地。於是現證超越心意識、五法、〔三〕自性、二無我地之境界，得意生身。

此即說觀修「如幻三摩地」，現證識境如幻生起，由是始能遠離生住滅想。此可作一譬喻，電視螢光幕中人，執實螢光幕中境界，故於螢光幕中即有生住滅之概念。若離螢光幕，電視觀眾即能現證其為如幻，是即離生住滅想。然此譬喻實有一點不同觀修行者，觀修行者不能離識境而觀修，猶之螢光幕中人不能離螢光幕，故不能成為觀眾，此即觀修行者之難處。

於此觀修中，須抉擇識境，即使住於他空見中，亦已抉擇唯心所造作之境界。

三、善見外境無有。於經中僅略說此重觀修意趣，故但言——

> 大慧，此謂一切法如陽燄、如夢、如髮網，見一切法體性宛然有者，實因無始時來由遍計妄想成

熟之分別習氣起計着。

此重觀修，實仍可落於他空見，以其但說智境自顯現之識境如陽燄、如夢、如髮網（是故無有自性），此即為分別習氣所起之計着（計着為實自性），未說起此識境之智境亦無實自性。

然而說如陽燄等，則已超越識境入非識。陽燄自顯現而為水、憶念自顯現而為夢、翳眼自顯現而為髮網，即喻水相、夢境相、髮網相為識境，而陽燄之光影相、憶念之行相、翳眼之本然相則喻為非識境，以其皆例中之非識所緣境故。如陽燄喻，喻人不見其光影本相，於見時已執之為水相，故於喻中水相始為識境。

觀修非識境為甚深觀修，故經中但略言其抉擇見（如陽燄等），於餘處則更有補充。

由此重觀修，行者得觸證真如而入見道。此際對真如作真實想，是故他空。

四、求得內自證聖智相。此於經中全未說其觀修，以此重觀修為修道上九地菩薩求現證智境，故於瑜伽行可說為現證勝義無自性性；於中觀可說為現證離相礙而成無礙；於瑜伽行中觀則可說為現證如來藏。以其觀修具甚深密義，故亦於餘處細說以明之。

此四法門，即現證空性、無生、無二、無自性之法門。

觀修此四法門之抉擇，施設為六種因、四種語言分

別,具如經言。此二門抉擇,施設因分別,為遮遣二取顯現;施設語言分別,為遮遣名言顯現。前者以具像者為主,後者以抽像者為主。具像者必為識境,抽像者可以入非識境。

施設此二門抉擇已,乃藉大慧之問以說明聖智自證境界。云何為此境界,經言——

> 此非外道之道用,離有無、一異、俱非俱、有非有、常非常等句;
>
> 此無關於遍計,非自亦非共〔相〕;
>
> 此自顯現於第一義諦;
>
> 此次第上進諸清淨地而入於如來地;
>
> 此以無功用本願力故,如摩尼寶普現諸色,於無邊世間中普起於行;
>
> 此於諸法中變現成相狀,如人心自所見,成認知界。

此共說為六點,總說八地以至佛地。

初說離有無等四句義,及離自相共相,即八地至十地菩薩之修學。次說「自顯現於第一義諦」,及次第上進至於入如來地,即謂八地至無間道菩薩之自證聖智,已入如來內自證智境界。後說「於無邊世間中普起於行」,及變現為如人心所自見之認知界,即說證智同時起用,大悲周遍一切界。

故此說聖智六種自證境界,實為八地以上行人說其觀修之決定。能現證此六種決定,是即圓成清淨地菩薩及無

間道上得佛因位者之所為。

於是經中又說四種禪：一者、愚夫所行禪；二者、觀察義禪；三者、攀緣如禪；四者、如來禪。

愚夫所行禪為二乘行人之所為，其觀修，至滅受想定而止，未離自相分別及共相分別，所滅者僅為諸識之功能，藏識未滅。故其以「滅受想」即是涅槃，此涅槃實未究竟。

觀察義禪即見修二道菩薩之所為，各地菩薩於觀修時，持地道體性以作抉擇，此即持各地所證智以抉擇，於觀修中得決定，於是離自地之真如相與證智相，由現證而歷至上地。故觀察義禪之所謂「義」，即是諸地菩薩之別別證智相，義者，即是對觀修境界之決定。

如來禪即謂入如來地，「住於內自證聖智性相之三種樂中，為諸有情成辨不可思議事。」

此中所謂「內自證聖智性相之三種樂」，即經中下文所說之三種意生身。此即 ——

一、入三摩地樂意生身。

二、覺法自性意生身。

三、無作意成就種類俱生意生身。

初，入三摩地樂意生身，為三至五地菩薩之所得，彼於觀修時，生起「大樂等至」境界，此境界可以說為智悲雙運，亦可由法異門說為樂空雙運，於此境界中現證世間無有而唯心所自見，是即名為「三摩地樂」。行者於此樂中

得意生身，作世間事業。此際行人住入法性，未得於法性中自解脫。

次，覺法自性意生身。此為八至十地菩薩之所得。菩薩於三摩地中，離自身時空局限，證時空周遍，亦即入平等性證知一切界之大樂，是即於法性中自解脫，是名「覺法自性」，故經云：「雖具色世界一切種種嚴飾，而能隨諸佛土中大眾。此身了知法自性。」

最後，無作意成就種類俱生意生身，經言：「能內自證一切佛法，並現證大樂性相，即謂彼得此意生〔身〕，無作意成就種類俱生」，此即說佛法爾之後得，周遍一切時空，現證平等性自解脫。

此三種意生身，初為化身、次為報身、最後為法身。亦即，三至五地之觀修可成就化身、八地至十地之觀修可成就報身，及至佛地圓成法身。法身為性、報身為相、化身為用，性相用三無分別，即內自證聖智相，是謂為「三種樂」。

如是即建立成就三種意生身為成就聖智自證境界。由是即明於修道中菩薩之所當為。

若換一角度以說觀修，則說為五無間業。斷貪愛喻如殺母、斷無明喻如殺父、究竟斷諸隨眠（如瞋等）喻如殺阿羅漢、究竟斷諸蘊聚之根本喻如殺和合僧、斷除於識佛之邪想喻如出佛身血。

此中所謂斷除於識佛之邪想，即不能覺知一切自相共

相唯心自見，於是唯由識境認知以建立「佛」此概念，是即為「識佛」想，是為邪想，以唯落於識境，則對佛全不可認知故。

由是復說，所謂佛性，即通達二無我（人無我與法無我）、究竟了知二種障之識智（於識智中了知煩惱障與所知障）、圓滿二種死（分段生死與不思議變易生死）、斷二種煩惱（根本煩惱與隨煩惱）。此即明觀修如來藏之所為，是故頌云——

> 二無我與二煩惱　　二種障與變易死
> 於此皆能究竟時　　是即名之為如來

然而離相礙緣起圓滿者，實即現證平等性，以一切界平等，一切界有情平等故。由是即須建立此平等性。於是經言一切諸佛有四平等，即字平等、語平等、法平等、身平等。是明佛法身雖然落於識境而成表義，於是有字建立（如buddha之名）、語建立（如釋迦所用梵音）、法建立（如釋迦說三十七菩提分）、有身建立（如佛現種種隨類身），唯以法身無有差別故，四種建立實悉皆各各平等。

上來說觀修之所求現證已，即說二種密意法，此謂內自證法性與本住法性。

內自證法性為諸如來成佛時所現證，即空如來藏，此是佛證智境，故說為不增不減，其境界離諸文字與名言。

本住法性為法爾，即不空如來藏。即使佛不出世，此本住法性常住，是名法住。

經說至此，已圓滿說觀修以證如來藏，然而對行者而言，此中尚有餘義。

餘義之一，為有、無見。

以智境自顯現為識境（如來藏自顯現為藏識），此識境到底為有為無。

行者若住於識境，執持識境中種種概念，必墮於有或無二邊。此如於共相觀修緣起之行人，落於緣起邊際，即使將緣起性說為空性，其實所說之「空」仍落於因緣，是即墮入有邊。又如觀修自相之行人，由分析至極微而說非有，由是即不能認知一切識境為智境之自顯現（經中說為：「故不認佛與二乘有貪瞋癡」），是即墮入無邊。無論墮入有無邊際，是皆不能觀修如來藏。

此二者，即落於自相或共相行人之缺失。依此缺失，經言——

> 依此密義故我說，寧取我見如須彌山，不取由有及無有而起增上慢以成空見者。

是即言觀修如來藏必須離有無二見，持任何見地以說有無，復由有無以說空性，皆非正見，故中觀正見為離一切緣起之無生、無二；瑜伽行之正見為超越三自性之勝義無自性性。

是故頌言——

> 具有具無此二見　　即為心識之境界
> 於此識境消失時　　心識究竟得寂息

　　當不執持外境時　　此既非滅亦非有
　　是即如如之體性　　是即說之為智境

　　餘義之二，云何為諸佛現證之性相？

　　既然智境自顯現為識境，然則諸佛現證者，是純然智
境相，抑為智境之自顯現相？經中為此施設二種性相，一
為宗趣法相（siddhānta-nayalakṣaṇa）、一為言說法相
（deśanā-nayalakṣaṇa）。

　　「宗趣法相」者，即是離語言、分別、文字、思維之不
可思議境界，「所得之內光明即發光輝」。故此可說為智境
之絕對相。

　　然則，諸佛於智境中又云何見識境？此即九部教法之
所說，名為「言說法相」。九部教法為契經、應頌、記別、
諷頌、自說、本生、方廣、希法（未曾有法）、及論議（亦有
除論議而加入本事作為九部者）。於此九部教法中，佛即由智
以觀察識境，見生死為識境之根本，於是即入識境以說
教，此入識境教法相，亦為諸佛現證之性相，是即說名為
空性、無生、無二、無分別等，以針對世人陷於識境，建
立識境為有、為生、為二、為分別。

　　此即謂宗趣法相為佛現證性相，言說法相則為施設，
由施設而說佛現性相如是，實質佛現證性相不落於此等施
設名言之概念。

　　故知由實由空、由常由無常等識智以說如來藏，已背
離如來藏，背離佛現證之性相。須知說如來藏自顯現為識

境，非謂情器世間由如來藏造作而成，非謂智境可造作色法，情器世間依法界之法爾生機，隨緣而成物，不由造作，此僅謂識境中一切顯現，須由智以認知，此智，則須依施設而認知。然此非落於施設，故行者不得落於空性、無二、無生、無分別等概念以之為智。凡一切言說概念皆不落，始得說為佛現證性相。

餘義之三，為「有非有」之疑。此即經中第三品第19頌以下一段經文。此段經文向來認為難解，於三種漢譯，魏譯全出己意，與梵本無一合處，等於另作；劉宋譯節略太甚，是故失其意旨；唐譯亦未全依梵本，是故難讀。今已據梵本重譯，並據之以說其義。

此段經文，大慧所問實即問云：若說「虛妄分別」之性相如幻，而「如幻」為「有非有」；然而，佛說「有非有」時謂此即離分別，是則何以世間之虛幻分別成為二見，佛之離分別卻不成二見，以其皆同為「有非有」，是故起疑。

為答此疑，佛說「分別實無所從起亦無所從棄」，若認知「一切所見皆無所有而唯心」（唯心自顯現），則一切分別不成分別。

然而凡愚住於識境，是即住於分別心（識即以分別為本質，故為分別心），為令彼能認知「如來內自證趣境」（由佛智以認識之識境），故說凡愚「分別」，且說此分別由執着種種非真實之外法而起，若能「了知由分別所生之種種法義，則得解脫」。

　　是即謂「分別」亦為施設，此無非隨順凡愚之分別心而施設。既「分別」為施設，則「離分別」亦自當為施設，於施設，說為「有非有」，實則「有非有」亦為施設，於現證唯心所自見時，則根本無「有非有」可言。故說頌云——

　　　我說非有非非有　　唯心則離有非有

　　　此即可說之為如　　此遠離於彼識覺

　　於此處，斜正通途之錯失，將「有非有」等同「非有非非有」，實則佛但說離分別為認知「非有非非有」，非說為認知「有非有」，此中差別，於說兔角喻時已解說，讀者可以參考。

　　上來已說如來藏之修證。

3　現證如來藏

今更說第三科：說現證如來藏。

此先安立原則，欲現證如來藏，應依義不依語；應依智不依識。

先說依義不依語。

行者依聞、思、修，唯依佛語，然則何者為語、何者為義耶？

於此佛舉一喻以作答：如人持燈往暗處得見資具藏處（境界），喻為菩薩依言說而入內自證境界。此境界由燈而見，但卻非即此燈。是故若行者如言取義，是即見燈而不見資具處。

由是行人若堅持無生、涅槃、三乘一乘、五法、三自性等言說概念，是即如取燈以為所見之資具，以其但取言說之概念，而非取依言說作觀修之內自證境界。

此點對現證如來藏甚為重要，故若修學瑜伽行而落於唯識、三自性等概念；若修學中觀而落於緣起、空性等概念，即是依語不依義，如是修學，對如來藏必作增益，佛對此嚴重告誡，故說頌云 ——

> 彼隨語言作分別　　即於法性作增益
> 以其有所增益故　　其人當墮入地獄

今人強調緣起，遂以如來藏為一場所，不得說為緣起法；或落於緣起，遂以「緣起性空」為究竟，卻不知如來藏

既為佛內證境界，此境界離諸緣起，於是遂增益如來藏為實法；或謂法性不可能成為緣起，以法性為無為法，無為法如何能成為有為法之緣；或謂如來藏為方便說，以說如來藏即等如說「我」，此實為開引執我之外道而權宜立說。由是如來藏即受增益而成為場所、成為實法、成為真實之無為法、成為自我，如是種種增益，其實無非語言分別。

　　其次，說依智不依識。

　　依從生滅者為識；不依從生滅現象者是智。

　　墮於有無二見、墮於有相無相者為識；超越有無二見、超越有相無相者是智。

　　識以種種因以為性，故落緣起；智不從因而建立，故離緣起。此即一切受凡愚執為實有之法，皆有作者，如瓶，陶師所作，是故識境中一切法，必有能作所作，由此能所而成立一切法，是即業因緣起，智境中則瓶僅由自顯現而成為存在，如螢光幕中人，僅為螢光幕中之自顯現，螢光幕非能作，影像非所作。故雖可說螢光幕生起影像，而螢光幕非影像之能生。如是離因，即離緣起。以此之故，即可說為：識以積聚以為性，如瓶，而智則無所積聚，如說瓶為非有非非有。

　　是故經言：「智離於取著，識則自著於種種外境。」復云：「識依三緣和合相應而生，智則為無礙相應自性。」

　　復次，於識與智，因說由觀修得轉依，轉識成智，故須一說轉變之理。於經中說外道九種轉變論，此具如經

言，不贅。要之，此九種轉變論「皆以有無二見為基」，且
其「於轉變中所說之一切相異，實由分別而來，此如牛乳
於凝乳中變稠、水果於酒液中變熟。大慧，此變稠變熟
等，一一即皆為由分別而生起之轉變。」是即謂轉識成
智，非由分別而生起，不以二見為基。

由是，以智以認知世間，即不同於由識以認知世間。
頌言——

> 諸佛不從於生緣　　而對世間作分別
> 唯從規範世間緣　　見世間如尋香城

此即唯落於相礙緣起以見世間，其相礙即是「規範」，
如時空等。故佛說此世間，亦說為十方、三時。然而此十
方三時之存在，於佛後得智中，實如乾闥婆城（尋香城）之
存在而存在。故說為非有非非有。

如是，現證如來藏之二前提已說竟。

現證如來藏，經中說之為於一切深密計着之遍計中自
解脫。

此中「深密」依《入楞伽》唐譯，梵文為 saṃdhya-
saṃdhi，意為落於明暗之間，直譯則為「明暗連結處」。此
即謂依言取義者，對語言雖了解（明），但卻由語言作計着
而生義（暗），唐譯即依此而譯之為「深密」。

於此經中說為二義。一、云何「一切法之深密計
着」？二、云何為「解離之道」？

經言——

> 大慧，對一切法深密執計着，依言而取其義者，
> 實為數無量。例如：自相計着、緣起計着、有無
> 二見計着、生非生分別計着、滅非滅分別計着、
> 乘無乘分別計着、有為無為分別計着、地非地相
> 計着、一切分別及由現觀所生之分別計着、對外
> 道宗義〔所說〕之有無分別計着、三乘與一乘由現
> 觀所生之分別計着。此等即是分別。此等以及餘
> 〔未說〕者，即是凡愚及淺智者所喜之深密計着。

此種種深密計着，實即為「分別一切法為有為無之性
相」，亦即依名言而起二見，計此名言顯現為有為無。

經中說此深密計着，顯然為欲求現證如來藏者而說，
是故經中舉例，皆與行者之現觀有關，今亦略說其詳。

唯識今學學人，因玄奘法師將 pariniṣpanna-svabhāva 一
詞譯為「圓成實性」，故即執之為真實（其實詞義僅為「圓成
自性」，未說為「實」），且持此名言計着以解《解深密經》及
《入楞伽經》。

彼等或可引《解深密經》以證成已說，經言——

> 復有諸法圓成實相亦名勝義無自性性。
> 何以故？
> 一切諸法「法無我性」名為「勝義」，亦得名為
> 「無自性性」，是一切法勝義諦故，無自性之所顯

故。由此因緣，名為「勝義無自性性」。[20]

依此，「勝義無自性性」既然真實，而「圓成實相〔性〕亦名勝義無自性性」，是故亦當真實。由是於「三性三無性」，唯能說「圓成實性有勝義無自性性」，而非以勝義無自性性超越圓成性。

然而，同為玄奘法師譯之《顯揚聖教論》卻云——

如是三種「自性」，當知由三「無自性」故說三無性。[21]

是即謂由說三種自性為無自性，然後說「三無性」。詳言之，即因「遍計自性」無自性，故施設相無自性性；因「依他自性」無自性，故施設生無自性性；因「圓成自性」無自性，故施設勝義無自性性。如是施設，實為觀修行人施設抉擇見。

然則，《解深密經》何以又說為「諸法圓成實相亦名勝義無自性性」？彼等即不再作深究，但依名言計着其為「實」。是即落於有無二見，如經所言，此即深密計着。

若比對藏譯，上來所引經文應稍改動——

圓成自性說為勝義無自性性。

一切諸法之「法無我性」，可名為「無自性性」，是為勝義。「勝義」即由一切自性之無有而顯故。由此因緣，名為「勝義無自性性」。

---

20 依玄奘譯，大正・十六，no. 676，頁694a。
21 依玄奘譯，大正・三十一，no. 1602，頁557b。

　　由是知「無自性性」便即「勝義」，二者實為一事，不能如今之唯識學人所言，説「圓成實自性」有勝義、有無自性。以其有勝義，是故不應超越，以其有無自性，是故不能超越，而其既具勝義，是故便即真實。

　　此計着「圓成性」，不由「勝義無自性性」現觀其自性為無自性，但執為真實，是即深密計着之一例。由是即不知唯落於相礙緣起中成就之一切法，以其能因應相礙而生起，始名之為「圓成」，於相礙緣起中，成「相礙有」（依局限而存在）。故必須抉擇離礙以作觀修，然後始能由決定而現證勝義無自性性，此際圓成性之自性即被超越。此亦即現證「相礙有」亦無自性，而此「相礙有亦無自性」之現證，即現證勝義無自性性。

　　復舉一例。今人於説「唯識無境」時，每隨即説，既無所取之外境，自然無有能取之內識，是即無能取所取。

　　此等説法，亦即深密計着，以其但依名言而推理，非是觀修，更非現證。

　　若依瑜伽行古學，此實已是三重觀修與現證。初，觀無所取境；次，觀無能取識；三，觀無能所。每重觀修，皆由抉擇而觀修，由觀修而決定，由決定而現證，如是始能圓滿。

　　此於《瑜伽師地論》有一段十分重要之文字，彼云 ——

　　　云何復名善取空者？

> 謂由於「此」，「彼」無所有，即由「彼」故，正
> 觀其為空；復由於「此」，餘實是有。即由餘故，
> 如實知有 —— 如是名為悟入空性。[22]

此即謂，於觀「唯識無境」時，由於「唯識」（此），
「境」（彼）無所有。即由「境」而正觀其為空。然而，復由
「唯識」，識（餘）實是有，即由於識，如實知（識）之有。

故於遮遣外境時，實不得同時又依之以遮遣內識，不
得說內識自然亦非有。內識於此重觀修時為「餘」（在所遮
遣對象以外），「餘實是有」，「如實知有」，故不得同時遣
除。若欲遣除內識，現觀其空性，則已是另一層次之觀
修。此可詳於《大乘經莊嚴論》、《三自性判定》等瑜伽行
派論典。

今時中觀家亦每不知「餘實是有」此觀修原則，於是亦
犯深密計着。此如說「緣生性空」，若持名言以推理，十分簡
單，一切法既為「緣起」，自然無「自」性，無自性故空。

但於經中說「解離之道」時，說云 ——

> 復次，大慧，依於三和合且成執着，識相續即不
> 停起用，以其計着此為相續，且深密決定為有
> 故。若不取成為識之三和合，是即三解脫。此若
> 為〔決定〕見，即無任何計着生起。

此中「三和合」謂根、境、業，為內識生起之因。由

三和合生，即是緣起，然則何以計着此緣起不成三解脫，正以凡緣起法必落於識境，無論於識境中作任何推理比度，皆終不能悟入智境，是即「識相續不停起用」。

「緣生性空」之正觀，為建立一重緣起以超越下一重緣起。何以須如此？此如說識由三和合而生起，實已計着識為有，依和合而有。若云，根境業三者既無自性，故由此三者和合而生之識亦當然無自性。是即又須別別觀根、境、業為空性，且須現觀「和合」亦為空性，如是又可能另生別種深密計着，此即陷入識境之泥沼而永無法自拔，愈陷愈深，愈計着離正觀愈遠。故須「**不取成為識之三和合**」，是即超越緣起，始能離計着。

若菩薩住於相礙緣起中，知一切法由因應其相礙而圓成，則不必依三和合為緣起以說心識，以心識亦即智境之自顯現故，由是即可離心識之與如來藏相對（當然，此時已離心識與外境之相依），二者非一非異。由抉擇識境不離異智境以作觀修，即能決定內識為清淨、為無自性。

如是觀修，並未遣除餘外，不同強說緣起者，既說識由因緣和合生起故無自性，同時又須遮遣觀修對象（識）之餘外，如根、境、業等。尤其於業，絕非由觀外境與內識之緣起即能說之為無自性，以其已超越識境，為非識境故，宗喀巴說之為「非有為法」。

由於今人多惑於「緣起故空，空故緣起」之深密計着，故擬更說以明解離之道。

　　持計着者，依緣起以說中道，認為「二諦中自性皆不可得」，以「無自性的緣起」為世俗，以「緣起的性空」為勝義，是故二諦皆不許有自性。

　　然而，此僅為計着，亦即落於有無二見而起之推理比度，絕不能說為正觀。

　　當於觀察世俗時，先須施設此世俗為有，然後由另一層次之世俗以作抉擇，始能由觀修作決定，現證此重世俗為無自性，是於觀修中即為勝義，而另一層次之世俗於此際實已施設為有，於觀修中是為世俗。如是觀修，始為勝義與世俗之建立，始為龍樹所說之中道，是即於每重觀修境界中，必為勝義空與世俗有同時建立，而非同時建立「二諦中自性皆不可得」。若同時建立二諦無自性，於遮世俗有時，即是遮遣餘外，不知「餘實是有」。

　　以觀修外境為例——

　　初，凡愚執外境為實自性，此實自性即為世俗有。於是施設外境依因緣和合而成為有，此可名為業因有（或相連有），由業因有，知彼受觀察之實自性世俗有為無實自性，是即成立此重觀修之勝義，然而卻不得同時說因緣和合之業因有為無自性，以於此觀修中，業因有實為觀修對象之餘外，故僅能說此業因有為世俗有。

　　次，觀察業因有。此際依經義以作抉擇，由「唯識無境」之教法，施設相依有，即外境實依心識而變現。此重觀修，即由相依有而現證業因有為無自性，以一切因緣悉「無境」故。此時亦不得同時說「相依是故無自性」以遮遣

相依有。

　　復次，觀察相依有。依經教，知如來藏與藏識相對而成立即由淨不淨之相對而成立。由是施設相對有，即識境相對於如來藏而成有，依此抉擇觀修，即由其相對有以現證相依有為無自性，以其實非唯依識變現故。此際相對有不受遮遣。

　　更次，觀察相對有，依經教，認知如來藏與藏識二者，如來藏自顯現為藏識境界，藏識境界雖依其局限而圓成，但實未離如來藏，由是施設相礙有，即謂一切法實依局限而成為有，依此為抉擇以作觀修，即由相礙有以現證相對有為無自性，於是一切法建立為圓成性，亦即建立為相礙有。圓成性之被說為真實，以其為最高層次之世俗有，於識境為實相（離識境相）。

　　最後，於修道上二至十地菩薩，住於相礙有中（亦即住於圓成自性中），重重觀修離礙，以上地之世俗為抉擇，決定下地之世俗為無自性，至佛因地，究竟離礙，於是現證如來藏智境，但同時即起後得，智境自顯現為識境，此際可說其為以識境為世俗有，智境為勝義空，但實際上此際已無二諦可施設，勉強施設名言，則名之為不空如來藏智境界。其不空，即以其有後得故不空。此為法爾境界，不落緣起，更不得再以緣起法作計着，此始名為不可思議境界。

　　是故行者欲解離深密計着，必須依次第觀修，重重抉擇，重重觀修，重重決定，然後始能避免計着，始能成「餘實是有」之正觀。

龍樹於《法界讚》有頌云 ——

　　有情性實離諸色　　由受局限而成界

　　此即勝義菩提心　　法身遠離一切礙[23]

　　希讀者於此頌深作體會，唯法身始遠離一切礙，豈能一說緣起，立即說二諦皆無自性。法身離緣起，如何能由緣起以證成法身境界。

　　由是經言：「由遍計生者，不能為此真實之自性。何以故？蓋於說諸法由遍計而成為有時，更說〔其〕非因受遍計而然。」

　　此即說上來所施設之重重有。一切有，無論建立為業因有以至相礙有，皆不能說為諸法之真實自性，此即若計諸法為相礙有，諸法實非唯相礙而成相礙有。

　　是故緣起亦可說為妄計，以凡落於識境之一切施設，由智觀察，無一真實。至離一切礙時，由盡離緣起而離識境，是始名為寂靜。

　　然而於寂靜中卻非不生，是故經言：「菩薩摩訶薩不應建立一切法為不生之宗。」又言：「若說一切法不生，故一切法空，且無自性，菩薩摩訶薩亦不應如是說。」

　　何以不能說一切法不生，以一切法實宛然存在。聖者依智以見此存在，凡愚依識以見此存在。聖者由智，故說由識者所見實如夢幻；復次，由識見者必落於有無二見，

---

23 依拙譯，收《四重緣起深般若》（台北：全佛出版社，2004年），頁408。

由智見者則猶如明鏡自映現影像，只見其現與不現，不見
其為有為無。以此之故，不可說一切法不生，唯心所自見
者既如鏡影，即不得謂呈現為鏡影之法不生。

　　是故修學者之觀修所為，非否定一切法之存在，僅在
於否定一切法有實自性，四重緣起之建立，即次第由否定
外境實法，而至否定心識實法，復由此理解，內外一切法
均為依局限而圓成，然後再理解周遍法界有無限世間，此
等世間雖可分別為涅槃（如淨土）與輪廻界，但其皆受局
限、皆由佛本願力大悲（亦即周遍法界）之生機（如此施設為
阿陀那識）生起，是故一切界平等。

　　如是觀修，即可現證佛內自證智境界，於此境界中，
如見鏡中影、水中月以見世間，由是說為無生，此無生非
是不生。

　　上來依觀修之抉擇見與決定見，略明現證如來藏，用
以詮釋經義，文中所說，除細說四重緣起之抉擇與決定
外，皆見於經文。至此，應一說現證如來藏次第。

　　經中《現證品》，最重八地，其次為七地，七地以前則
只略說。此中實有深義。

　　於七地以前，經中只說 ——

　　　　大慧，八地菩薩摩訶薩、聲聞、緣覺始離心意意
　　　　識分別相。故由初地至六地，見三界唯心意意

識，由無我與我所之分別心生起，故不墮入種種
外境而唯心自分別。

是即謂初至六地菩薩仍住於相礙，故「見三界唯心意
意識」，此中三界及心意意識，皆無非為於識境中之圓成，
名為、蘊、處、界等。以知圓成故，知一切法於其相礙之
局限中任運成就，故無「我與我所之分別心」生起，而
「唯心自分別」。

此「唯心自分別」，不同凡愚之分別，凡愚之分別依於
二取，既有能取所取，即同時成立我與我所，「唯心自分
別」之分別，離二取，然而卻未能離名言之邊際，此如
「三界」及「心意意識」等即是名言概念。然雖未離名言，
卻已能不墮入外境之種種有，亦即不復依業因之「因緣和
合」、不復因相依之「唯識無境」、不復由相對之「一切唯
心造」以成立外境，以已住入相礙緣起故。

至於六地，經言——

　　菩薩摩訶薩至於六地，及二乘入滅盡。

此謂六地菩薩以及聲聞緣覺二乘究竟現證之行人，皆
入滅盡定而滅盡。於菩薩，可說為現證般若波羅蜜多。

此所謂滅盡，即分別識之功能不起。然而大乘之滅盡
卻不同小乘之滅盡，小乘作意令分別識不起用，是即藉禪
定力以壓制六識，有如傾油入水，令水波不生，大乘之滅
盡不由作意，實由現證「空性無相」而滅盡。

此「空性無相」，由唯心自分別而現證。初地觸證真
如、住入相礙起，至六地而圓成現證。此現證境界，甯瑪

派名之為「現空」，即空性中有自顯現，自顯現亦為空性，是即空性無相。此雖有顯現與空性之分別，然此分別實已為心識之本能，非有作意，亦非有由分別而更成立之名言。是故說為世間如夢、如幻，現證見世間如見鏡中影、水中月。

鏡影水月離能所，以鏡與水非為能取，影與月非為所取。鏡與水僅為自顯現所依之基，一如心性為識境自顯現之基、一如法性為一切界自顯現之基。故於六地時，實由離能取所取而滅分別識之分別。如是故說六地名現前地，以一切法非依分別而現前，彼如實現前，如鏡影水月。

至於七地，名遠行地。此地由識境以至離識境，喻為由一境界至另一境界，此間遙遠，故謂之為遠行。此如頌言 ——

前七地則尚有心　八地則為離識境

此即謂七地以前，菩薩雖已住入法性，唯見一切法則仍為心性自顯現，未離心性，故唯心自分別。及至八地，菩薩始離心性，所見者已是法性自顯現。七地則為二種自顯現境界之過渡。經言 ——

> 大慧，菩薩於七地時善觀察心意意識自性，彼於我及我所中作善觀察、於能取及所取中作觀察、於人無我及法無我中作觀察、於流轉與還滅中作觀察、於〔自〕相共相中作觀察，彼善巧決定四無礙解，得自在樂，相繼漸入諸地，知所得種種菩提分之差別。

　　此中「四無礙解」，謂法無礙、義無礙、詞無礙、辯無礙，是即七地菩薩所現證之無礙。由四無礙，故可離心識之功用，法與義之無礙，為菩薩內自證境界，是亦可名為智境，智境自顯現則落於識境，是即為詞與辯。是即前二無礙為自利、後二無礙為利他。然此智境，實未入佛智，但已離識境，是故亦可名為非識境。

　　於八地，前引經言——

　　　　大慧，八地菩薩摩訶薩、聲聞、緣覺，始離心意意識分別相。

　　此即謂——

　　　　於八地，即二乘與菩薩之涅槃。

　　故知經中之所謂涅槃，即盡離識境（離心意意識分別相）是離相礙而法性自解脫。是如頌言——

　　　　諸住地及佛道地　離識境而但唯心

　　又如經言——

　　　　對菩薩而言，涅槃非是滅壞，而為離心意意識轉起之分別想縛，證無生法忍。

　　二乘於心識分別相不起時，即以此境界為涅槃，八地菩薩則不然，如經言——

　　　　大慧，菩薩於滅盡定大樂現前時，即便慈悲而憶念本誓，即知〔十〕無盡願差別，由是不入涅槃。

　　以慈悲而不入涅槃，唯其內自證智境界則已是涅槃境界，故始名之為深般若波若波羅蜜多。此如經言──

　　　　然彼實已入涅槃，以無有分別生起故。彼已無能取
　　　　所取分別，證知世間無有而唯心自見，於一切法不
　　　　起分別想。彼已離對心意意識、外境、自性相等概
　　　　念之執着。以其已證得如來一切內自證地，故彼非
　　　　捨佛法正因，凡有所行，皆由般若出。

　　至於八地以上，經中頌言──

　　　　後二地尚有所住　無所住者是我地

　　此即謂九及十地菩薩，其所住境未能周遍，此如仍住於十方三時之時空，未超越時空而周遍一切界。是即為與佛地之差別。

　　上來所説現證，可依甯瑪派道名言一説。甯瑪派於十地及佛地之現證，道名言施設為三自顯現、三自解脫。此即心性自顯現、法性自顯現、平等性自顯現，及心性自解脫、法性自解脫、平等性自解脫。

　　於見道，初地菩薩已見法性，唯仍由心性自顯現以見一切法。

　　於修道，二至六地菩薩，住法性中以見心性自顯現（唯心自分別），及至六地，雖已可説為心性自解脫，但心性自顯現仍為滅盡定之所對治，以未能恆時現證法性故。

　　於七地，經言：「離一切法所具自性相，念念恆入〔滅盡〕定。」是即盡離心性自顯現而恆時現證法性自顯

現，是即現證「一切法無差別性相」。此境界於六地雖已現證，但未「念念恆入定」。

於八地以上，由所見一切法無差別相而現證法性自解脫，同時住入平等性，見平等性自顯現。此即由法性平等自顯現之境界，以觀修平等性。於十地，此亦可說為觀修時方之相礙，甯瑪派因時間之超越，故施設「秘密時」、因空間之超越，故施設「不定方」。

至於佛地，超越一切時一切方而現證平等性自解脫。以其超越已周遍一切界，故名為一切種智。以不落於任何時方，即涅槃界亦不落，故名為無所住。

第六節　如來藏四德性

如來藏有四德性，說為常、樂、我、淨。此四德性，前人未有異說，近人則多質疑。或疑住入此四德性即住入一「場所」，此場所違反緣起，或疑此即建立一真常實體，有實體即非空性；或疑此中之「我」，實為開引執自我之外道而權宜安立，非了義說；或疑說如來藏有二門，即違反唯識之「熏習」（vāsanā）義，由是識不可轉成智。是又違反「轉依」（āśrayaparivṛtti）義。

如是異說紛紜，故今亦應一說。

說如來藏有此四德性，實說如來內自證智境中具此四性，非說有一具常、樂、我、淨四種自性之實體。若對事物施設自性，可說為諦實，即說其依此自性而成有，故諦實有，於境界則不可施設自性，如世間苦樂境，何能施設為實存之苦性與樂性。於不可思議內自證境界，已離緣起、已離名言，已離分別，是則更何能施設為實與空，為有為無。

故近人異說之起，實先由諦實如來藏而來。一旦將如來藏視為一實體，由是始不許其具有常、樂、我、淨四種德性。故《寶性論》第一品第35頌，即明此非諦實，頌云──

　　　淨我樂常等　德波羅蜜果
　　　其用為厭苦　願成就寂靜

　　此即謂如來依內自證智境界施設此四德性,實為建立法身之功德,佛功德於世間即說為功用,其用即為令世間有情能厭苦而成就寂靜法身。

　　《寶性論》釋第36頌云——

　　　四種功德果　於佛法身具
　　　其於四顛倒　實為對治法

　　世間識境中,於色法等無常而起常想、於唯是苦受起樂想、於無我起我想、於不淨起淨想,是即名四顛倒,故說無常、苦、無我、不淨四法以作對治,由是即以此為世間性,亦即識境之性。

　　然此識境之性,對佛法身而言,則復是顛倒,以法身已離識境,故唯依智境而說勝義常、勝義樂、勝義我、勝義淨。由此可知,論者實不宜執識境名言,以推度智境之施設。

　　《寶性論》說此四德,由因向果次第,說為淨、我、樂、常。

　　一者、識境分別為不淨,法身離識境而離分別是故為淨。此現證為淨,須由信起。信抉擇見而作觀修,信決定見而成現證。

　　二者、由現證淨,即能現證我。此我不同識境之我,識境之我執着於色等法,執着於我與我所而成為自我;外道則執有超凡之神我,皆由分別而建立虛妄性相。此說為我者,論說為「無我名而有我故」,是即由「無所住而住」

而成自在我。

　　此即以法身周遍一切界，故非如住識境者以一界為住，是説為無所住，實則無所不住，故説為無所住而住。以此周遍即説為自在。論言：「依於此義，諸佛如來無漏界中得勝義最自在我」。

　　世親《佛性論》頌云 ——

　　　　二空已清淨　　得無我勝我
　　　　佛得淨性故　　無我轉成我[24]

　　此即以現證人我空、法我空為清淨，此由離礙而現證，故其「淨性」即超越一切相礙，由是「得勝義清淨身」，是亦「勝義最自在我」。

　　明此「我」義，即知此非用「我」以討好外道，此實向執有「超凡之我」外道，示以何者始堪名為超凡之我，此處即説為法身勝義我。

　　三者、由周遍、自在之我可現證樂。論言：「諸菩薩修虛空藏三昧等，故證得世間出世間樂波羅蜜多」。

　　「虛空藏」（gagana-gañja）非謂虛空，實謂虛空中可含容一切法，亦可説為於智境中得自顯現為周遍一切界之識境。是故於虛空藏菩薩，始施設其手印為持寶珠與劍，表福智二門無邊廣大。虛空藏三昧即依此自顯現義而修福智雙運，是亦即密乘之樂空雙運。

　　法身之樂，名為大樂，梵文為 surata，前人音譯為蘇

24　依真諦譯，大正・三十一，no. 1610，頁798c。

囉多，亦譯言妙適。於不空三藏之《大樂金剛般若理趣釋》中，説云——

> 妙適者，即梵音蘇囉多也。蘇囉多者，如世間那羅那哩娛樂。[25]

此「那羅那哩」為梵文 nāra-nāni，意為男女，故由此引伸之 nārayana，即意為人種之神，譯為那羅延天。

不空三藏復云——

> 金剛薩埵亦是蘇囉多，以無緣大悲遍緣無盡眾生界，願得安樂利益，心曾無休息，自他平等無二，故名蘇囉多耳。
>
> 由修金剛薩埵，得妙適清淨句。是故獲得普賢菩薩位。[26]

此中「妙適清淨」，亦即樂空，此中之「樂」，雖説為男女之樂，實喻為周遍法界之生機。以法身周遍，故識境即可因具生機而隨緣顯現，故此生機即為無礙緣起（法界緣起）之能生。故亦可説為「以無緣大悲遍緣無盡眾生界」。

法身境界如來藏之樂，實取生機義而施設。故説以周遍、自在之我為因。由此施設，説如來法身無間作事業，曾無休息，是即出世間之大樂，而無盡眾生界由是得安樂利益，是即世間之大樂。

四者，由樂是故可施設為常。論言——

25 大正・十九，no. 1003，頁608b。
26 同上。

諸菩薩修行大悲，由是圓滿清淨為有情作事業，
無有休止，故證得常波羅蜜多。

以「無有休止」作事業為常，即非説如來藏為一恆常
實體。

《入楞伽經》説常，則由別義而説，經云 ——

然而，大慧，由別義卻可説如來為常。何則？由
現觀所證之智〔為常性故〕，如來即常。大慧，此
智，為如來應正等覺現觀所起，故實是常。無論
如來出世不出世，法性常住。

此以如來現證智為常，故如來藏即亦可説為常，以其
為證智境界故。證智境界為出世間常恆之大樂，其無休息
而自顯現為識境即成就世間大樂，故無論於智境或識境，
大樂都為常之因。

故於菩薩修證如來藏，論言 ——

菩提薩埵依信解、般若、三昧〔定〕、大悲四法
修行，即分別得如來法身四種功德波羅蜜多，名
淨、我、樂、常。

此即以信解為勝義淨因、般若為勝義我因、三昧為勝
義樂因、大悲為勝義常因。

如是理解如來藏之四種德性，始為正見。

第七節　餘說

上來依《入楞伽經》與《寶性論》，已略說如來藏，分別由觀修與體性而說。至於經論之結構與義理等，本文未說，然前曾各撰有導論，讀者可以參考。本文綜合經論要義，可以視為如來藏之辨明。所謂辨明，亦即去除近世對如來藏之疑義。此等疑義，對西方讀者影響尚小，對東方讀者影響則大。

今於文末總結要義，對如來藏須如是勝解——

一、如來藏即如來內自證智境界。

二、智境不可思議，離能所、離分別，故不可由心識分別而見。

三、然此智境法爾具足生機，故自顯為一切界之識境。於此世間即顯現為藏識境界。

四、藏識境界本不可說為有無，但以其一落分別，即由境界轉而被執為實法，於是情器世間皆依二取而成為有無，復由二取施設名言，依名言而成為有無。如是即將境界諦實。此如《入楞伽經》偈頌品第111頌云——

> 所見為有及為無　　以及所見為種種
> 皆為凡愚顛倒執　　由顛倒而見種種

如是理解，即可遍除對如來藏之一切疑，是即為了義大中觀之見地、瑜伽行中觀之觀修。

今且引偈頌品第 107 至 110 頌，以歸結本文 ——

　　　自現證與極清淨　　　此即是為我之地
　　　此亦大自在天界　　　色究竟天光閃耀

　　　光輝熾燄如火聚　　　具足明麗種種色
　　　是能悅意且清涼　　　吉祥化現此三界

　　　有三界為今化現　　　有三界為先時化
　　　於此我演說諸乘　　　實皆歸入我地上

　　　自現證者為無時　　　亦超諸地諸境界
　　　彼亦超越於心量　　　建立而為無相果

　　西元二千又四年歲次甲申，造於圖麟都，於白露日造
竟。無畏記

第二章

《入楞伽經》導論

第二章：《入楞伽經》導論

第一節　前言

《楞伽》是一本十分重要的佛家經典。印度、漢土、西藏，三地的佛家都與本經有很深的淵源。

在印度，稱為「空宗」的中觀派，以及稱為「有宗」的唯識學派，都重視對本經的研究。

據西藏甯瑪派説，西元一世紀「大圓滿」法系大師俱生喜金剛（dGa' rab rdo rje）所傳的頌偈，即有與《楞伽》相同的法義。這種法義，後世稱之為「大中觀」，即為中觀究竟真實義。闡揚這法義的，後人名為「瑜伽行中觀派」（Yogācāra-Madhyamaka）。

於西元七世紀時，受藏王赤松德真迎請入藏弘法的阿闍梨寂護（Śāntarakṣita），即瑜伽行中觀師；後來蓮花生大士入藏，遣遍照護（Vairocana）赴印度求法，所求來的便是瑜伽行中觀的「大中觀」法門。由是藏密即能秉承印度古學，以「大中觀」見，修「大圓滿」法。

在寂護之前，有印度學者寫成了一本《究竟一乘寶性論》（Ratnagotravibhāga）。西藏認為此論乃彌勒菩薩所造，漢土則説是堅慧論師所造。然而二者都屬瑜伽行中觀派。該論所發揚的，便亦即《楞伽》的觀點。

今人研究《楞伽》，或認為是空宗的經，或認為是有宗

的經，或認為是刻意企圖溝通空有兩宗的經。但無論如何，印度佛學的兩大支流，他們都同時重視《楞伽》，這卻是不爭的史實。

至於在漢土，西元五世紀時菩提達摩西來，傳法與慧可，當時即以「四卷楞伽」交付，由是開創了「楞伽宗」。

一般說法，說達摩囑慧可以「楞伽印心」，所謂「印心」，即是印證行者所證的心識境界。然據慧可傳記，則達摩的說法是：「我觀漢地，惟有此經。仁者依行，自得度世。」[1]這樣，達摩所重視的，除了印心之外，恐怕便還有度世的一面。

慧可有一首很有名的偈頌，是因為有一位向居士致書來問，慧可故造此頌作答，其中有兩句說：

觀身與佛不差別　　何須更覓彼無餘[2]

這兩句偈頌便即是《楞伽》的主旨，因為眾生皆具佛性，所以從這意義來說，眾生與佛便無差別。慧可宣揚《楞伽》這種思想，大概便即是度世的作用。

值得注意的是，漢土禪宗與藏地甯瑪派的「大圓滿」，有很多相似的地方，都重視一心契入法界，不起分別；亦認為一切眾生都本具佛性，即《華嚴》之所謂「心佛眾生，三無差別」。他們的修持手段亦有頗大的相同，然而卻都同時重視《楞伽》，這一點，可以說凡重視實修實證的佛家宗派，對《楞伽》都加重視。所以研究《楞伽》，若只研

1　見道宣撰，《續高僧傳》，大正・五十，no. 2060，頁552a。
2　同上。

究其名相法義，作諸般諍論，恐怕並不是一個正確的方向。因為實修與理論到底是兩回事。

據傳記，慧可於講授《楞伽》之後，每嘆息說：「此經於四世之後，變成名相，一何可悲！」由此可知，後人研究《楞伽》的方向，實在給慧可料中。一旦成為名相之學，本經的精義便都模糊。

今依藏密甯瑪派的觀點，亦即「大中觀」的觀點，為研讀本經的初學一述經中的密義。這樣做，並非將本經硬扯入密乘，而是因為印度晚期的論師，的確用本經來配合密乘的修持。──　本經出世時，密法早已流行。藏密的「大圓滿」由俱生喜金剛於西元一世紀開始傳播，法系彰彰可考；而本經面世，最早亦恐怕是西元三世紀的事。

近人不知印度密宗的源流與史實，誤認為「無上密」是密宗後期發展的產物，因此認為至西元七世紀時才有「無上密」建立，實在將事實推遲了近六百年。由此誤認，於是便反認為《楞伽》引導了「無上密」的出現，未免本末倒置。若依甯瑪派的說法，本經實在只是「大圓滿」法義的表達，跟《寶性論》的用意相同。是故此一經一論所表達的「大圓滿見」或「大中觀見」，實為佛家修持最高境界的基礎，亦是諸佛的最深密意。

第二節 《楞伽》異譯

在漢土，《楞伽》一共有四個異譯的本子。茲分列如下：

（1）北涼曇無讖（Dharmarakṣa）譯，傳為四卷，今佚。

（2）劉宋求那跋陀羅（Guṇabhadra）譯，名《楞伽阿跋多羅寶經》，四卷。

（3）北魏菩提流支（Bodhiruci）譯，名《入楞伽經》，十卷。

（4）唐武后時實叉難陀（Śikṣānanda）譯，名《大乘入楞伽經》，七卷。

北涼譯本約譯於西元412年，至遲不超過433年；劉宋譯本譯於元嘉二十年，即西元443年。

由這兩個譯本，可見西元五世紀初本經即已流入漢土，是故學者謂本經的結集年代，可能是西元三世紀末期的事，應可相信。也即是說，本經實為繼承《般若》系列、《涅槃》系列的經典，結集時期比說「唯識」的《解深密》系列經典略早，而無著、世親兩位大師的出生，則應該更為稍遲。

北魏譯本與唐譯本，內容跟劉宋譯四卷本不同。最重要的分別是，北魏及唐譯本在經的開頭時，多了一篇〈羅婆那王勸請品〉（北魏譯名〈請佛品〉），經末，又多了一篇〈陀羅尼品〉，及一篇〈偈頌品〉（北魏譯名〈總品〉）。這可能是劉宋本於翻譯時有所省略，又或者原來的梵本已有殘缺。

多了這三品，密乘的意義便躍然於紙上。

羅婆那（Rāvaṇa）是藥叉王，即是印度神話中的「十首藥叉」。關於他的故事，下文還要述及。藥叉跟密乘的關係非常密切，據密乘的說法，金剛薩埵在須彌山頂說法，受法者為五大持明。這五大持明中便有一位是藥叉（其餘為天人、人、龍王、羅剎母）。藥叉跟龍族和羅剎，其實亦是天人的眷屬。他們也有資格可以做天王，例如忉利天的天王帝釋，本身即是藥叉。本經由藥叉王請法而說，所以便有密乘的意味。

「陀羅尼」（dhāraṇī）即是密乘的明咒，其義為「總持」，即謂一首陀羅尼能總持某一法義。每經都有陀羅尼，即謂此經的法義都攝入此陀羅尼中。例如《心經》，其陀羅尼即是「揭諦，揭諦，波羅揭諦，波羅僧揭諦，菩提娑婆訶」，咒義即是謂眾生可藉般若渡過生死海，而至解脫岸，此便是《心經》的主旨。

關於《偈頌品》，昔年寂護論師對此極為重視，認為本品已盡攝大乘佛法的正見[3]；寂護跟密乘有很深關係，本身即為顯密雙修的大師，所以他的觀點，實可代表密乘佛學家的觀點。

一般的說法，認為兩系列不同的譯本，北魏及唐譯所據的梵本為晚出，多出來的三品，亦為後添的結集，這個

---

[3] 此據近代甯瑪派法王敦珠甯波車（Dudjom Rinpoche）所傳。又，於印順《印度佛教思想史》（正聞版）中，有云——寂護竟引《楞伽經·偈頌品》文，作為大乘正見的準量（第十章，頁411）。此即與敦珠法王的說法相同。另可參考同書第九章。

說法不盡合理。因為梵文經論時有節本，劉宋本所據，或即為節本，那便不能說結集有先後。據多羅那他《印度佛教史》第二十章，那爛陀寺因法難被毀，經論因而殘缺，所藏《楞伽》只餘《如來藏品》。呂澂先生認為，此即宋譯較北魏本及唐本為簡略的原因。然而宋譯實非只具《如來藏品》，呂先生的意見只宜存疑。揆多氏之意，或以為《如來藏品》特別珍重，故受天龍護持也[4]。

有些學者認為，兩種梵本所含的法義有所不同，這說法更值得討論了。正如慧可所預料那樣，後世已將《楞伽》變成名相之學，研究者缺乏實修的體會，於是便容易陷入名相的泥沼，由此才覺得兩種梵本有不同的法義，倘能用實修的觀點去理解，摒棄對一些名相的成見，則當認為二者的論旨實在一致。

現存三種譯本，北魏譯本中的誤譯頗多，這是由於譯師僅懂華言，只能語譯，而當時筆受的人佛學水平不高，所以便時時誤解譯師之意。

劉宋譯本一向流通最廣，達摩持付慧可的「四卷楞伽」便即是這個譯本。它雖比晚譯者缺少三品，但譯筆卻極為

---

4 西藏所傳的《楞伽》，保由法成譯師據漢譯本轉譯。蓋當時（唐咸通六年，西元865年法成逝世，由此可約略推斷翻譯年份）《楞伽》的梵本已缺（見多羅那他《印度佛教史》第二十章），故須由漢譯翻為藏文。然而梵文經題及零散篇章則仍俱在，所以藏譯便依梵文譯經題為《降楞伽經》。又，若據多羅那他的說法，謂梵本《楞伽》只剩下《如來藏品》，顯然這只是籠統的說法，因為在法成譯師以前，印度論師寂護（Śāntarakṣita）、蓮花戒（Kamalaśīla）、寶作寂（Ratnākaraśānti）等皆曾引用《偈頌品》的頌文（見梶山一雄《空之哲學》，吳汝鈞譯），那麼，至少於《如來藏品》之外，應該還有《偈頌品》流通。而且由藏傳大中觀學說，我們甚至還可以說，《楞伽》梵文雖缺，但經義則一直未失傳。

忠實。缺點是有時造句不依照漢土的文法，仍然保持梵文句法結構的形式，因此變成難讀。

至於唐譯，毛病在於增添文字以求暢達，但一經增添，有時便容易誤導讀者。學者說兩種梵本的法義有別，除了陷於名相泥沼之外，跟誤譯與添譯的文字亦有關係，蓋一不小心亦易受其誤導。

我們為了方便讀者，仍取劉宋求那跋陀羅的譯本作為依據。對《楞伽》有興趣的讀者，可於研讀過本譯之後，再取唐譯七卷本作為參考。兩種譯本讀過後，對《楞伽》的法義或當有會心之處。

第三節　解釋經題

經題《楞伽阿跋多羅寶經》，依一向的解釋，將「阿跋多羅」解為「無上」，因此本經的題意便當為「無上楞伽寶經」。於是又說有一種「楞伽寶」，為赤寶石，喻本經所說法義，有如赤寶石焉。

亦有人將題意釋為「楞伽無上寶經」，因此本經的法義便喻為「無上寶」。

這種解釋，實有誤會。「無上」於梵文為 anuttara，至於本經經題，則為 avatāra，音譯為「阿跋多羅」，對音甚準，其意為「降入」。所以依照經題，實為「入楞伽寶經」之意。跟北魏譯本比較，僅多一形容詞「寶」字，此字或為譯師所加，非梵本原文所有。西藏譯的《楞伽》，經題為《降楞伽經》，強調「降」義，即謂釋迦「降臨」楞伽說法。這樣，便跟漢土的傳統解釋有所不同。

漢土釋「楞伽」為「不可入」之境，今釋迦「入楞伽」即是「入不可入」，由是可發揮出許多玄義。

因此我們若依梵本經題 Laṅkāvatāra-sūtra 平實地來瞭解，那便是「入楞伽」或「降楞伽」，亦即釋迦降臨楞伽說法的經典。但我國古德的舊說，亦並非毫無根據。

釋迦與楞伽關係甚深，小乘的《島史》，即說釋迦曾三度降臨楞伽島，降伏藥叉羅剎。本經則說藥叉王羅婆那知釋迦自龍宮說法出，於是發歡喜心，請佛詣楞伽說法。

　　楞伽（Lanka）即今錫蘭的斯里蘭卡（Sri Lanka）。「斯里」意為吉祥，故斯里蘭卡便即是「吉祥楞伽」。此島之所以吉祥，即因與釋迦有種種因緣之故。

　　至於藥叉王羅婆那，則是印度大史詩《羅摩衍那》（Rāmāyaṇa）中的腳色。史詩説太子羅摩（Rāmā）因不願繼承王位，因此被父王放逐到頻闍耶山，他的妻子息姐（Sida）陪伴着他。楞伽的藥叉王十首（Daśagriva）偶然見到息姐，愛其美色，便將息姐劫走。羅摩為了救出息姐，經歷千辛萬苦。整篇史詩所説的，即是羅摩救息姐的故事。史詩中的「十首」，便即是羅婆那，因為他有十個頭顱。史詩中還有一位神猴哈奴蔗（Hanumat)，由於楞伽難入，周圍多風浪，哈奴蔗便置跳板於印度大陸的摩醯因羅陀山（Mahāindra），一躍而入楞伽島。我國古德，釋「入楞伽」為「入不可入」，即可能從史詩中哈奴蔗的故事引伸而來。蓋這部印度史詩的故事，確曾傳入我國，傳來者且應為印度或西域的大德，據胡適考證，小説《西遊記》中的孫悟空，便即是哈奴蔗的衍化。

　　還有一點值得注意的是，我國古德將「入不可入」的「不可入」，視為心識的表義，因此「楞伽」亦即是心識。在《西遊記》中，孫悟空的表義恰恰也即是心識，是故稱為「心猿」。説孫悟空一個觔斗可以翻過十萬八千里，無非亦是説人的心念一轉，無遠弗屆。

　　因此若不把經題平實地解釋，自然就可以因楞伽的故事，引伸到「不可入」的心識，而謂本經主旨即在對難知的心識作深入的分析。這個説法雖有比附，然而亦未嘗不

恰當。因為在唐譯的《大乘入楞伽經》中，説羅婆那「*以佛神力聞佛言音，遙知如來從龍宮出，梵釋護世天龍圍繞。見海波浪，觀其眾會，藏識（ālaya-vijñāna，即阿賴耶識）大海境界風動，轉識（pravṛtti-vijñāna）浪起……*」。這裏的「藏識」與「轉識」，都是心識。詳見後説。

倘若加以猜測，則昔日印度或西域大德講本經時，或許曾一併提到《羅摩衍那》的故事。是則我國古德解釋經題，便受到影響。—— 知道這一點，對理解本經應亦有幫助。

第四節　如來藏 —— 本經的主旨

　　本經的主旨，實在是説「如來藏」（tathāgatagarbha）的法義。關於「如來藏」，密乘學者跟顯乘學者有不同的看法——

　　顯乘學者的看法是，如來藏思想是於釋迦圓寂之後，慢慢發展出來的。所以他們便認為，雖然許多經典都提到如來藏（或它的同義詞，如佛性、如來種等），可是其含義卻不一律，因此便有早期如來藏思想、中期如來藏思想，以及晚期如來藏思想的區別。

　　密乘學者的看法則不然。藏密甯瑪派認為在《維摩詰所説經》（Vimalakīrtinirdeśa）中，即有如來藏思想。《維摩》是早期大乘經典，維摩詰（Vimalakīrti）即是第一位密乘人間持明，為在須彌山頂聽金剛薩埵説密法的「五大持明」之一。經中所説的如來藏思想，實與後出的經典，如《涅槃》（Mahāparinirvāṇa）、《勝鬘》（Śrīmālādevī）、《楞伽》等無異，宗旨一貫，因為都是修持「大圓滿」的指導思想。表面看起來可以解釋為不同，那只是對名相的理解有所不同。至於為甚麼要用不同的名相來表達同一思想呢？這便是密乘的次第了。

　　關於密乘的次第，亦應該一説。顯宗學者常常誤會，密乘是由下向上的建立，即先有雜密，然後才發展為事密，以後即在事密的基礎上，陸續發展出行密、瑜伽密、無上瑜伽密等四部密續。

　　然而顯宗學者這種見解，實在是拿世間學術發展的程序，來猜測密乘的次第建立。密宗的建立，實在是由上而下的。即先有無上密「大圓滿」的法系，然後為了適應不同根器，才有前述四部密續的建立。

　　在實際修持上，甯瑪派有一個「九乘次第」的系統，包括了小乘、大乘、外密乘、內密乘（詳見拙著《四法寶鬘導讀》）。這個次第，可以視之為全部都是修持「大圓滿」的前行。即是說，唯有內密乘中最高層次的「大圓滿」才是了義的究竟法門，其餘一切經續與修持，無非都是為修習「大圓滿」鋪路。因此我們絕不能說是由最低次第，逐步發展至最高次第的「大圓滿」，只能說是先有了「大圓滿」的見地，然後為了適應眾生根器，向下建立餘次第，作為修持的權宜方便。

　　一如釋迦，先向聲聞弟子說「四諦」（苦、集、滅、道），並不是釋迦於成佛後其知見僅達到四諦的層次，只能說，釋迦雖已證得最高最究竟的真理，但卻不宜立刻便加以傳播，所以便只能先向弟子說四諦法。

　　假如認為釋迦的思想是一路向上發展，先知四諦，然後才知十二因緣，再知空性，發展為如來藏，更因此才明白唯識，那便是謗佛。

　　舉此為例，便可知說於西元七世紀才有無上密建立，甚至認為佛教發展至無上密，已經是佛教的沒落，那便只是對密乘的誹謗。

　　甯瑪派的說法是，與釋迦同時即有「大圓滿」法門，

在佛經中，稱為「不可思議法門」，亦稱為「不二法門」，此皆見於《維摩》。在《維摩》中，維摩詰與文殊師利菩薩有一段問答——

> 於是維摩詰問文殊師利：「何等為如來種？」文珠師利言：「有身為種、無明有愛為種、四顛倒為種、五蓋為種……以要言之，六十二見及一切煩惱，皆是佛種。」[5]

這一段說法，便即是如來藏的要旨。「六十二見」，是當時外道的六十二種錯誤見解，跟一切煩惱，都是學佛的人所須避免沾染的毒，然而文殊師利卻偏偏認為這些毒是佛種，這便正是「大圓滿」的深義，一切眾生，包括具錯誤見解、具足一切煩惱的凡夫，其實都有佛性，具足如來藏，是故皆可成佛，由是稱一切毒為佛種。

「大圓滿」修持，即基於此種見地而修。除非我們認為早期的佛教，已經理論與修持脫節，否則，於西元一世紀時已經編集了《維摩》，怎能說要延至西元七世紀，才有據《維摩》為根本的「大圓滿」法，理論與實修足足脫節了六百年之久呢？

說明了上述的關鍵問題之後，對理解《楞伽》的如來藏便容易了。

如來藏是甚麼？一點也不神秘，只是眾生的心識。倘如眾生處身煩惱之中，心識能不受煩惱污染，這種心識，為方便起見給它一個名相，即名為「如來藏」；倘若在煩惱中

5　依鳩摩羅什譯，大正・十四，no. 475，頁549a。

心識受污染,這種心識,便名之為「阿賴耶識」(藏識)。

所以「如來藏」跟「阿賴耶識」,只是我們為了描述兩種不同心識狀態,權宜安立的兩個名相。它們既是心識狀態,所以便是心識的相;至於「不受污染」與「受污染」,則是心識的兩種不同功能(用)。

因此,如來藏與阿賴耶識,實在並不存在空與不空的問題。研究空與不空,是「本體」(自性)的事。一隻杯,我們可以研究它的本體是空還是不空(有獨立自存自成的真實本質,還是沒有),但杯中的茶斟到多滿(狀態、現象、相),或者這杯子是否可以載茶(功能、用),則根本與本體無關。

是故若能這樣來認識如來藏,則不會認為如來藏是「空後轉出的不空」,是「真常唯心」,亦不會認為是「一心二門」,對之加以批判。

可是,為甚麼《勝鬘》一系列經典,卻又提到「空如來藏」與「不空如來藏」的問題呢?

這便是為了說明問題,權宜安立名相了。在《勝鬘師子吼一乘大方便方廣經》中,這兩種如來藏的定義是 ——

> 世尊,有二種如來藏空智。
>
> 世尊,空如來藏,若脫、若離、若異一切煩惱藏。
>
> 世尊,不空如來藏,過於恆沙不離、不脫、不異不思議佛法。[6]

----

6 依求那跋陀羅譯,大正・十二,no. 353,頁221c。

　　這裏說的其實是兩種「如來藏空智」，所以實在應該具稱為「空如來藏空智」、「不空如來藏空智」，說兩種「如來藏」只是簡略的說法。

　　我們說，當處於煩惱中而不受煩惱污染的心識，名之為如來藏。然則，是甚麼心識才能起此不受污染的功能呢？必須是具足「空智」的心識，亦即成佛的心識。所以經中說——

　　　　如來藏智，是如來空智

　　因此，當用如來藏智（即如來藏空智）來脫離一切煩惱，與一切煩惱相異之時，此種如來藏智即名為「空如來藏」（空如來藏空智）；當如來藏智不脫離一切煩惱，亦不作意與一切煩惱相異之時，亦即不離、不脫、不異「不思議佛法」之時，此種如來藏智，即名為「不空如來藏」（不空如來藏智）。

　　「大圓滿」認為有兩種離垢，一者自然清淨，一者依禪定力離剎那生起之污染（詳見拙譯《四部宗義要略》中之《中觀宗宗義》部份，敦珠法王造論）。

　　這兩種離垢，前者是不脫、不離、不異一切煩惱藏的「不空如來藏」，後者即是若脫、若離、若異一切煩惱藏的「空如來藏」。

　　所以，它們都非本體，只是離垢的兩種境界。過去恆河沙數諸佛所具者為「不空如來藏」的境界，若依定力所具的離垢境界，則為「空如來藏」的境界。「大圓滿」許此二者皆為真實智，故說兩種離垢及兩種真實皆自性圓滿。

　　修持的人，實際上必須先修禪定，然後才得證空性，所以凡示現凡夫身成佛者（如釋尊），實先證得「空如來藏」的境界，然後才能具「不空如來藏」的境界。因此這兩個名相的建立，實在是說具體修持，並不是空談理論。若未實際修過「大圓滿」，便很難認識到這一點，難怪便糾纏於名相的網中，對如來藏作諸般界說，一如慧可當年的嘆息。

　　雖然「空」、「不空」兩種如來藏都只是境界，但亦可視之為成佛的功能。尤其是不空如來藏智，它是「法爾」的（自然而然清淨，不假作意，不流意度），是故為恆沙諸佛的心識狀態，因此便可說之為「相」（境界、現象、狀態）；相對而言，空如來藏智為凡夫修習所證的心識狀態，因此便可視之為成佛的本質。蓋凡夫若不具成佛的本質，則雖修禪定亦不能憑定力離垢，是故在這定義下，便亦可權宜地說空如來藏為本體。

　　這樣權宜地將功能與相狀說為本體，蓋亦世間的習慣，可以舉一例來說明 —— 裝茶的杯、盛油的瓶。這樣一說，便可研究它們的本體了；但如果說，用這杯子裝茶，用那瓶子盛油，其着重點即在相用而不在本體，由是便不宜作本體方面的研究。

　　如今如來藏的情形亦一樣，說為證空智的空如來藏智，那就可以說之為本體，世人亦容易瞭解其涵義。然則，為甚麼卻不可說「證空智的不空如來藏智」呢？因為照「大圓滿」的說法，不空如來藏智既為佛法的法爾境界（自然而然具足的境界），是故無修、無證，由是不能說「證」空智的不空如來藏智，否則即與「無證」相違。

「大圓滿」經續，有時説空如來藏為本體，不空如來藏為相用，便是這層次的説法。

依如上解説，是故讀本經時，須將如來藏視為眾生成佛的功能，而非成佛的本體，如是始能正解經義。一切修持，只是為令此眾生本具的功能發揮作用，此即是諸佛的密意。

第五節 「如來藏」的傳播

1 小乘部派與如來藏

將一種思想傳播，須要一個過程。如來藏思想雖是諸佛密義，但要傳播，亦須逐步地將這思想表出，這樣才容易為聞法者接受。

在小乘的經典中，其實亦有說如來藏。《南傳大藏經》中，《增支部》（Aṅguttara-nikāya）即有這樣的說法──

> 比丘，心極光淨，為客塵煩惱所染；
> 比丘，心極光淨，由客塵煩惱而得解脫。[7]

所謂「心極光淨」，所指的即是如來藏；為外界（客塵）的「煩惱」（貪、瞋、癡而起的心理）所染，是故不淨。因此他們將修行譬喻為煉金，將沙石除去，再除細砂黑土，然後除去金色的砂，復將金熔煉，如是始成純金。這即是藉修持以除去「客隨煩惱」。

《舍利弗阿毗曇論》（Śāriputrābhidharma）亦說──

> 心性清淨，為客塵染。[8]

這說法跟《增支部》經所說相同。這都是小乘大眾部的見解。大乘佛學即由大眾部發展而來，這一點很值得注

---

[7] 梵：pabhassaram idaṃ bhikkhave cittaṃ tañ ca kho āgantukehi upakkilesehi upakkiliṭṭhan ti/ pabhassaram idaṃ bhikkhave cittaṃ tañ ca kho āgantukehi upakkilesehi vippamuttan ti//

[8] 依曇摩耶舍、曇摩崛多等譯，大正・二十八，no. 1548，頁697b。

意。蓋當時小乘上座部則反對「心性清淨」的說法。

如說一切有部的《阿毘達磨順正理論》(*Abhidharma-nyāyanusāra*)，便說「心性清淨」並非釋尊的了義說。

所謂「非了義說」，即是權宜方便立論。如《成實論》(*Satyasiddhi*) 亦說 ——

> 心性非是本淨，客塵故不淨。但佛為眾生謂心常
> 在，故說客塵所染則心不淨。又佛為懈怠眾生，
> 若聞心本不淨，便謂性不可改，則不發淨心，故
> 說本淨。[9]

可見如來藏思想，並不為上座部所容。無奈文字見於經典，不能指為非佛說，所以便只能說它是不了義的說法，因謂眾生認為心是「常」，又易生懈怠，佛才權宜說心本淨，用來激勵他們修行。

上座部之所以要反對「心性清淨」、「心性本淨」，原因即在於他們認為這說法違反了如來三法印中的「諸行無常」。

佛心當然清淨，所以佛可以「常」，倘若凡夫的心亦清淨、本淨，那豈不是跟佛一樣，可以恆常了嗎？既不能說佛心亦不淨，亦不能說佛斷滅，因此便只能說眾生的心本來就不淨。是故修行便不是煉金，只能轉化，將污穢的心識轉化為清淨的心識。

這是上座部跟大眾部在見地上的差別。因為見地不同，所以對修持的主張亦各有不同。

9　依鳩摩羅什譯，大正·三十二，no. 1646，頁258b。

　　其實更正確的說法應該是：正由於在修持方面有不同的主張，所以對經典才有不同的理解，尤其是對於戒律的態度不同，對經典的理解便更易形成差別。

　　上座部對守戒比較嚴格，大眾部則比較寬鬆。要求嚴格的人，認為必須嚴守佛陀訂下來的戒律，然後才能轉凡夫的污染心為清淨心；認為不妨寬容的人，當然就傾向於主張自心本淨，修行只有如清洗的工作。

　　所以，佛陀宣說的如來藏，在部派佛教時代其實就已經有諍論，受到保守力量的反對。

2 《華嚴》與如來藏

依照華嚴家的説法，當日釋尊轉法輪，實先説《華嚴》（*Avataṃsaka*），後來因為照顧眾生的根器，才轉四諦法輪，為聲聞眾説法。

假如承認華嚴家的意見，那麼，釋迦其實於説法開頭即便提出如來藏的思想。在《華嚴》中，有許多法義跟密乘「大圓滿」的法義相同，而密乘的法義則由毘盧遮那佛（Vairocana）説出，於《華嚴》中，恰恰便有《盧舍那品》（晉譯本），或《毘盧遮那品》（唐譯本），此中的關合，研究者實在應該留意。

《華嚴》中有些品次，其流行時代實在十分早，例如其《入法界品》，龍樹論師在《大智度論》中即曾引用，但卻名為《不可思議解脱經》，可見此品確實曾單行，且流通時間必在龍樹以前。《入法界品》充滿密乘的意趣，所以這亦是很值得注意的事。

假如我們能夠客觀一點，認為《華嚴》中至少有部份法義與「大圓滿」法義相同，那麼就應該同意藏密甯瑪派的説法，至遲在西元一世紀，「大圓滿」祖師俱生喜金剛就已開始宣揚此法義。《入法界品》的流通，可能就正當俱生喜金剛傳法的年代。

還有一點應該注意的是，經典中凡與「大圓滿」法義有關的，都強調為「不可思議法門」或「不可思議解脱法門」，例如《維摩》、《華嚴》，又如《大寶積經‧善德天子會》（菩提流支譯為《文殊師利所説不思議佛境界經》）。而凡提

到「不可思議法門」的經典，則多少都關係到如來藏思想，這亦是一個很有趣味的問題，足證「大圓滿」以如來藏思想為基，實在是大乘開始流行就有的事。── 如果是後世密乘牽強比附，則大乘經典流播初期，不應該有那麼多的經典談到如來藏，亦不應該有那麼多的經典，與「大圓滿」的觀點一致（例如以文殊師利為主名的一系列經典，以及《華嚴》、《寶積》等）。

在《華嚴》中，常將釋迦與毗盧遮那等同。照密乘的說法，釋迦以應化身在人間說顯乘法，其報身毗盧遮那則為菩薩眾開示密法，這亦是彼此相同的意趣。前面提到《勝鬘》說的「如來藏空智」，在《華嚴》中，觀點一致 ──

> 如來智慧、無相智慧、無礙智慧，具足於眾生身中。但愚癡眾生顛倒想覆，不知不見。[10]

如來藏空智本已具足眾生心中，是故眾生心本清淨。亦正因如此，才可以藉修持（禪定力）來離垢。若凡夫心識根本不同佛的心識，就只能「轉」而不能「離」。── 這即是小乘部派所討論的心識問題。《華嚴》的態度，顯然即是小乘大眾部態度的發展。

所以《華嚴》提出一句很有力的說話 ──

> 心佛及眾生，是三無差別。[11]

佛與眾生平等，皆由彼此心識無別，這是從功能上來說平等。而此便即是如來藏之意。至於華嚴家引入「他空

---

10 依佛馱跋陀羅譯，大正・九，no. 278，頁 624。
11 同上，頁 466a。

見」，那亦只能視為次第問題，並不能因此否定其見地。

3 中觀與如來藏

印度佛學的空宗，由《般若》開始，至龍樹論師發展為中道思想，於焉大成。中觀，即是於修「止觀」時依中道思想而行。前代祖師着重行持，一切理論與實際行持皆有「基、道、果」的關係，並不如今人，理論與修持彼此脫節，所以用中道為基（基本觀點）的止觀（修持的道），便稱為中觀。

般若（prajñā）意為智。這種智又有專指，只指能體證一切法空的智，是故亦可理解它即是「空性智」，或「空智」。

空，是指一切法（世間一切事物及現象）均不永恆，無獨立的本質。一切法生起，都依靠各種必要的客觀條件而成立，條件具備則生起，條件不具備則還滅。是故世間一切法皆可視為「緣起」（因緣具足則生起）。

在思惟層次理解緣起，並不難，可是怎樣在實修層次證悟，則實不易。修止觀便是證空性的修持次第。

止（śamatha，音譯奢摩他），是將心念集中於一處。所謂一處，可以是一種實物（如座前設一塊石），可以是一種自然現象（如日落的光華，或無雲晴空），也可以是自己觀想出來的壇城與本尊，或觀想出來的境界（如光輪）。

於止之外，還須作觀（vipaśyanā，音譯毘鉢舍那）。觀不是觀想，而是觀察、觀覺，於一法生起的同時，依佛所說法義去作抉擇，例如依緣起義，了知其為緣生（依緣起法則而生），此有四重緣起，今不贅。

《般若》系列經典所說，其實即是說一切法的本體（自性svabhāva），並且教導如何去證悟諸法本體（有時說為「諸法實相」）。在《文殊般若》中，即說「眾生界」的本體如「佛界」的本體。所以文殊師利說——

> 如「我」但有名字，「佛」亦但有名字。[12]

佛告文殊師利——

> 如來不思議，凡夫亦不思議……何以故？一切心相皆不思議。[13]

這便即是「心佛眾生，三無差別」，即是如來藏。佛於《華嚴》已如是說。

至於在《勝天王般若》中，則說「如來界」，在《法性品》中，還說到修「無相」的理趣，即是心識不受污染。這便是說到如來藏及依此為見地的修持了。它說——

> 在諸眾生陰界入中，無始相續所不能染，法性體淨。一切心識不能緣起，諸餘覺觀不能分別，邪念思惟亦不能緣。法離邪念，無明不起，是故不從十二緣生，名為無相，則非作法，無生無滅，無邊無盡，自相常住。[14]

這即是說，當眾生的色受想行識等「五陰」與外境接觸時，所起的感受，能夠「法性體淨」（自然的清淨），不受

污染，那麼就不生起無明，因而便脫離了生死（蓋無明為生死之本），由是得證自相常住的法身。

說自相常住，即如《大般涅槃經》說「常、樂、我、淨」，理趣一致。這已說到如來藏的較深一層法義。

般若思想發展至高峰，出現了龍樹的中道。中道的精粹，是既說「緣起」的空性，但亦說緣起法有「假名」（prajñāpti）。即世俗所許的一切法，雖無本質（自性），但卻有相狀與功能（相用）作為其成立「假名」的依據，是故在世俗層次，便亦說為有。

依甯瑪派傳授的「大圓滿」，則以落於緣起者為世俗，由四重緣起成立四重有境，初由因緣和合而成有，是「業因有」；超越業因緣起，則成「相依有」，以心識與外境相依；更超越相依緣起則成「相對有」，以智境（如來藏）與識境（藏識）相對；復更超越則成「相礙有」，以一切識境皆依其局限（相礙）而成立。如是說「有」，即如來藏觀修之抉擇。由上一重緣起，超越下一重緣起，及至離「相礙有」，是即證空如來藏。—— 至於「不空如來藏」則是諸佛的法爾功能（本能），亦即諸佛本具的功德，是故並非與「空如來藏」相對。由於法爾，故其本質已離緣起，只是其力用則仍依緣起而不壞因果。

所以藏密將如來藏思想稱為「大中觀」，甯瑪派一向認為，大中觀為了義，其餘自續派、應成派的中觀，為外宗不了義。

主張「大中觀」為了義的論師，稱為「瑜伽行中觀

派」。這一派認為，中觀是離開相對的兩邊，直接把握中道，可是我們卻亦不妨去徹底認識兩邊，藉此以得中道。如來藏是心識的清淨邊，阿賴耶是心識的污染邊，因此「瑜伽行中觀」即是不廢對阿賴耶心識的體證而修中道。

　　不妨將這理趣説得更詳細一點 ——

　　龍樹的中道，説八不 —— 不生不滅；不常不斷；不一不異；不來不去（不出），這是由事物的本體，依四重緣起而説。本體既空，故實離開一切相依、相對的概念（例如來與去，即是相對的概念）。當我們説佛與眾生的心識時，都可以這樣理解。然而龍樹的八不，卻不能用來説事物的相狀功能。一切法呈現生滅（生起或消滅）、常斷（永恆或非永恆）、一異（一相或多相，如水與波）、來去（隨時間而事物變異），那是落於四重緣起的實有現象，是故不能加以否定。此如落於業因緣起，即可説為生滅；落於相依緣起，即可説為常斷（心識與外境相依，故可説心識為常，外境為斷）；落於相對緣起，即可説為一異（如來藏與藏識相對，或説智境與識境相對。智境為一、識境為異）；落於相礙緣起即可説為來去（智境由相礙而成識境，於識境中即有來去）。然而於超越緣起時，即可説為八不。[15]

　　佛的心識，不受煩惱污染，那是它的功能，由於其功能自然呈露，是故假名之為「不空如來藏」。

　　可是凡夫的心識，卻沒有天然的不受污染功能，因此便有兩種相狀，亦可説為兩種功能：一為不受污染的功

15　參拙《四重緣起深般若》第二章「龍樹四重緣起」（台北：全佛出版社，2004 年）

能,這種功能須依修習禪定始能生起,姑且與「不空如來藏」相對,可假名之為「空如來藏」,但通常亦僅名之為「如來藏」。另一種則是受污染的功能,亦即凡夫心識的普通功能,假名之為「藏識」(阿賴耶識)。

因此實際上在功能方面相對的,是如來藏與阿賴耶識。而空、不空如來藏,則只是建立名相的相對,是故前者為兩邊,後者不是兩邊。

如果要觀察兩邊,藉此建立中道,所觀察的,便是如來藏與阿賴耶了。這即是大圓滿修習次第的建立依據,亦即甯瑪派建立九乘次第的依據。

在實修方面,因為修習者必是凡夫,所以一切修習實與阿賴耶識相應,此時行者亦實在未能發揮心識不受污染的本能,中觀而稱為「瑜伽行」,便是基於這種原因。

是故「瑜伽行中觀」或「大中觀」,並不是空有二宗的合流,而是修「大圓滿」必須依據的見地。這種見地,自有「大圓滿」的修持就有,也即是,自維摩詰時代就有,並不是後期的大乘佛法。若我們不理實修的基、道、果,只落名相邊來研究,則可能得出相反的錯誤結論。—— 例如,執着於「瑜伽行中觀」之名,則一定會誤認他們的思想體系,一定遲於「瑜伽行」與「中觀」,由是望文生義,說此為二者的合流。實則這無非是後人所加的名相而已,不須要有名相然後才有法門,是故「大圓滿」修持的基,其成立可以先於名相的成立。

4 如來藏的建立

佛經多說如來藏。只是由於後世研究佛學的人，每由名相來理解佛法，又自設重重概念來作限制，因此一提到如來藏，便像部派佛教時代的上座部一樣，每說之為不了義，認為只是釋迦的權宜方便說。

實際上，當說如來藏為本體，或空如來藏為本體時，的確是權宜的說法，但當說之為功能時，則為真實說，這一點應該分別清楚。

為了適應世俗的根器，是故表達如來藏思想亦有一個建立的過程。

對小乘聲聞眾說法，釋迦只提「心極光淨」或「心性清淨」。在這時期，可以將清淨的心識解釋為本體。這樣解釋時，自然可將之視為不了義，因此上座部的意見，未嘗沒有根據。

到了大乘經典結集，《華嚴》可以視為是一種見地的提出，再由密乘的文殊師利菩薩與密乘祖師維摩詰問答，說如來藏，這即是以如來藏空智來說般若。至於文殊師利的一系列經典，則或示瑜伽行中觀意趣，或說如來藏，則可視為如來藏思想的初步系統傳播（不是此思想的發展）。

其後，在《大般涅槃經》（*Mahāparinirvāṇasūtra*）中，正式提出了佛性的問題——

> 我者，即是如來藏義。一切眾生悉有佛性，即是我義。[16]

16 依曇無讖譯，大正·十二，no. 374，頁407b。

　　佛本說無我，忽然說到「我」，那是為了說明佛性常住。所針對的是小乘行人對佛涅槃的失落感。依勝義而言，說佛為常，其實是說佛的功德事業為常，是用邊事，非說本體。但依世俗而言，則亦可視佛性為常恆的本體。

　　是故經中說如來有四果德：常、樂、我、淨，便恰與凡夫的心識相對。凡夫無常，佛性是常；凡夫有受皆苦，佛性則樂；凡夫無我（本質不永恆），佛性則有我；凡夫心識不淨，佛性則淨。這四德其實只是說佛的本能，非指本體。

　　這種權宜方便的說法，目的在於救濟對佛性的斷滅見。恰如龍樹的中道，是救濟極端的空性見。

　　但如果只是這樣來說「如來藏我」，卻很可能引起誤會，一將「如來藏我」視為實體，即很容易跟外道的「梵我」、「神我」混同。是故《涅槃》便強調說——

　　　　一切眾生定得阿耨多羅三藐三菩提故，是故我說眾生悉有佛性。[17]

　　這便說明了「如來藏我」、「一切眾生悉有佛性」只是權宜的不了義。因眾生都定能成無上正等正覺，故說眾生有佛性而已。《涅槃》在此已交代得清清楚楚。

　　因此《涅槃》又說——

　　　　佛性者名第一義空；第一義空名為智慧。智者見空及〔以〕不空、常與無常、苦之與樂、我與無我。空、無常、苦、無我者，一切生死；不空、

常、樂、我者，謂大涅槃。[18]

這即強調於勝義諦中亦說佛性為空（應須注意，於功能卻不可說為空，否則即陷斷邊，正為龍樹之所破）。

在《勝鬘》中，又恐人誤解「佛性」與空的關係，如是又墮斷見，因此便提出「如來藏智」的說法。說「如來藏智」，即說明了「佛性」、「第一義空」、「智慧」三者彼此之間的依存關係。

智慧是觀第一義空（勝義空）的智慧，由此觀察可證無上正等正覺，是故便將之與佛性等同，謂為「名為」。既是「名為」，因此《涅槃》所說仍是權宜方便。只為了方便眾生理解，須憑般若觀第一義空始能得大涅槃。這即是成佛之道。

由是《勝鬘》始有「空如來藏」與「不空如來藏」的建立。前者即是說修行道上的離垢，後者則為佛的果德，法爾離垢。

不空如來藏對修行人來說，只是一種知見，可以作為追求的目的，對實際行持卻只能依空如來藏（智），因此便不能單觀察一邊，必須同時觀察與其相對的阿賴耶識。

《楞伽》提出「如來藏藏識」這個名相，即是同時觀察如來藏與阿賴耶識之意，亦即於觀察由智境自顯現之識境同時，抉擇智境與識境。故在名相上便將二者合而為一。

筆者有一個見解：一切經論，實為修持者作理論上的依據；對經典不同的見地，則實為修持者依自己的修持境

---

[18] 同上，頁523b。

界，對經典作出各各不同的解釋。這是筆者居夏威夷島六年餘，依「大圓滿」次第讀經修密所體會出來的見解。因此若認為佛經中所說的只是佛學上的理趣，那就容易陷入迷惘，認為經中有反反覆覆的說法，實在難以理解，釋迦當年何不直說：這是勝義諦、那是世俗諦；這是究竟法、那是權宜方便呢？

事實上，釋迦的確不宜這樣做。因為眾生一定好高騖遠，追求勝義，鄙棄世俗；追求究竟法，鄙棄方便道。可是眾生的根器卻絕大多數未能適應，因此釋迦便只能以方便善巧，分層次來說勝義與世俗。在這層次上說為勝義的法，在高一層次則仍說為世俗。這便即是所謂次第。每一次第，便能適應合乎這次第的根器，不致令學佛的人在修行道上傾跌。

必須如此理解，才能明白「如來藏藏識」實非「一心二門」，跟唯識家的有漏生有漏種子、無漏生無漏種子絕無抵觸。因為這個名相，只等於教修行人對心識的兩種功能作觀察。在藏密甯瑪派的教授中，「生起次第」是對兩種功能作分別觀察，「圓滿次第」則是對兩種功能作同時觀察。若能離觀察，則已開始進入「大圓滿」的境界。

因此，我們必須站在實修的角度來讀《楞伽》，從而理解經中所說的「如來藏藏識」。《大乘密嚴經》（*Ghanavyūha-sūtra*）有一頌偈說 ——

　　　如來清淨藏　　世間阿賴耶
　　　如金與指環　　展轉無差別[19]

-----

19 依地婆訶羅譯，大正・十六，no. 681，頁 747a。

這是以如來藏為本體,以阿賴耶為相狀(以佛智境為本體,以其自顯現之識境為相狀),是故分別喻之為金及指環。但這其實只是方便說而已,若用來解釋「如來藏藏識」,便很容易產生誤會。這亦是讀《楞伽》時所須注意的。

「他空派」(如藏密覺囊派)說如來藏為煩惱所染,因此若能觀察所染煩惱的空性,如來藏便顯露出來了。故修行人須要空掉的是如來藏上的煩惱,而如來藏的本體則不空。這種見地,即可能受《密嚴》的影響而不知其非究竟。

亦正因為有「他空」的見解(如《大乘起信論》即為其表表者),所以便亦易令人認為說如來藏即是說他空,由是批評如來藏是空後轉出來的不空,仍執事實,這批評卻實只能用於「他空派」,不能用於《楞伽》。因為《楞伽》並未說如來藏為心識本體,亦未說如來藏非空性。

「大圓滿」說如來藏為「大中觀」,因為「如來藏藏識」的修習,正是瑜伽行中觀派的修習。龍樹以離兩邊為中道,這是理論,在實際修持上,若不觀察兩邊即不能離兩邊,如不觀察生與滅,就不能離生滅,所以觀察「如來藏藏識」只是手段,由此悟入中道才是目的。以此即可說名為「大中觀」。

如是,如來藏即能建立,不壞緣起的空,不壞法相的有,且離一切相對的概念,證悟絕對的真如。及至離礙(超越相礙緣起),則入佛內自證智境界。這正是《楞伽》的旨趣。

第六節　本經的結構

佛經結構，一般分為「序分」、「正宗分」、「流通分」。本經結構亦如是。但本經的序分及流通分卻有點特別。

現在將前述三分，分別述說如下。

1　序分

（一）本經緣起與法義

本經序分，若依北魏譯及唐譯，則有《請佛品》（或《羅婆那王勸請品》）。宋譯則缺此一品。

在本品中，其實已說如來藏法義。

本品說釋迦在龍宮說法七日，既畢，從大海出，有無量億梵釋天人及天龍八部相迎。釋迦見海中摩羅耶山楞伽大城，便說，昔過去諸佛皆曾在此城說「自所得聖智」（pratyātma-ārya-jñāna）的修證，我亦當在此城為羅婆那王開示此法。羅婆那王聞佛所言，便請佛入城，說「離言自證法」。佛於是即與大慧菩薩（Mahāmati）問答，演說本經。

這即是說，本經所說為佛自證的境界，這種自證離一切言說，為佛自心識的經驗，故稱為「自所得聖智」。這種聖智，便即是「如來藏智」（如來藏空智）。楞伽王羅婆那聞宣說本經已，尋即開悟——

於一切法得如實見，不隨他悟。能以自智善巧觀

> 察：永離一切臆度邪解。常樂遠離心、意、意
> 識，斷三相續見，離外道執着，內自覺悟入如來
> 藏，趣於佛地。[20]

這即是説，羅婆那因遠離心、意、意識，而得斷除
「自我」的執着（三相續見）。此中的心，指第八阿賴耶識
（ālayavijñāna）；意，指第七末那識（manas-vijñāna）；意
識，即第六意識（mano-vijñāna）。斷除我執即能入如來藏，
此即能證入清淨心，亦即能體驗心識不受污染時的境界。

這段經文，對如來藏實具開宗明義的作用，實不應刪
略。

隨後羅婆那又問佛 —— 甚麼是「法」（dharma）、甚麼
是「非法」（adharma）、如何得捨此法與非法？

法即是世間執為真實、為永恆的概念，此即是「常
見」；非法即是世間執為非實的概念，此即是「斷見」。智
者離此二種虛妄分別，不取相而生分別，即是捨此二法。

這一段，是對如來藏義的補充。因為前文但説斷我執
即可入如來藏，此段即説還須斷法執。斷除我執即是斷煩惱
障；斷除法執即是斷所知障。二障斷除，始名為如來藏智。

是故斷煩惱障僅能説是入如來藏，必唯斷所知障才能
證如來藏。這是層次的問題。中觀應成派説，須斷盡煩惱
障才能開始斷所知障，與本經同一意趣。

羅婆那請佛雖為序分，但不同餘經泛泛説一經的因

---

20 所引為實叉難陀譯，大正・十六，no. 672，頁588c。拙譯見《入楞伽經
梵本新譯》頁14。

緣，實已盡攝一經的法義。

（二）大慧菩薩問佛

宋譯《楞伽》，一發端即是大慧菩薩問佛，可能因為佛說本經盡是答大慧之問，是故便略去羅婆那一品。

問佛一節，又可分為四義——

甲　堪問佛的資格

宋譯說大慧菩薩具四種功德，是故堪能問佛。—— 北魏譯則只說三種，唐譯則未說。這四種功德是：一切諸佛手灌其頂；自心現境界，善解其義；種種眾生，種種心色，無量度門，隨類普現；於五法、自性、識、二種無我，究竟通達。有此四種功德，然後堪問佛而成本經。

說灌頂是密乘意趣，向來講《楞伽》的人都不特別提及。

說善解自心現境界義，實與如來藏有關，因為如來藏以及阿賴耶，其實都是「自心現境界」。此即為本經所說。

說種種眾生、心色等，則能站在種種立場來設疑問佛，由是證成一切眾生皆有如來藏。

說究竟通達五法、自性、識、二無我，是因為五法等實為凡夫污染心識及其執着。

凡在序分中出現的上首菩薩，其功德必與該經內容有

關，是故此大慧菩薩的四種功德，即是本經內容的提要。

乙　大慧先讚佛德

大慧於問佛前，依唐譯，先以八偈頌讚佛。八頌涵蓋三種意旨，前四頌，讚佛的智悲心。第五頌，讚佛離垢。末三頌，讚佛身。── 北魏譯僅得六頌，末三頌合為一頌；劉宋譯得六頌半，第五頌實只有一半，末三頌亦合為一頌。然頌的數目雖不同，意趣則實無二。

讚佛的智悲心，即是說菩提心，這是大乘的基本意趣。如《維摩》即有「**智度菩薩母，方便以為父**」的說法。智即是能見諸法空性的般若，方便即是對眾生的大悲。大乘以菩提心為修道的基礎，有學者以為這只是印度後期大乘的說法，實在誤解。

讚佛離垢，即是讚佛能斷除二障。頌云：「**一切無涅槃，無有涅槃佛**」，又云：「**若有若無有，是二悉俱離**」，即是說佛不執着涅槃（既然連涅槃都不執着，自然更不執着於輪迴），這即是「大圓滿」與禪宗的離輪迴涅槃兩邊之意。

讚佛身，着重於「寂靜」「遠離生」（唐譯「**寂靜遠離生**」五字合為一句）。寂靜即是「無我」，與寂靜相對的是煩惱，有煩惱即有無明，凡夫的無明即是「自我」的執着；遠離生即是「無生」，服從於緣起法則的呈現稱為生，不落緣起便是無生。故無生即是佛的法身境界。

丙　大慧菩薩所問

大慧菩薩於讚佛後，即以「百八義」問佛。百八應為108之意。然而後人稽計所問及佛之所答，無論如何都湊不上108之數，由是疑竇叢生，或由是生種種玄解，實則此亦如「三十六計」、「七十二行」，但形容其多，實際數字反而不必拘泥。

大慧所問，可分四段——

第一問心識種種。因為當大慧說要以百八義問佛時，佛答「**我當為汝說，自覺之境界**」（唐譯作「**自證之境界**」），是故大慧率先便問及心識。

第二問見地種種。這包括外道的生滅見、斷常見等，以及凡夫的種種見地。這些都是煩惱污染。

第三問施設種種。世間有種種施設，如佛所說偈、星辰日月、種種哲理，以至日常所見的風雲、林樹、象馬等，皆是施設。故此是問世間一切現象與造作，亦即佛智境所自顯現之識境。

第四問佛法僧三寶。佛法僧其實亦是施設。但若與前問施設比較，可以說為清淨施設。

這四問亦有層次。先問心識，然後問見地，因為種種見皆由心識生；再問世間假設，因為宇宙萬法無非由心識變現而成。此間已明「唯心所自見」的理趣。最後問佛法僧，此即為清淨心識之道。由是知大慧菩薩所問種種，歸納而言，可以說是但問心識。楞伽宗用本經印心，實得本經旨趣。

丁　釋迦說百八句

釋迦聞大慧問，卻不一一作答，反而以問為答，又提出一大堆問題。為甚麼這樣，前人有許多不同的解說。然而若平實理解，這其實只等於說：「要問起來，其實還有許多問題可問，例如甚麼甚麼。」

這種情形，我們在閒話家常中常見。釋迦說法，雖寶相莊嚴，其實亦有如閒話家常，因此實不必牽涉到玄義上去。若不以平常心讀《楞伽》，便愈讀愈複雜，終無是處。

於反問為答之後，釋尊即為大慧開示「如先佛所說，一百八種句」（劉宋譯作「此上百八句，如諸佛所說」，「此上」二字易生誤解）。

句，即是概念。說百八句，即是說種種概念，若執實為108之數，便未免太鑿。

釋迦於經中所舉，盡為相對的概念，如說 ——

> 不生句生句；常句無常句；相句無相句；住異句非住異句……

這些相對的概念，皆是心識的變幻，眾生執着於由這些相對概念形成的見地（觀念、原則），已為過去諸佛舉出，一一予以遣除，如是始能證實相，是即空如來藏智。釋迦舉百八句，其意在此。

近人呂澂先生說百八句的次第，「與九分相應」。九分是將一切佛說分別為九類，即因緣分、界分、得分、世間

分、慧分、業分、定分、雜分、戒分。這是《阿毘達磨》
的說法。釋迦在經中說百八句，是否一定要依九分的次
第，是另一回事，後人讀經亦不妨如此理解。因為這樣便
覺得有系統一點。但若按深一層次的說法，此百八句實可
理解為識境與非識境。此義較深，今不更說。

2 正宗分

於釋迦說百八句義後，轉入正宗分。

正宗分的主旨是說如來藏，然而卻先說五法、三性、八識、二無我，蓋此種種，即是如來藏藏識。於說如來藏後，則說應如何修持始能證入如來藏；接着便說證入如來藏後的心識狀態。

此中五法，即相、名、妄想、智、如如。

三性即妄想自性、緣起自性、成自性。相當於唯識之遍計所執自性、依他起自性、圓成實自性。

八識即眼識、耳識、鼻識、舌識、身識、意識、末那識（經中稱為「意」）、阿賴耶識（經中稱為「藏識」亦稱為「心」）。

二無我即斷除煩惱障後的「人無我」，及斷除所知障後的「法無我」。

茲依正宗分次第，略明經義如下。

（一）說如來藏

甲　先說五法

大慧於佛說百八句義後問佛，先問生滅，即是問五法中之相。由是引起全經正文。

佛於是說八識其實可以分為兩類，即現識（khyātivijñāna）及分別事識（vastu-prativikalpavijñāna）。由

此二識生起三相,即轉相(pravṛtilakṣaṇa)、業相(karmalakṣaṇa)及真相(jātilakṣaṇa)。

關於識與相的問題,應當細說。

將八識分類,阿賴耶識即是現識。因一切法的相狀,都由此識變現生起(唯識家說由阿賴耶識生根、身、器、界),故可名現識,現即是變現之意。其餘七種識,可稱為分別事識,因為它們的功能即以分別、了別為主(末那識所分別者為自我)。

由藏識顯現的,名為真相;分別事識則顯兩種相。末那識為分別的主宰,因為餘眼等六識皆依末那識所執的自我作為分別的依據,是故末那識所顯即為業相,餘六識所顯即為轉相。

所謂相生滅,只是業相與轉相的生滅。真相則無相生滅,因為阿賴耶識只是剎那生滅,而且生滅同時,是故相續無間斷,由是離常斷二邊,故只可說為流注生滅。

是故若說「相滅」,便是覆蓋於真識上的種種虛妄滅,當虛妄滅時,便說為相滅。這裏提到的真識,即是如來藏,亦即未受污染的心識(唐譯作「阿賴耶識虛妄分別種種習氣滅,即一切根識滅,是名相滅」,這譯文更易理解)。

所以雖然「相滅」,可是真相卻不滅,所滅者只是妄相(業相)。

外道由於虛妄分別,由相便生種種名。於是計種種流注生滅的因,例如——

　　勝妙（pradhāna），此指婆羅門所說生成萬法為造物主的大梵。

　　士夫（puruṣa），即是「神我」。

　　自在（īśvara），即是說為造物主的大自在天。

　　時（kāla），有外道計時為生滅因。

　　微塵（aṇu），其實即指今日物理學上之所謂微粒，亦有外道計為生滅因。

　　諸佛離虛妄分別，為權宜方便則說凡夫有七種性自性（svabhāva）。此亦為「名」，即是 ——

　　集性自性（samudaya-svabhāva），一切法由因緣和合而生，和合便即是「集」義。此即誤謂事物有本質。

　　性自性（bhava-svabhāva），此亦可譯為「有」。此即指事物的功能（用）而言，即誤謂功能為本質。

　　相性自性（lakṣaṇa-svabhāva），指事物的相狀、現象（相）而言。即誤謂現象為本質。

　　大種自性（mahābhūta-svabhāva），謂事物的性相皆藉四大種（地水火風）作顯現，如雲，藉水大種而顯現其濕性。

　　因性自性（hetu-svabhāva），若從因果立論，則有事物生成之因。

　　緣性自性（pratyaya-svabhāva），因雖備，亦須諸緣具足而後生成事物，故說此自性。

　　成性自性（niṣpatti-svabhāva），事物以因緣具足而成

立，故說此自性。

如是七種自性（性自性），隨順性相用安立，或隨順因果建立，故為識境之建立。但諸佛則實有七種第一義（paramārtha），它們即是諸佛所證的真實境界（智境）。雖然亦是名相，不過卻是由地前菩薩以至成佛的心境歷程，是故權宜安立名相為境界（gocara）——

心境界。即地前菩薩的境界，所證能與真心相應。跟它相對的是凡夫的集自性（即集性自性，以下從略）。集自性所體會的只是有虛妄分別的轉相與業相，與之相應的便是分別事識。

慧境界。慧（jñāna）的功能是斷惑，即離一切虛妄相，這是登地菩薩的心識境界。跟它相對的是凡夫的性自性。凡夫執有，即不能斷惑。

智境界。智（prajñā）即般若，功能為證諸法空性，證諸法實相。這是第六地菩薩的心識。跟它相對的是凡夫的相自性，執諸相差別即不能證諸法實相。

見境界。見指二見（dṛṣṭidvaya），即能見生滅、常斷、一異、來去等兩邊。必須能見兩邊，然後始能離兩邊得中道。這是第七、八地菩薩的心識。與之相對的是凡夫的大種自性。但見大種所顯相，即落於兩邊，而非見兩邊。

超二見境界。超二見（dṛṣṭidvayātikrānta）即是能得中道的心識狀態，這是第九、十地菩薩的心識境界。跟它相對的是凡夫的因自性。凡夫的因是世俗，得中道為成佛之因則是勝義。

超子地境界。子（kumāra）指佛子。此即等覺菩薩的心識狀態。等覺菩薩已超越十地，故稱超子地（sutabhūmyanukrama，十地菩薩皆為佛子）。跟它相對的是凡夫的緣自性。因緣二者，因已具備，待緣而成，凡夫所成的為一切世俗法，等覺菩薩則已盡超越四重緣起，入佛因地。

如來自到境界（tathāgatasya-pratyātmagati-gocara）。此為唯佛能證的智境。與之相對的是凡夫的成自性。凡夫成一切法，佛則成智境自顯現之識境。

如是說外道見，及凡聖十四種心相。聖者的心相，實跟外道不同。

接着更說外道的妄想見。外道修行，於自心所現境界起種種分別，如是即為妄想見。

例如認為事物可以「無種」而生（說因中無果），此即為斷見；若認為「有種」而生（說一因可生諸法，如造物主），此即為常見。

又或認為可依事而住（住於一境而不壞，即如修仙）、依時而住（即言永生），或緣五陰、十八界、十二入而住（即言不死，或靈魂不滅），此種種都是妄想邪見。

有了這些邪見，則境界、生、有、涅槃等等，皆被破壞而成斷滅。

跟妄想見相對的便是智。智是知所觀的境界、自受用的事物，以及自身（根身器界），皆是佛內自證智境界之自顯現，亦即自顯現而成藏識境界，由是遠離內外境界的執着，入於無相，更依十地次第而入三昧境界；如是於金剛

喻定中，斷微細無明（此如受時空相礙），即能證得法身，隨入如如化（能如其所如的變化身，如釋迦之示現成佛）。

上文已總說五法竟，釋尊接着便說修行次第，如是即引入實際修學，即由對八識、三自性、二無我的認知，說至如來藏。

乙　說藏識及聖智

說八識，唯着重說藏識，因為知此識便亦知轉識（即分別事識）。

藏識譬如海浪，起伏無定，海浪的生起，以有風故，外境界即譬喻為風。當轉識執外境界時，藏識便如瀑流，生轉識浪。

釋迦以眼識為例，說眼識轉。有四種因緣令眼識轉：不覺自心現而執取（經言：自心現攝受不覺）；無始以來取着於色的虛妄習氣（經言：無始虛偽過色習氣）；識的本能（經言：計着識性自性）；見種種色相的欲望（經言：欲見種種色相）。

以眼識轉的四因緣為例，餘識轉可知。凡夫執種種轉識為實有，不知彼等實輾轉相依，有如一浪催動一浪。

修行人於入禪定時，轉識不起，便以為是藏識滅，實則僅如大海無風故不生浪，所熏習氣猶在，故實非識滅，而是因為不執取外境而藏識暫時寂靜。此種微細的藏識行相，唯佛及住地菩薩能知。

是故修行人當學上聖智三相，捨跛驢心智慧相，如是

即能登第八不動地。

跛驢是比喻不能行遠，心性又復愚鈍，這即是拿來譬喻前述的修行者，但能壓伏轉識，便以為藏識已滅，已除其上的種種煩惱污染，因此便不更上求聖智。

上聖智則有三相（三種特質），即無所有相（唐譯：無影像相。此即離妄想自性）；一切諸佛自願處相（唐譯：一切諸佛願持相。指諸佛願力的加持，即知緣起自性）；自覺聖智究竟相（唐譯：自證聖智所趣相，即能成辦成自性）。

故修行人能離外道及小乘所執持的心識境界，以諸佛加持生起正智，持正智依次第經十地至入佛地，此即為聖智的修學。

上來說智相竟。下來即從種種不同角度，說用智觀妄。因為必須觀察妄心，然後才能離此顛倒妄心，知如來藏（知心識不受污染時的狀態、境界）。故下來數段，雖仍說聖智，實際上已不是說聖智的本質，而是說如何用聖智來觀察藏識。對實際修持，關係重大。

大慧因釋迦說聖智三相，便請他說「聖智事分別自性經，百八句分別所依」（唐譯：百八句差別所依聖智事自性法門）。這個名相須要解釋一下。

百八句是諸佛所說，但學人由於根器不同，是故對百八句的理解便亦不同，由是即生差別。也即是說，他們證聖智的程度亦有差別。由是可說自性法門，知差別相。

　　大慧請佛説此法門，是因為菩薩亦有妄想自性，其所以有，是因為受百八句義自相共相種種概念束縛。—— 自相共相，為一切法的異相與同相。如百八句中的男女，男女各有相異之相，但其同為人則一，同為無常無我則一，是即為共相。對自相共相執着而生差別，都是妄想。故大慧所請，即是淨除妄想的教導。

　　釋迦因大慧之請，於是先説外道的妄計。

　　外道亦説自相共相，但落有無二種邊見。執無者，以一因攝一切法，因兔無角，便謂一切法亦如兔無角，如是陷入斷見；執有者，見大種、求那（德性）、極微等，各各差別，以為是實法，於是便硬把牛角安在兔子身上，使之成為「實」，而説之為有，如是即陷常邊。

　　聖智的境界如何對待差別（如兔無角、牛有角即是差別），釋迦説得很直接，「不應作有牛角想」。如是即無主觀概念的執着，即不墮空有兩邊而生邊見。是故説「乃至微塵分別事性，悉不可得」，如是脱離識境束縛。

　　無論説心外之境為有為無，其實都是計外境為實有（如計兔、牛為實有）。實際上一切外境都只是心的影像（心現流），因心識的作用，施設其為有為無，如是生自共相差別（如謂兔無角、牛有角），知其僅屬心所顯現的施設，對自共相便不生執着。

　　由是大慧接着便問心的影像。

　　大慧問佛，如何淨除自心現流（影像）；其淨除為漸、

為頓？

　　佛答大慧，事須漸除，理則頓悟。

　　事邊喻如菴摩羅果（āmraphala）之熟、如陶家造作諸器、如草木之生長、如習音樂書畫，皆須漸漸成辦。

　　然而悟淨除影像之理，卻是頓而非漸。佛亦舉四喻：如明鏡頓現一切無相色相、如日月頓照一切色像、如藏識頓現根身器界、如法身佛頓現為報化身佛的光明，是皆頓而非漸。

　　釋迦接着為大慧説三身佛之教 —— 教導如何淨除自心現流。

　　報佛（Dharmatāniṣyanda Buddha，劉宋譯為「法依佛」；唐譯為「法性所流佛」，密續中通常譯為「法性等流身佛」），説一切法自相共相，眾生皆以自心現流習氣為因，以妄想相續執着為因，如是即不能通達緣起自性，但起妄想自性。

　　是故報佛所説，即是緣起自性。通達四重緣起，即能清淨心識所現一切法的虛妄相，此皆由妄想自性（遍計所執自性）所成。

　　化身佛則説六波羅蜜多，根身界（陰、界、入）、解脱、諸識等法，學人由是即能超越外道。

　　法身佛已離心自性相（這即假名不空如來藏），唯住自內證智境界，故即以自證智為教、離一切所緣，無一切所作

相、無根量相（無由五根六識所起之相），但言離能所之教。

如是即是三身佛之教。

既說三身佛教如何觀察妄想，接着便說小乘與外道之教，作為比較。

小乘聲聞行人所修，證兩種差別相。一是自覺聖智差別相（pratyatmargadhigama-visesalakṣaṇa，唐譯：自證聖智殊勝相；北魏譯：內身證得聖相），一是性妄想自性計着相（bhavavikalpasvabhāvabhinivesalakṣaṇa，唐譯：分別執着自性相；北魏譯：分別有物執着虛妄相）。

前者所證，是諸法染淨共相，故雖知無常、苦、空、無我等真諦，能離欲寂滅：心得寂止，由習禪定等得解脫，可是由於習氣未除，是故他們的解脫便僅能離分段生死，而不能離變異生死。

後者所證，雖知一切法非由作者（如造物主）所造，但卻執着於水的濕性、火的暖相等現象，以至執着於苦、空、無常等法，是於「法無我」尚未通達。

菩薩乘的行人，對如上兩者皆應捨離。

大慧於是問佛：世尊所說的常、不思議自覺聖趣境界，及第一義境界，會不會等同外道所說的常不思議因緣呢？

此問是針對聖智所證的二德為常及不思議（nityacintya），於是便提出來跟外道的常及不思議比較。

佛解釋説，外道的常、不思議，是以作者（如造物主）為因，如説造物主為常、為不思議，是故便説為常、不思議因緣。

佛聖智所證的常、不思議，以自覺聖智之第一義境界為相，有遠離有無兩邊、遠離能所之自覺聖智為因，是故不同外道的建立。

再説，外道是因為自己無常，所以才説一個常，來作為高一層次的建立，而佛則是自證境界。由是佛的建立常、不思議即不同外道。

佛再拿小乘來作比較。

小乘諸聲聞實執生死、涅槃二法，於是畏生死而樂涅槃。所以他們的修習，只是未來諸根境休息（根身滅不相續），而非以自覺聖智來轉易藏識，由是得大涅槃。

佛則不然。佛説一切法不生，並不是有法生起，然後將之還滅。説一切法不生，是從離有無二邊的自性來立論，並不如聲聞妄計二境界（從無而有，又從有而無）而説一切法不生。能實證一切法不生的境界，便即是涅槃。

因為説到佛跟小乘、凡夫、外道的差別，於是釋迦便説五種姓，用此以説明眾生的根器不同，是故所證的智量亦有不同。如是即將藏識與智量的關係作一總結。

五種姓是：聲聞乘種姓、緣覺乘種姓、如來乘種姓、

不定種姓（aniyataikaṭaragotra）、無種姓（agotra）。

聲聞於聞佛説陰、界、入（五蘊、十八界、十二入）自共相時，能生欣悦，但對佛説緣起，卻不感興趣，由是僅能斷煩惱而不能斷煩惱習氣。

緣覺於聞佛説緣起，能生感動。

如來乘種姓者，即能領受如來所證法的教導。如來自證法有四種：自性法、離自性法、自覺聖智、外刹殊勝法。依次第修學，即堪能成佛道。

自性法，即是證三自性：妄想自性、緣起自性、成自性。

離自性法，即是證三無性：相無自性、生無自性、勝義無自性。

自覺聖智，即是佛內自證的境界。

外刹殊勝法，即與證智同時，生起後得智，亦即智境同時自顯現為識境，説為證知諸佛刹土殊勝廣大。此法為密乘意趣，如修法界觀想等，即基於此。由是可知本經與密乘的關係。

不定種姓，但隨緣而入三乘。聞聲聞法即入聲聞，聞佛一乘法即入佛乘。

無種姓（應譯作「各別種姓」）有二：一種是外道，修我、人、壽命、長養、士夫（作者），即認為是涅槃（此如修梵我、修出陽神、修長生、修攝生、修仙、修梵、修造物主等），如是根器不能解脱，是名一闡提（icchantika）。一種是菩薩為悲憫眾生，終不肯成佛，如觀音與地藏，是亦因其趣向

而說為一闡提。

然而釋迦卻說，即使是捨善根的一闡提，以如來神力故，亦有生起善根之時，是即眾生皆可說為有佛性（有成佛的本質）。

丙　說三自性

三自性中的妄想自性，實由相生（由現象、境界生起），可分為二種 —— 名相計着相、事相計着相。

名相計着，是執內外法自共相所安立的名相。如計着色、受、想、行、識；根、身、器；蘊、處、界等等。執名相為實法，是即起計着相。

事相計着，是執着於所見之事。如見色（物質），便執之為事物的本質。

至於緣起自性，是謂事物依緣起而生起。

成自性，是離兩種妄想自性，自證聖智的境界。經云：「是名成自性如來藏心。」

由是可知，如來藏只是一種離一切妄想的境界，並非指本體而言，學者須當留意。質言之，成自性如來藏心亦只是一種相，不過卻是真實的相。

丁　說二無我

二無我，即是人無我、法無我。「我」不指自我，是

指有自體的實物與實事。

以人為例，我之建立，無非由五蘊生。五蘊與十二入、十八界因緣和合，此聚合即名之為我。以五蘊中之色為例，人之眼耳鼻舌身即是色，因有色根，便能攀緣外境，引起感官認知（入），於是便以此為我。佛言：這無非只是妄想施設的顯示而已。一執着於此顯示，便輪廻生死。能知此為虛妄相，即是人無我智。

說陰、界、入中有種種妄想施設，不可建立為「人我」，只能否定我，卻仍未否定陰、界、入等，如是即是「法我」。若知陰、界、入本身亦由虛妄分別而成，無論自相共相都無實體，是即為法無我智。

對於人我與法我，有兩種錯誤見地，經云：「建立與誹謗」。無而謂有，即是建立，如是則墮入常邊；有而謂無，即是誹謗，如是則墮入斷邊。必須離此二邊，始能名得無上正等正覺（阿耨多羅三藐三菩提，anuttara-samyak-saṃbodhi）。釋迦於是說四種建立與誹謗：即相、見、因、性。建立者即是 ——

非有相建立，本來相非有，建立諸相。

非有見建立，本來見非有，建立諸見。

非有因建立，本來因非有，建立因。

非有性建立，本來性非有，建立性。

若於種種建立作邪見觀察時，發現建立不當，於是便說之為無，如是即是四種誹謗。

離建立與誹謗，即是離常斷、有無等二邊的中道。對
人無我、法無我，皆須如是認識。

戊　說如來藏

《楞伽》在《如來藏章》之前，先說四門，即是 ——
空、無生、無二、離自性相。近人呂澂先生認為如是等
名，與如來藏原無差別。說空、無二等即是說如來藏，此
意見可從。茲分別依經意說此四門，然後正說如來藏。經
文此數段，為一經重點所寄，是故讀者須留意。

空是甚麼？《楞伽》說 ——

　　空者，即是妄想自性處。

這即是說，妄想的本質便即是空。妄想，是我們處於
貪、瞋、癡三毒中所起的種種意念（或對外境的認識），由於
心識受分別心支配，是故一切意念或認識悉皆虛妄。

此處說的分別心，即是拿着「自我」這個概念來作計
較利害得失的心。唯識家說，這種心識作用稱為末那識，
即第七識。

由是佛說七種空。即是 —— 相空（lakṣaṇa-śūnyatā）；
性自性空（bhāvasvabhāva-śūnyatā，唐譯：自性空；北魏譯：
一切法有物無物空）；行空（pracarita-śūnyatā）；無行空
（apracarita-śūnyatā）；一切法離言說空（sarvadharma-nirabhilāpya-
śūnyatā，唐譯：一切法不可說空；北魏譯：一切法無言空）；第一
義聖智大空（paramārthāryajñāna-mahāśūnyatā）；彼彼空

（itaretara-śūnyatā）。

佛家説空，數量不定，故有十六空、十八空等説法。七空之義，要言之，無非作三種兩邊遮遣。

眾生執現象為實有，故説相空；亦有執本質為實有，故説自性空。

眾生執一切有為法（行，亦即因緣所生諸法）為實有，故説行空；眾生執無為法為實有，故説無行空。—— 依中觀應成派的觀點，無為法亦非實有，僅許「無為」為實。此觀點不同唯識家的説法，詳見拙著《金剛經導讀》。若了義大中觀，則「無為」亦不許為實。

眾生執一切事物與現象（世俗法、不可説法）為實有，故説一切法空；眾生執勝義諦的聖智為實有，故説第一義聖智大空。

如是建立，則一切法的現象與本質；有為法與無為法；世俗諦與勝義諦，悉皆遮遣，説凡陷於相對的概念與事相，皆無獨立自存的本體，由是説之為空。當一切相對概念都遣除之後，便顯露出那絕對出來。

至於彼彼空，即是他空。所空者不是事物的本身，而是説事物中沒有其餘的事物。釋迦舉例説，如説鹿子母舍中無象馬牛羊。此空最粗，僅屬當時外道的論點，非佛家説。

無生，是説並沒有「生」這種本質，亦即是説，諸法但由緣生，並無生起諸法的本質。如是遮遣「一因」生、「因

中有果」等外道的説法。是故經言「不自生」（自體不生）。

然而，「生」的現象卻非沒有，只是其現象刹那不住，隨生隨滅，相似相續而已。是故經又説：「非不生」。

經又言：「除住三昧」。一般説法是，入三昧（二種無心定）的菩薩：心不生起，是故為「不起無生」，此不在緣起法的範圍之內，故佛説「除住三昧」。若依密乘義（中觀家的説法亦同），「三昧」是指定中的境界。唯佛與菩薩在定中證空性的境界是實，與凡夫持分別心於三毒中所起的境界為虛妄者不同，故説「除住三昧」。

無二，是離開一切相對的概念。經文舉例，如陰熱、長短、黑白等。生死與涅槃亦是相對的概念。

一般説無二，往往説一尚且無有，何況有二；又或引伸而言，長既不能成立，是則短亦自然不能成立。這樣説無二，有點表面，因為這樣説時，很容易令人誤會，必須先遮遣一邊，然後才能遮遣另一邊。實際上是必須兩邊同時遮遣，然後才能得中道見，若非同時遮遣，則始終落於名言的範疇，在實修時便障礙叢生。密乘修「生起次第」的難處即在於此。

於説空、無生、無二、離自性相之後（經言：離自性即是無生，故此處不別説），即借大慧菩薩之問，轉入正題，説如來藏。

關於如來藏的特性，經中其實已不須説，因為當説空、無生等四門時，其實已將如來藏的特色説得十分清楚。今試伸言之——

空，所以如來藏無相、無性；非有為、非無為；非世俗、非勝義。它只是不受污染時的心識，其相狀法爾如是，因為不是本體，是故亦無自性。它不受污染，所以自然離垢，但又跟污染後的清洗不同，清洗後的清淨，仍與污染相對，並非真實的絕對。

離自性相、無二等，即是離開一切相對的概念。是故你可以説如來藏是涅槃的境界，但卻不可説將阿賴耶識清洗之後，如來藏顯露，如是即為涅槃。説境界則為內自證的體悟，説清洗即流為執着於相對概念，仍有作意，一有作意即非無二，即非離自性相。

無生，是説如來藏自體性空，所以自體不生，然而卻不是不生，因自體雖不生，其功能卻可以成佛。就用邊而言，便可説如來藏即是眾生本具的佛性。

大慧問佛，卻另説三種如來藏義——1、「如來藏自性清淨」；2、「常恆不斷無有變異」（此句依唐譯引，劉宋譯則為「如來之藏常住不變」）；3、「具三十二相在於一切眾生身中，為蘊界處垢衣所纏，貪恚癡等虛妄分別垢之所污染，如無價寶在垢衣中」。

若依文義，大慧所説似與空、無生等四門相違。自性清淨即是有自性；常恆不變亦即是有自性相；本具佛相

（三十二相）於眾生身中，只因受煩惱污染是故眾生才不顯現佛相，那即是有清淨與污染的相對。如是三義，顯然跟空等四門彼此有差別。

說《楞伽》的人，於是立種種說法來調和，實際上根本不必調和，空等四門，是了義的說法，大慧所說的三義，則為不了義的說法。

前已說過，若了義，如來藏只是心識的一種現象與功能；若就不了義而言，則可視如來藏為本體。

為甚麼要將之說為本體呢？

經中已經說得很清楚，大慧舉三義問佛，且追問道：這樣說如來藏豈不是等同外道之說我？釋迦於是解釋，如是說如來藏，只是隨順眾生的根器。眾生畏聞「無我」之說，所以才將如來藏說為本體，免其因驚怖深法而不入佛道。

釋迦又再舉例引伸，如陶師用泥可造種種器皿，故佛亦可用種種義理來說如來藏。

這段經文，本來已清楚，為甚麼要說如來藏為本體，能理解經文，即可知四門與三義的層次分別。然而卻有學者引《楞伽》此文，作為否定如來藏的論據，謂只是因隨順眾生而說有如來藏。這種觀點，其實只說得一邊。不幸的是，近日中觀家與唯識家都傾向於這種觀點，影響相當大，此蓋不明「了義大中觀」之過。讀《楞伽》的人，必須瞭解這點，否則便會陷入「如來藏自性清淨」、「具三十二相」等等名相之中，結果便非否定如來藏不可。

（二）修離垢證如來藏

釋迦說法，並不單只說理，必更說依理而修的行持法門。釋迦言：「說食不飽」，若只說理，豈不是等同「說食」。故於說如來藏後，即說如何修證 —— 修離垢以證如來藏。

所謂證如來藏，即是藉禪定之力，斷煩惱污染，如是體會心識不受污染的境界。—— 若佛則心識本來清淨，故已不須修習，此已不在本經所說範圍之內。

必須如是理解本經，才能明白經義，倘若因說如來藏之後，忽又說到唯識，便說唯識才是了義，是則為陷於名相矣。

釋迦說修離垢，開出四門 ——

> 善自分別心（唐譯：觀察自心所現）。
>
> 觀外性非性（唐譯：善知外法無性）。
>
> 遠離生住滅見。
>
> 得自覺聖智善樂（唐譯：專求自證聖智）。

此四門，實依教、理、行、果而說，如其次序。觀察自心所現的境相，為修行之教；於觀察境相時，同時觀其無自性，為修行之理；由是遠離生、住、滅見，即視諸法不生不滅、不垢不淨、不增不減、不來不去等，此為所修之行；能如是修離垢，即能得自證聖智之果。

密乘修「大圓滿」，當煩惱起時，視如水面作畫，隨作

隨散，然而雖散卻非斷滅。如是修習，即是前述四法門之具體修行之法，詳見龍青巴尊者（Klong chen rab 'byams, 1308-1363）《四法寶鬘》及《大圓滿心性休息》。

釋迦於說四法門之後，復別別細說。

說因緣相，即是說對一切外境不應執着。小乘行人說由六因四緣生起諸法，於是反執着於六因四緣的概念，一生執着，便必然對外境亦生執着。釋迦因此說 ——

> 無能生所生　亦復無因緣
> 但隨世俗故　而說有生滅
>
> （劉宋譯略同，但譯得難解）

由是釋迦又說四種「言說分別相心法門」（劉宋譯作「言說妄想相心經」，難解）。即是分別四種言說妄想相，具如經說，今姑不贅。

要離對外境的執着，必須遮遣一切足以成立外境的概念，此即所謂離四句（離四種概念）。

凡討論一事物，約是非正反而言，無非只有四個概念，如一（同）、異（不同）、俱（亦同亦不同）、非俱（非同非不同），如是四個概念，已將同異之見包羅淨盡，外道所說，無非各執一個概念，由是便衍化為許多流派。

釋迦於是回顧前說百八句義，說為 ——

> 次第建立百八句無所有，善分別諸乘及諸地相。

　　這即是說，百八句的相對概念，須一概遣除，因而是非正反的四句，自然亦在遣除範圍之內。不執任何概念，便易不執外境。

　　釋迦又依實際修行，說四種禪與妄執的關係。這樣說，是因為外道亦有禪定。四種禪是——

　　　　愚夫所行禪（hālopacārika-dhyāna）
　　　　觀察義禪（arthapravicaya-dhyāna）
　　　　攀緣如禪（tathatālambana-dhyāna）
　　　　如來禪（tathāgata-dhyāna）

　　佛子所行，是由觀察義禪，入攀緣如禪（攀緣真如禪），然後證如來禪。如是三種禪定，是為正定。至愚夫所行禪則為一切外道與聲聞所行，由於心識先有所執，於是在禪定中便有種種境界，然後執持此種種境界以為實，於是或墮常邊（如言長生），或墮斷邊（如將心識斷滅視為涅槃）；或墮有邊（如出陽神、出陰神以為有），或墮無邊（如枯禪、死屍之類）。一墮邊見，便不能離煩惱垢。

　　大慧菩薩以外道既說涅槃，小乘聲聞亦說涅槃，因言禪定，於是便以涅槃之義叩問。釋迦由是說如來涅槃及聲聞緣覺二乘涅槃的差別。略而言之，如來涅槃離一切法執，亦即盡斷所知障，而小乘涅槃則仍有法執，實非涅槃。非涅槃而說為涅槃，亦墮邊見。

　　至於大乘菩薩，則以如來加持力入於三昧，然後諸佛手灌其頂，即能不墮聲聞地，速入如來地。此說已有密乘

義趣（可與拙譯克主傑（mKhas grub rje）《密續部總建立廣釋》所說的釋迦成道相比較，即知顯密意趣的不同）。

大慧菩薩因禪定與妄執的關係，便問釋迦十二因緣。十二因緣的説法，易跟外道的説法混淆。釋迦的解釋是，主要是遮遣能所（能攝與所攝），如説「無明緣行」，是「此有故彼有」，這即是無明為能攝，行是所攝，若知二者皆無自性，則知二者皆是名言，由是即無妄見妄想。此段經文申明離垢須離能所。

大慧菩薩因佛既説離四句、離邊見、離能所，因此進問何以釋迦有時亦説「常」。

釋迦答道，是依妄法（bhranti，劉宋譯作「惑亂」），故説為常。常只是一種虛妄的境界，這種境界雖入聖賢位的菩薩亦有，但菩薩卻不會因此執之為實，是故不生顛倒，此即不同凡夫，每每執着一種心識的境界以為實有，由是生種種顛倒。

此節經文對實修的幫助甚大，因修習時須作種種觀想，現種種境，必須同時觀察所顯境界的空性，然後始能不顛倒，是則所謂「止觀雙運」。

接着，釋迦再以深一重的意思申明説「常」的道理。

佛答問題，有四種方式——

一向（ekāmśa）：即是正答所問。

返詰問（paripṛcchā）：所問有含糊或不正之處，則用

反問的方式令其自明。

分別（vibhajya）：所問混淆，則分別答之。

止論（sthāpanīya）：所問不合理，則置而不答（故唐譯為「置答」）。

為甚麼要置而不答呢？因為來問者早已有一大堆成見，若答其所問，則必問題輾轉相生，糾纏不清，不如置而不答，止其所論。復次若對根器未熟者說深義，彼必驚怖，是故不如不答。因此止論實在是不答之答。

說一切法不生、一切法無自性，以至說一切法無常，或說一切法常，皆是深義。如說無常，是因為一切相無常；至於說常，則是因為一切相無生，由是其無常之性為常（常具無常之性），在這層次上，故說諸法為常。

這節經文，是說離垢須離世間的認識論。因有四種不同的認識 —— 完全合理、部份合理、認識混淆、完全不合理，故亦應以四種不同的態度對付。如常與無常是深法，對先存異見執着者即應止論。

然而於修學之際，卻須知四依，作為修學的抉擇，即是依法不依人；依了義不依不了義；依義不依語；依智不依識。故以後大段經文，即分別明此四依，具見經文所詳。

今試略言大意 ——

小乘有四果，因果位不同，見解亦便不同，是故只能依法所教，不可依人所詮，若依人所詮，便受其見解影響。

　　所謂法，是涅槃法，然而對涅槃的理解，各有不同，外道亦有四種涅槃。故必須知涅槃的真義，斯即為依法。要而言之，分別識寂滅即為涅槃。

　　佛所說法，隨聞法者的根器而異，故有究竟不了義，與非究竟了義之別。了義者為一乘法，此即佛道。說聲聞、緣覺，即為不了義。

　　佛說法有兩種法相，一者為宗通（siddhāntanayalakṣaṇa，唐譯：宗趣法）；一者為說通（desananayalakṣaṇa，唐譯：言說法相）。前者乃真實義，後者為方便說，故學人應依義不依語。

　　有分別計較者名為識，無分別計較者名為智。是故識為世法，智為出世法，由是釋迦說三種智，及外道九種轉變論作為比較。外道所依全為依識成立的世智，由是知修學者應依智不依識。

　　以上總明如何修離垢，既然已知如何，便更應知離垢之果。

　　修離垢無非欲求涅槃，釋迦由是廣明二十一種外道的涅槃邪見，以及如來涅槃的正見。

　　涅槃即是覺（菩提，bodhi），唯覺然後始得真正的涅槃。是故佛又說何者為「正等正覺自覺性」（samyaksaṃbuddha，劉宋譯：三藐三佛陀），且提出七種外道作為比較，具如經說。

(三) 證如來藏心識

上來既説如來藏義，又説修證之道，及如何始為修證的正果，於是接着便説證如來藏的心識狀態。

證如來藏實有次第，並非一蹴而至。前所謂「事須漸證，理則頓悟」，是故大慧菩薩便問佛陀，一切菩薩及聲聞、緣覺眾的「滅正受次第相續」（nirodhakramanusamādhi-lakṣaṇa，北魏譯：入滅盡定次第相）。即是問登地前的修行人心識狀態，以及登地後各地菩薩的心識狀態。—— 此中的「滅正受」，即是「滅盡定」，亦名「滅受想定」，行者於定中受、想二蘊皆不起作用，故名。

釋迦言，由初地至六地菩薩，與聲聞緣覺同，所入都是「滅正受」。

七地菩薩，則不如前者的定有間斷，常在定中得無念正受。

八地菩薩的定，任運無間，已離藏識，不同七地以前尚須作觀。聲聞緣覺的行人亦可到八地境界，只不過到這境界時，他們卻以為已得涅槃。八地菩薩本來亦耽着於此境界，以佛加持力始能向上，歷九、十地而圓成佛道。

然而亦可説本來不須分別次第，主要分別，僅為七地以前尚時或生分別識，至八地則分別識已無作用。

然則圓成佛道之後，到底又是甚麼狀態，為常、抑為不常？

釋迦言：佛本體非常、非無常，但就如來自覺聖智所親證的清淨法性而言，卻可以說為常，因為無論有佛無佛，法性本然具足，恆常不變。為甚麼呢？蓋世俗蘊處界一切法，皆由虛妄分別而得名，而佛所親證，則不由虛妄分別生起境界，是故可說為常。

大慧菩薩因釋迦之答，便問若云「無我」，誰生誰滅，更問親證佛性的心識為如何？

釋迦在這裏，詳答了如來藏的義理。

如來藏如魔術師（伎兒），能變現六道眾生的根身器界（即是智境自顯現為識境）。它是得善果的因，亦是得不善果的因。

如來藏如是變現，本來無所謂「我」與「我所」（我所有），因為既如魔術變幻，則變幻而成者實無所謂我。——此如電視觀眾，觀電視中的人物與世間，決不會將之視為我們這個世界的實法。

然而凡愚將我與我所執為實有；聲聞卻不知變幻之理（如電視劇中人看電視中的世界），於是說根身器界皆由內根、外塵與識三者因緣和合而生。而外道則計眾生與世界都有造物主。因迷誤之故，由是生種種虛妄，污染（熏習）如來藏，故如來藏即名為藏識（阿賴耶識），智境之自顯現即被執為識境。

一旦成為藏識，便「生無明住地，與七識俱，如海浪身，常生不斷。」

　　但其實它本來是「離無常過，離於我論，自性無垢，畢竟清淨」的智境自顯現。

　　這段經文十分重要。近代中觀家依這段經文，便說若云「自性無垢」，即是說阿賴耶的本體為如來藏，既言本體，又說它「不空」，於是認為是不了義的説法，因為是「空後轉出來的不空」，所以有實事的執着。

　　近代唯識家依這段經文，便說「轉依」之説為了義。轉依者，即「迷依」轉而成悟；「染依」轉而成淨，是即轉識成智的説法。

　　「大圓滿」的説法則不同，因為經文已説如來藏染則為藏識，所以其後說「自性無垢，畢竟清淨」，並非說阿賴耶的本體如是，只等於說「本來無垢，畢竟清淨」，言「自性」者，乃指本來的智境而言。是故心識受染則名藏識，不受染則名如來藏。

　　所以在修行道上，「大圓滿」並不以轉識成智為究竟，這只是修習次第中的手段，超過這個次第，於修行道上即無作意，只是直接體驗心識不受污染時的境界。這體驗雖有間斷，但漸次修習，即能任運而見法爾光明（譬喻心識不受污染時的狀態）。

　　因此「大圓滿」的修行，並不是將藏識轉為清淨，而是離藏識的功能（使藏識的機理不起作用），去體驗心識的實相，此實相亦説為「自性無垢，畢竟清淨」。

　　釋迦續説：藏識隨滅隨生，而餘七識皆有生滅。第六意識依第七末那識（意），於是取着種種名相，生種種妄

想，由是從貪而生，復生於貪。此即凡夫的心識狀態。

修禪定的人若入滅盡定，或至第四禪，或如小乘之得真諦解脫，所滅者其實只是有生滅的餘七識，藏識則實未滅。因餘七識的功能不起，便名為斷惑而已。然而藏識實為餘七識的因，是故藏識不滅，餘七識其實亦不滅（所滅者僅為其功能，由是知釋迦實一直就「用」邊說諸識，並未肯定過甚麼是不空的本體）。

若能「見如來藏」（即能體驗心識不受污染的狀態），則用以說如來藏藏識的一切分別境界，即前說的五法、三性、二無我等，悉皆寂滅。能離一切分別，次第相續轉進，即能登不動地。更因佛加持力而不住於定境（十種「三昧道門樂」），由此更上，即得十地。

釋迦在這裏說了一句很重要的話——

> 是故大慧，菩薩摩訶薩欲求勝進者，當淨如來藏及識藏名。

「淨名」，即是對名相不生差別，不妄執其性相。識藏之名須淨，如來藏之名亦須淨，是則何嘗視此二者為本體，又何嘗說如來藏有實性相。——「大圓滿」的祖師維摩詰，若意譯其名，即是「淨名」，此名實有深意。

佛的境界又怎麼樣呢？釋迦說——

> 大慧，如來者現前境界，猶如掌中視阿摩勒果。

言「現前境界」，即禪宗所說的「當下即是」。此境界不能言詮，只能自證，故曰「現前境界」（唐譯：分明現

見），如見掌中阿摩勒果（amalaka，菴摩羅果、菴摩勒果）
者，即分明現見之意。

上來說聖凡心識狀態畢，大慧因凡夫修行必由五法、
自性、識、二無我入，故請釋迦更說此諸法的分別相。

釋迦說，五法中的相、名、妄想、正智、如如，前四
皆有分別妄想，是故應住於如如。甚麼是住於如如呢？佛
言──

> 大慧，菩薩摩訶薩住如如者，得無所有境界故，
> 得菩薩歡喜地。

「得無所有」者，即是──

> 菩薩摩訶薩以其正智觀察名相，非有非無，速離
> 損益二邊惡見，名相及識本來不起，我說此法名
> 為如如。

如是說五法唯住如如，已攝三自性、八識、二無我等
分別相。

經文以下唯說餘義。謂三世諸佛如恆河沙，以七喻明
之；又說諸法剎那壞相，但淨染卻不同生滅，淨法一起即
不盡，是故非剎那法；更說化諸聲聞趨向大乘，故授記彼
等可成為化佛。如是段落，具見於經文，此處不贅。

3　流通分

依劉宋譯，流通分僅一品，説斷肉。

何以説斷肉？這就是説悲心。以不食肉而長養悲心，悲心即是世俗菩提心，而發菩提心則是入大乘的開始。

若依唐譯，則尚有〈陀羅尼品〉及〈偈頌品〉。——北魏譯的〈偈頌品〉則名〈總品〉。

陀羅尼義為總持，即總持一經大意。

〈偈頌品〉除總説經義外，尚説種種預言（授記），及略示瑜伽行中觀法義，這些法義，學人當能明白，是故不贅。最先入西藏傳法的寂護論師，認為這一品已盡攝大乘佛法的意趣，故讀者亦不妨加以研究。

第三章

《寶性論》導論

第三章：《寶性論》導論

第一節　論題釋義

　　《寶性論》，北魏勒那摩提（Ratnamati）譯名為《究竟一乘寶性論》，實非原題，僅為譯師標榜自宗主張而安立的題目（詳見附錄《寶性論五題》所論）。

　　本論梵文原題，直譯應為《分別寶性大乘無上續論》(*Ratnagotravibhāga-mahāyānottaratantra-śāstra*)。對此論題須加解說。

　　所謂「分別寶性」，即從不同角度分析此寶性 (ratnagotra)。其所指的「寶性」，亦即本論主題所攝的如來藏 (tathāgatagarbha)。

　　「寶性」中的「性」，梵文為 gotra，即「種性」之意。因為是「如來種性」，所以便稱之為「寶性」。由是可知，論主實將 gotra 與 garbha 二字視為同義詞。後人論述 garbha 一詞，或釋為胚胎，或釋為界，或釋為因，把「如來藏」一詞的意思弄得很複雜[1]，實不如本論直釋之為「如來種性」來得明快。

---

[1] 詮釋 tathāgatagarbha 之 garbha 為胚胎（embryo）的學者，包括 Edward Conze、Giuseppi Tucci、La Vallée Poussin 及 Étienne Lamotte；詮釋 garbha 為子宮（womb）者，有 Richard Robinson、宇井伯寿、鈴木大拙等；視 garbha 為因者，有 T.R.V. Murti；高崎直道則闡釋 garbha 為母巖（matrix）；Herbert Guenther、David Seyfort Ruegg 及 E. Obermiller 等詮釋 garbha 為本質（essence）；Erich Frauwaller 比喻 garbha 為種子（keim）。然須指出，一切如來藏論都沒有為 garbha 作如是等定義，亦沒有說如來藏為真常。如是種詮釋，悉無非是近代學者外加於如來藏思想的種種臆測。

「如來種性」，即謂「如來一族」。以一切有情皆能成佛（如來），因此便說一切有情都是如來種性。換一個表義方式，即說一切有情都具如來藏。

至於「大乘無上續論」，實具有判別本論所解釋者為「無上大乘」之意。所謂「無上大乘」，非泛指大乘，實指以如來藏為觀修之大乘。如《入楞伽經》（*Laṅkāvatārasūtra*）偈頌品，第165、166頌云——

> 於南天竺韋陀村　　大德比丘當出世
> 此比丘名為龍召　　能破有無二邊見
>
> 彼能廣弘於我乘　　無上大乘弘於世
> 且得證初歡喜地　　得往生於安樂國[2]

此龍召（Nāgāhvaya），前人但說為即是龍樹，若據多羅那他（Tāranātha）《印度佛教史》，則知此龍召為龍樹弟子[3]，彼於南印度廣弘如來藏，由此二頌即知所謂「無上大乘」為說如來藏之大乘。[4]

---

2 譯文依拙《入楞伽經梵本新譯》（台北：全佛出版社，2005年），下引同。
3 上引《入楞伽》偈頌品第165頌，於菩提留支譯作「於南大國中　有大德比丘　名龍樹菩薩　能破有無見」，於實叉難陀譯本，則作「南天竺國中　大名德比丘　厥號為龍樹　能破有無宗」。二譯皆以此頌所說為「龍樹菩薩」。然而，若據梵本，此頌為：dakṣiṇiāpatha-vedalyāṃ bhikṣuḥ śrīmān mahāyaśaskaḥ nāgāhvayaḥ sa nāmnā tu sadasatpakṣadārakaḥ，但說Nāgāhvaya，意為「龍召」，未有直接提及「龍樹」；而據多羅那他（Tāranātha），龍召為龍樹的弟子，詳見Lama Chimpa &Alaka Chattopadhyaya, trans., *Tāranātha's History of Buddhism in India*（Simla: Indian Institute of Advanced Study, 1970），頁123至126；David Seyfort Ruegg, "Le Dharmadhātustava de Nāgārjuna", *Etudes tibetaines dédiées à la mémoire de Marsel Lalou*,（Paris: Librairie d'Amérique et d'Orient, 1976），頁449註8；Ian Mabbett, "The Problem of the Historical Nāgārjuna Revisited, "Journal of American Oriental Society 118.3 (1998)，頁335。
4 詳見本書上來〈如來藏體性與觀修〉一文，頁13-17。

　　密乘逐漸廣弘以後，很多觀修如來藏法門之典藉，都稱為「續」（tantra）或陀羅尼（dhāraṇī）。印度八世紀後的經續結集，把「經」（sūtra）和「續」分得很清楚[5]。經所詮者為教理（法之體性），續所詮者為修證之所依。—— 也可以這樣說，行者於觀修時，為甚麼要這樣修？所根據的是甚麼？須以「續」為直接根據；經所詮的教理雖亦為修持之所依（如「空性」等），但卻比較間接，是故可以這樣說，行者依經所詮義作抉擇，依續所詮義作修證。

　　於《入楞伽經》偈頌品第569頌，云 ——

　　　當於無相境界中　　無他亦無其相續

　　此「他」梵文為 para，又可譯為「無上」，此「相續」，梵文為 tantra，又可譯為「續」。故 para-tantra，譯為「依他」，亦可譯為「無上續」。

　　無上大乘觀修如來藏，由四重緣起作抉擇及決定，而

5　於西藏，布頓（Bu ston）編定《奈塘目錄》（sNar thang）時，亦嚴格區分「經」與「續」。反而漢土繙譯，則一律混稱為經，如《喜金剛續》（Hevajra-tantra）之漢譯本即題為《佛說大悲空智金剛大教王儀軌經》。有關印度經續結集，亦可參考山田龍城於《梵語仏典の諸文獻》所言：「〔無上瑜伽〕聖典在此〔九世紀〕之前或稱為 sūtra，或稱為 dhāraṇī。但從此以後，根本聖專稱為怛特羅（tantra），平常雖附上 uttaratantra 即註釋，但另外附上釋怛特羅（ākhyātatantra）的場合也很多，後者以一定的立場抓住根本怛特羅的特定課題，加上自派所奉的解釋，已有許多流派，且有各種行法。大乘的顯教和密教，在後代的印度和西藏，為菩薩乘的兩種分類，取名為波羅蜜多理趣（pāramitā-naya）和曼陀羅理趣（mantra-naya）。在曼陀羅理趣，無上瑜伽具有最高的權威，瑜伽怛特羅、行怛特羅和所作怛特羅（按，即指瑜伽續（Yogatantra）、行續（Caryātantra）和事續（Kriyātantra），各個都不過是教導達到無上瑜伽的準備階段的聖典。」（引文依許洋主譯《梵語佛典導論》，台北：華宇出版社，1998年，頁459）。

以依他自性（paratantra-svabhāva）為基本抉擇，由是此頌
義實一語雙關，說「依他」實暗指「無上續」。

　本論所詮為「大乘無上續」，即是說，如來藏便是修習
時所依的最高理論根據。至於具體指那些密續呢？藏密甯瑪
派（rNying ma）可以舉出許多「大圓滿」(rdzogs pa chen po)
的密續，如俱生喜金剛 (dGa' rab rdo rje) 於西元紀元前後傳
出的密續等。但若依本論所引的資料，則論主未引「續」而
僅引經，所引包括《不增不減經》（Anūnatvāpūrṇatvanirdeśa-
parivarta）、《勝鬘經》（Śrīmālādevī-sūtra）、《陀羅尼自在
王經》（Dhāraṇīśvararajasūtra）、《虛空藏菩薩所問品》
（Gaganagañja-paripṛchā）、《海意菩薩所問經》（Sāgaramati-
paripṛchā）、《智光莊嚴經》（Jñānālokālaṃkārasūtra）等。其
中不少經典收入《大集經》（Mahāsaṃnipātasūtra）內。平實
而言，這些經典實皆未有一套具體修習的儀軌來跟它直接配
合，然則為甚麼論主卻偏要用「無上續」來標題呢？那可能
是因為當時密續尚未廣泛流通，徵引出來恐怕說服力不足，
因此於造論時才不引密續，而改引與「無上續」同一旨趣的
經[6]。可是，論的主題卻實在是想詮釋依如來藏而建立的一
系列密續，因此雖引經為說，而論題卻特意標榜「無上續」
以明主旨。

　有那些密續是依如來藏而建立的呢？依現在流通者而
言，此即甯瑪派「大圓滿」系列的密續。如心部（sems sde）
二十一主續、界部（klong sde）十二續、口訣部（man

6　參考多羅那他《印度佛教史》，即知密續雖於大乘經典流播時即已同時存
　在，但由於不公開的緣故，所以廣泛流通，為時則晚。

ngag sde）十七續等[7]。這些密續都有傳承的依據，來源清淨。於初傳出時則未有「大圓滿」之名，僅標題為「菩提心」，然而由此亦可見這些密續來源古遠。[8]

依甯瑪派説，「大圓滿」的人間初祖為維摩詰 (Vimalakīrti)，即《維摩詰所説經》中的主角，跟文殊師利菩薩一起弘揚「不二法門」（不可思議法門），《維摩經》是大乘經典結集最早的一批經典之一，由此推知「無上續」所據之法門來源的確古遠。因為有理論即必有修持，既有《維摩》，即應有「無上續」之修習意趣。過去一些日本學者根據有限的資料，將無上密乘説為西元七世紀才開始，並名之為「左道密教」，實在有偏袒「東密」的成見。如今有關「無上密續」的資料文獻紛紛出現，歐美日學者都承認由菩提達摩傳入漢土的禪宗，跟甯瑪派的「大圓滿」同一淵源，是則對於「左道密」的誹謗理應止息。[9]

---

[7] 此等密續，包括心部的《菩提心遍作王續》（*Kun byed rgyal po*）、界部的《大界無央王》（*Klong chen rab 'byams rgyal po*）及口訣部的《明覺自現》（*Rig pa rang shar*）等。詳見，Tulku Thondup, *The Practice of Dzogchen* (Ithaca: Snow Lion Publications, 1996 版)，頁 32-35；此部分漢譯見許錫恩譯《九乘次第論集》（香港：密乘佛學會，1997），頁 94-98。

[8] 參拙作〈六金剛句説略〉（香港《內明》第 278 期；台灣《慧炬》第 382、383 期）。

[9] 參 Marcelle Lalou，"Document tibétain sur l'expansion du dhyāna chinois"，*Journal Asiatique* 231 (October - December 1939)，頁 505-523；Jeffrey Broughton，"Early ch'an schools in Tibet," 收 Robert M. Gimello & Peter N. Gregory 編 *Studies in Ch'an and Hua-yen* (Honolulu: University of Hawaii Press, 1983)，頁 1-68；Lewis Lancaster & Whalen Lai 編，*Early Ch'an in China and Tibet* (Berkeley: Asian Humanities Press, 1983)；Giuseppi Tucci, *Minor Buddhist Texts Part II* (Serie Orientale Roma IX, Roma: Instituto Italiano Per Il Medio Ed Estremo Oriente, 1958)；張廣達〈唐代宗的傳入吐蕃及其有關的敦煌文書〉（收《学林漫录》3（1981），頁 36-58）；邵頌雄〈禪密同源初探〉（收《內明》299（1997），頁 4-14）。

　　據上來所說綜合，本論的題旨實即依如來藏思想證成不可思議法門的修習。至於具體修習，則直接依據無上續而修，非本論所涉。[10]

---

10 詳見本書〈如來藏體性與觀修〉一文。

第二節　如來藏思想

　　大乘佛教的如來藏思想，從弘揚大乘開始即已具在，跟《般若》系列經典參差先後傳播[11]。因此，絕對不是由般若發展出來的思想，不是企圖調和唯識與中觀的思想，亦絕對不是佛家思想的旁枝末流[12]。

　　大乘跟小乘思想的不同，即在於是否建立「菩提心」（bodhicitta）。菩提心是智慧與方便，此中的智慧即是般若，方便即是救度一切有情的悲心與救度手段。正因為具足此二分，因此大乘行人才能「自利」與「利他」，不如小乘行人之但求自利。

　　所以我們可以說，菩提心即是建立大乘的基礎。沒有菩提心，即使用般若來說空性，亦不見得跟小乘有很大分別。

　　菩提心也即是「不二法門」。從般若來說，「不二」是不落於相對兩邊的證悟。一切世間緣起法都落於相對，有是非、有無、利害種種分別，因此便相對為「二」，般若正智所證則為離開一切分別的絕對，如是即為「勝義諦」的

11　例如《維摩》，即是最早的如來藏思想經典。經中兩次提到「如來種」。至於文殊師利「不可思議法門」的經典，亦結集得很早，如《阿闍世王經》即為漢代支婁迦讖（Lokakṣema）所譯。所以這類經典，至遲在西元紀元前即已於印度結集流通。

12　藏傳佛教將如來藏思想稱為「大中觀」（dbu ma chen po），這雖然是後起的名相，但亦可見其在般若思想中的重要性。參 S.K. Hookham，*The Buddha Within*（Albany: SUNY, 1991）；Cyrus stearns，*The Buddha from Dolpo*（Albany: SUNY, 1999）；Dudjom Rinpoche，*The Nyingma School of Tibetan Buddhism*（G. Dorge & M. Kapstein, trans.），Boston: Wisdom Publications, 1991。

「不二」。從方便來説，必須視一切有情平等，才能建立「無緣大悲」以救度有情，如是即為「世俗諦」的不二。

因此，菩提心的修習可分為「勝義菩提心」與「世俗菩提心」二份。將兩份修習都統於一心，此心便即是如來藏[13]。

所以如來藏思想可説為 —— 世俗方面的修習是修對輪迴苦的體認，如是厭離世法；然後修四無量心，如是建立對一切有情的大悲。至於勝義方面的修法，則修六波羅蜜多。不過六波羅蜜多中卻以「般若波羅蜜多」為重點，甯瑪派的密法，即絕大部份為「般若波羅蜜多」的修習。

但若從密義來説，則須知《入楞伽經》之所説，佛內自證智境（如來藏境界）無可言説，唯自顯現為識境（藏識境界）始能成表達，故説「如來藏藏識」（tathāgatagarbha-ālayavijñāna）。此中智境，可以施設為勝義，其自顯現的識境，則可施設為世俗。由於智境雖自顯現為識境，但智境未嘗因此而變易，而識境則與智境不離異，此即二者恆時雙運，是即無上大乘之菩提心。

這種修習菩提心的法門，可以稱之為「如來藏法門」，亦可以稱之為「不二法門」或「不可思議法門」。後來在西藏則稱之為「大圓滿」。這麼簡單的義理，一落到名相範疇，便有許多由名相而生的糾纏。所以後世對如來藏思想便有許多外加的定義 ——

唯識今學將「如來藏」跟「阿賴耶識」分別，然而瑜伽行古學卻實將如來藏視為修證果，唯有近代唯識家傾向

---

13 見龍青巴《大圓滿心性休息導引》（拙譯，列《甯瑪派叢書》。關於如來藏的體性與修證，不只於此，此處僅略説其「不二」。

於否定。[14]

　　漢土的《大乘起信論》立「一心二門」之説，説「一心」（相當於《入楞伽經》的如來藏藏識）有二門，一為「心真如門」，一為「心生滅門」。藏地的覺囊派（Jo nang）立「他空見」（gzhan stong），認為心真如即是絕對的真實，真實則不空，所空者僅為附着於「本淨心」之外的污染[15]。

　　漢土宗《起信》者與覺囊派之建立，實在是為實際修習而建立。二者都屬於「他空派」，因為他們一定要有一個「不空」把握着，然後才覺得在實修時有一個目標，若一切皆空，那就有點茫然了。

　　西藏後起的格魯派（dGe lugs），破「他空」最力。他們是「自空」（rang stong）派，無論説為「心真如」或「本淨心」亦非空掉不可，要清楚這種思想，可以直接讀宗喀巴大士（Tsong kha pa）的《入中論善顯密義疏》（*dBu ma la 'jug pa'i rgya cher bshad pa dgongs pa rab gsal*）和《辨了不了義善説藏論》（*Drang ba dang nges pa'i don rnam par phye ba'i bstan bcos legs bshad snying po*），二者都為法尊法師所譯。漢土的反應，是印順法師由此建立他對印度佛學的判別，將「他見空」判為「真常唯心」，並判「如來

---

[14] 有關瑜伽行古學與唯識今學的分別，參上田義文〈「識」に関する二つの見 —— 能變と能縁，結城教授頌寿紀念《仏教思想史論集》（東京：大藏出版社，1964）；長尾雅人〈安慧の識轉變説について〉（《宗教研究》第 9 卷第 5 期（1932）、第 10 卷第 2 期（1933））；Paul J. Griffiths，Noriaki Hakamaya，John P. Keenan & Paul L. Swanson，*The Realm of Awakening*（New York/Oxford: Oxford University Press, 1989）導論，頁 3-45；談錫永、沈衞榮、邵頌雄《聖入無分別總持經・校勘及研究》（台北：全佛出版社，2005 年），導論部分。

[15] 詳述於附錄〈寶性論五題〉。

藏」為不了義，由是動搖了華嚴、天台兩宗的理論，影響
不可說不大。

照甯瑪派的看法，根本不須要對如來藏思想起那麼多
的紛擾。因為「如來藏」只是佛自內證智境界，如來藏諸經
論從未說之為真實本體；「不二法門」的經典，亦從未視
「如來藏」為實體，所以根本便沒有空或不空的問題存在。

再說得具體一點，一切有情的心性本來清淨，就其
「本淨」邊，故名之為「如來藏」。可是這心識卻因種種分
別、執著而生垢障（例如執著「自我」而起分別），這受垢障
的心識即便成為輪廻的根本，而名之為「阿賴耶識」[16]。

修道其實只是這麼的一回事 —— 由受垢障的心識起
修，發揮心識不受垢障的功能，如是心識即回復到「如來
藏」這種狀態。

所以唯識、自空、他空，在修道時都有用。認識外境
與自己的心識狀態，是「唯識」的功能；要修習自己剎那
清淨心見空性，是「自空」的功能；觀察垢障心識的「客
塵」，是「他空」的功能。因此甯瑪派並不如應成派之破唯
識及他空，然亦並不以應成派為了義。甯瑪派站在修道的
立場，僅視此種種理論為建立道次第的根據[17]。

---

16 見《大圓勝慧》（根桑澤程上師曾在漢土教授此論，近年已有人輯錄其記
錄，編入《大圓滿心要總集》，在台灣出版。然根桑澤程實未將全論演說，
只著重說修習部份）。這種觀點其實散見甯瑪派歷代祖師的論典，唯至今
尚未有人系統繙譯而已。《甯瑪派叢書》的出版，或可視為一個開端。

17 漢文資料所能見到的，僅有貢噶上師所說的《四部宗見略說》（韓大載筆
記），接觸到格魯派建立的「宗義學」（grub mtha'）。因此關於甯瑪派建
立道次第的論典，實尚須繙譯。蓋種種宗義即為道次第之依據。另可參
拙譯敦珠法王《四部宗義要略》一文（收拙譯龍青巴尊者《四法寶鬘》
附錄），以及邵頌雄《決定寶燈》導論。

　　這樣來看如來藏，很平實，但卻正是如來藏思想的真相。《寶性論》所說的便亦是這樣的如來藏思想。然而當年勒那摩提譯師，卻把本論譯到變成「他空派」的論典。

第三節　甯瑪派的修習

要瞭解《寶性論》，先得弄清楚如來藏思想。要清楚如來藏思想，便須要知道具體的修習，因為如來藏並不是純哲學理論的建立，而是修道時的主導思想。

在這裡，可以用甯瑪派的道次第修習來說明。因為筆者所親歷過的修習只限於此。

甯瑪派將道次第分為九級，名為「九乘次第」。要詳細說明九乘次第的基、道、果，不是本文的目的，因此只略說無上瑜伽 (Atiyoga) 的修習，亦只有這部份修習才具體涉及如來藏思想。—— 這亦即《寶性論》稱為「無上續論」的緣故。其他次第的修習，與如來藏無關，自然就非其所論。

無上瑜伽的修習，有一個基本觀點：同樣一個心識，可以起受垢障的功能，顯現污染相，也可以起不受垢障的功能，顯現清淨相。前者稱為「煩惱藏」，後者稱為「如來藏」。也即是說，煩惱藏為凡夫心相（識境），如來藏則為佛的心相[18]（智境）。

然則怎樣才能轉捨煩惱藏而成就如來藏呢？如果對煩惱作心理逃避（如「白骨觀」、「膿血觀」等），並不是澈底辦法，那只是小乘行人於仍有實執時的權宜修習。如果用觀

---

[18] 見《寶性論》第四金剛句。

察心識的方法來對付煩惱，雖然可以瞭解自己的心識狀態，但卻必然很難做到離分別，因為無論如何，心識總是自我的心識，這亦只是大乘唯識家的方便建立。

中觀家破唯識，是為了怕修行人落於自我的執著而不自知，因為光在理論上說不會生起執著沒有用，實際修習時，當心識生起一境界後（例如生起本尊與壇城，生起阿彌陀佛及西方淨土），必然同時有實執生起。尤其是唯識今學成立「自證分」，一切觀修所緣境皆由「自證分」認知，此「自證分」即很難不成為實執。

然而在此道次第之後，卻有問題出現了。這自證分到底是真實的心識本體，抑或不是呢？自空派認為不是。所謂自空派，便即是中觀自續派（Svātantrika）和應成派（Prāsaṅgika）。

應成派的見地，因此亦成為道次第的一次第，用以破除對人我、法我的執著。可是，大中觀卻未視應成派的中觀見為究竟了義。因為「他空見」在修道時實在很有用，凡心識生起的境界都屬對心識的垢障，對一切垢障都須觀修其空性，由是心識便可以顯現不受垢障的清淨相。然而無論自空或他空的修習，亦可令行者耽著於空性，甯瑪派即稱此為「清淨染」。因為空與不空、淨與不淨，實在亦是相對法，故空性境界並非佛的證智境界。

甚麼是佛的證智境界呢？無可形容，亦不可思議，只能用「不二」或「無二」這些名相來定義，或說為非空非不空、非常非斷。因此甯瑪派實際上將九乘次第都視為「大圓滿」的「加行」（sbyor ba），最後一着只是「直指教

授」，示以「大圓滿見」，此即了義大中觀，即證如來藏[19]。

因此大中觀亦可稱為「離邊見大中觀」，以離一切邊見始為究竟故；亦可成立「了義大中觀」，以離邊復離中故。由於離邊，是故不落言語思維（因為任何言語思維都屬邊見）。行者經歷過次第修習，已經能生出離心（小乘修習的功能），已經能夠了知外境與心相（唯識的功能），已經能空自我的心識（自空的功能），已經能觀一切垢障的空性（他空的功能），如何離邊？噶舉派（bKa' brgyud）的「大手印」（Mahāmudra）修習即屬於這方面的教授。

然而，甯瑪派的教法則不只於此，他是「離邊復離中」的「極無所住」，以一切所住，亦為相礙，於經歷九乘次第（攝為「四部加行」）的修習之後，唯依行者自己的修證，並無修習儀軌可由上師提供，—— 這一步的修證，即是釋尊當日在菩提樹下、金剛座上所起的「金剛喻定」（vajrapamāsamādhi）。一般人只以為金剛喻定是斷除最後煩惱及習氣的定，而甯瑪派則視此為證悟「大圓滿」之道（對「空」的執著實亦為煩惱、習氣；落於時空局限，亦是相礙）。

故甯瑪派說真實的證悟有兩種：一為法爾離垢障（離四邊），這即是佛的智境；一為藉修定而離垢障，這即是不動地以上菩薩的智境。前者即是「不空如來藏」（aśūnya-

19 以上關於道次第的說法，可參考貢噶法獅子的《四部宗見略說》、敦珠法王無畏智金剛（Dudjom Rinpoche），*The Nyingma School of Tibetan Buddhism* (trans. by G. Dorje & M. Kapstein). Boston: Wisdom Publications, 1991、以及龍青巴尊者的《三休息論》等。
近代漢文中關於這問題的最簡明述說，則當推劉立千的《藏傳佛教的甯瑪派》一文。
本書中有些觀點涉及口訣，則為敦珠法王所授。

tathāgatagarbha），後者則名「空如來藏」（śūnya-
tathāgatagarbha）[20]。

相對於凡夫心識而言，兩種如來藏都是心識清淨相，
然而卻都非本體，可是為了修道方便，在「他空」以下層
次卻不妨說不空如來藏為本體，而空如來藏則是相用，如
是由空相證不空。由於持他空見的修習是很重要的修習
（屬於四部加行中的「密加行」，餘為外加行、內加行及密密加
行），所以便亦可如是判別本體與相用，然而這卻並不是甯
瑪派所許的究竟義。

因此視覺囊派的見地為「惡見」，實在只從理論出發，
並非從實際修習予以評價。因此我們不應看輕華嚴、天台
的思想，他們根據如來藏思想來建立自宗，雖受《起信論》
的影響而帶有他空色彩，但在實修立場，亦不可輕易即將
之抹殺，更不可因此而否定如來藏思想。

---

20 敦珠法王《中觀宗宗義》。拙譯，收為《四法寶鬘》的附錄（《佛家經論
　導讀叢書》台北：全佛出版社）。

第四節　本論的結構

梵本藏本《無上續論》的正分只分四品，即「如來藏」（Tathāgatagarbhādhikāra）、「證菩提」（Bodhyadhikāra）、「功德」（Guṇādhikāra）、「如來事業」（Tathāgata-ktyakriyādhikāra）。此中第一品篇幅最巨。因四品所説內容，可分為「七金剛句」，而第一品則包含四金剛句。

然而根據西藏傳統，全論又可分為二份：三寶建立、成就建立。前者攝三金剛句，後者攝四金剛句。

茲將上説三種分別，列表如下 ——

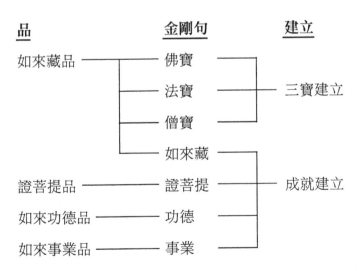

品	金剛句	建立
如來藏品	佛寶	
	法寶	三寶建立
	僧寶	
	如來藏	
證菩提品	證菩提	成就建立
如來功德品	功德	
如來事業品	事業	

北魏勒那摩提譯本，題名《究竟一乘寶性論》，正分則

為九品，這是因為將〈如來藏品〉分為三品之故。可比對
「七金剛句」列表如次以見其分別——

梵藏本　　　　　　　　　　**漢譯**

第一金剛句：佛寶　　　　　　佛寶品第二

第二金剛句：法寶　　　　　　法寶品第三

第三金剛句：僧寶　　　　　　僧寶品第四

第四金剛句：如來藏 ┌── 如來藏品第五

　　　　　　　　　├── 煩惱所纏品第六

　　　　　　　　　└── 為何義説品第七

第五金剛句：證菩提　　　　　身轉清淨成菩提品第八

第六金剛句：功德　　　　　　如來功德品第九

第七金剛句：事業　　　　　　佛業品第十

　　由比對可知，勒那摩提實在是依「七金剛句」來分
品，只因「如來藏」此金剛句的篇幅過巨，始復分為三
品。所以我們可以認為，依「七金剛句」來說本論，是印
度論師的傳統。甚至我們還可以認為，「七金剛句」即是
「如來藏思想」的體系。

　　梵藏本於「正分」前有「序分」，後有「後分」。漢譯
亦具此二分，唯「序分」不標題目，編為卷二之首。「後
分」則題為〈校量信功德品第十一〉。此二分梵藏本與漢譯

開合不大，其差別見「校勘記」。

最特別的是，漢譯第一品，無品名，但內容則有〈本教化品第一〉、〈本佛寶品第二〉......等。如今的《大正藏》刪落各品題目的「本」字，唯南京支那內學院的《藏要》本不刪。其實這「本」字非常重要，是指「根本論」而言。

原來無論梵藏本及漢譯（卷二以下），其實都是「釋論」，釋論中則已包含「根本論」在內。因此梵藏本實應題名《寶性論釋》（*Ratnagotravibhāgavyākhyā*）。

至於漢譯，卷一實為「根本論」，卷二以下則為「釋論」。根本論為偈頌體，釋論則為偈頌間以長行。所以漢譯其實是根本論與釋論的合本。—— 如將卷一單獨分開，題名《分別寶性無上續論》，卷二以下重行分卷，題名《——論釋》，那就眉目清楚了。勒那摩提於卷一各品題目加以「本」字，原來即有分別其為「根本論」之意[21]。

近六十年由於陸續發現梵文抄本，比對西藏譯本，對本論流傳時的改動已漸可見其真相（見附錄〈寶性論五題〉）。至於漢譯，譯師勒那摩提則用他空見來繙譯，因而誤導當時地論宗諸師，此於〈寶性論五題〉中亦已論及。

---

21 上說參閱附錄〈寶性論五題〉。

第五節　本論的內容

　　若已瞭解如來藏思想的正見，則本論內容實亦易瞭解。甯瑪派大圓滿「心部」（sems sde），即將本論作為實修所依，其說如下——

　　心部所說的「心」，即「如來藏藏識」，亦即具證法報化三身功用的心識。由是立三句義，即體性本淨（ngo bo ka dag），自相任運（rang bzhin lhun grub），大悲周遍（thugs rje kun khyab）。

　　這三句義統攝體、相、用，亦說為法、報、化。「體性本淨」為法性、「自相任運」為一切法之法性自顯現相，為佛功德、「大悲周遍」為一切法之法性自顯現功能，為佛事業。這亦即是七金剛句（前五說法性，餘二分別說功德、事業），亦即是二菩提心（體性本淨為勝義菩提心、自相任運及大悲周遍為世俗菩提心），此亦可說為二智（體性本淨為根本智、自然智；餘二為後得智）。

　　粗看起來似乎理論很複雜，實際上很簡單，只不過從不同立場來分析，因此才覺得複雜。例如站在修道的立場，便說之為二菩提心（二諦）；站在理論立場，便說之為體相用；站在證果立場則說之為法報化三身；站在證悟立場則說之為二智；站在信念立場，即說之為七金剛句。

　　現在我們用理論立場來解說。

首先我們應該鄭重指出，凡成佛，必然法報化三身同時具足，因為體相用三者實不可分離。這個觀點，為大小乘顯密各宗派所共許，向無異說。故若持異見，則等於動搖佛家的證果，而且說體相用分離亦於常理不合[22]。

所謂法報化三身具足，即謂如來藏具足法報化三身的特性。法身所證為清淨法性（體性本淨），報身所顯為種種莊嚴相（自相任運），化身所作為周遍一切界隨緣種種自利利他事業（大悲周遍）。此亦即為如來藏所具的體、相、用。

我們先說如來藏的本體。

如來藏即是真心，與阿賴耶識之為妄心相對。然而最重要的卻是，雖說有真心妄心，但卻非如《起信論》之說「一心二門」。因為有兩點顯著差別 —— 一者，真心體空，但卻離緣起，不生不滅（妄心則不然，以六根、六塵、六識為生滅緣起，且剎那生滅，只因念念相續而不自知生滅）。二者，妄心寂息，真心即顯。然而這卻並不是清淨了真心之上的客塵污染，然後真心顯露；亦不是心識離垢之後，依緣起重頭生起一無垢的空體心性。只是有如光明生起的同時，亦自然見黑暗消退。

以上所說兩點差別，即甯瑪派的「直指教授」（ngo

---

22 為什麼須要鄭重指出這點呢？因為晚近有傳承優良的密乘上師，解釋「即身成佛」，便說密乘行人因為修「且卻」（khregs chod）及「妥噶」（thog rgal），能生起光明，如是身體中固體化為液體，液體化為氣體，由是得「虹光身」，成報身佛。這個說法，只是上師為下根而說的權宜方便。因為證虹光身固非物質的三態變化（如果是的話，證虹光身豈非滿地液體，或證果者的皮囊有如水袋），兼且決無單獨只證報身的道理。不指出其僅為權宜方便的說法，即無法說明如來藏思想，故應指出，非欲啟諍。

sprod）[23]。這方面的資料，漢土繙譯得很少。由上所說差別，故知空寂的真心非由「他空」而成；亦非從頭「自空」依緣起而有。這即是甯瑪派說如來藏的特色。故如來藏的體性便即是法身，以其離生滅因緣，體性清淨故[24]（以離生滅因緣來說法身不生不滅，故比依因緣來說不生不滅為究竟）。

我們再說如來藏的相。

心相任運，亦因心離緣起。若不離緣起的妄心，則因受緣起的限制而不能任運。譬如說，凡夫心識受時空限制（古人不能想及我們的現代生活；落後地區的人不能想及所謂文明社會的生活，以至我們落於三度空間、一度時間，不能想像多元次時空狀態，即為落緣起的時空限制）。故如來藏的心相即是報身，以任運圓成、離時空的萬相顯現皆為法界莊嚴故。

最後說如來藏的用。

如來藏雖本體空寂，但空而能現，寂而常照，此即如來藏之用。由是法界中一切法明現，無處不遍，以如來藏能造作一切法，能現為一切法相故。是故如來藏的妙用即是化身，以周遍一切界隨緣化現故。

本論內容即不離此中所說。

---

23 拙譯事業洲尊者（Karma gling pa）巖傳，《大圓滿直指教授》可以參考，刊《內明》第280期。

24 說佛體性離緣起，不同撥無因果，亦非遮撥緣起。即唯識家亦以離緣起為「無為法」的定義。若泛泛說「緣起法即是空的，空是不破壞緣起的」，很容易引起誤會，以為「無為法」亦落緣起。必須這樣說才比較清楚。—— 凡夫所證，證緣起法即空，證空性不破壞緣起，亦不落緣起。

概略言之，本論先説佛、法、僧三寶，實在目的是將三寶歸為一寶——即佛寶，此為法寶及僧寶所依。此義見於〈總説三寶〉一節，謂「究竟皈依唯向佛」，亦即皈依法、皈依僧都非究竟。

論主為佛寶説八種功德，即是説佛的體相用。無為（本體空寂，不落緣起）、無功用（無作意任運）、不依他覺（本體清淨）、智慧（法爾自然智）、慈悲（大悲化現、周遍一切界）、力用（周遍一切界的生機，即佛能作事業）、自利圓滿（證覺）、利他圓滿（救度有情，且具周遍力用）。此實攝法、報、化三身而言。因此論主的最終目的，即説如來藏的體相用。如是點出主題。

因此在第二品中説證菩提，謂「離垢真如」（nirmala tathatā）便亦有八種義理，一一與上説佛的體相用八功德相應。

此處有論頌云——

> 得淨成就及捨離　　能自他利與相應
> 甚深莊嚴廣大性　　恒時隨類作示現

我們不妨將此偈所説，與佛寶八功德一一對比，列表如下——

如來藏	佛寶
得清淨成就	無為
解脫	不依他覺
能自利	自利圓滿
能利他	利他圓滿
相應	力用[25]
莊嚴廣大	無功用
甚深	智慧
恒時隨類示現	慈悲

　　如是前後呼應，即可說如來藏為法報化三身所依，由是說有情皆具如來藏，以一切有情皆具此如來藏所顯現之藏識故。── 我們也可以這樣來理解：成佛必法報化三身同時具足，若如來藏不具足三身功德，則有情必不能成佛。

　　接著下來的兩品，說佛功德、佛事業，則為佛色身（報身及化身）所顯。此中未分別說報身化身。

　　為甚麼要說功德、事業呢？

　　因為正如前面所說，心識剎那離垢即是真心，此如剎那顯露光明自然離暗，所以如來藏的功德、事業亦自然具足，如大日自然具足光與熱。如說日不能不說光與熱，說

────────
25 本論說「相應」，是依佛事業與二智相應而說。── 二智為「勝義無分別智」及「世俗後得智」，與二智相應即為自利、利他之力用。

如來藏便亦不能不說功德、事業。

　　以上所言，即是全論的內容概略，亦即是全論脈絡。

第六節　說如來藏

說如來藏為本論主題，即第四金剛句。

說一切有情皆具如來藏，僅「大中觀」所許，由應成派起，以下諸宗部皆對此說有諍。然而這說法明見於經典，不能謂其為非佛所說，故他們只能判之為不了義。

格魯派對如來藏的說法，即可作為代表。他們說[26]——

覺囊派許「如來藏十經」為後轉法輪經，為了義經，謂「十經」宣說如來藏與佛自性身，因為真實、常恒、堅固、無為相好而作莊嚴，一切有情本來具足，因被煩惱所網，而成自我，故有生死流轉。上來所說實不應理。

他們引布頓甯波車（Bu ston rin chen grub, 1290-1364）的說法，布頓認為，經中所說雖如覺囊派所云，但卻為不了義經。蓋佛自性身雖與如來藏同，但有情心識瀑流中卻不具如來藏。——對布頓的說法，格魯派同意其判「如來藏十經」為不了義經，但卻不同意有情心識不具如來藏。

格魯派說，若謂有情心識中無如來藏，即無成佛之因；但若謂如來藏與佛自性身同，且一切有情之識流中本已具有，則有情應早已成佛。是故他們僅有條件地認可「有情皆具如來藏」。條件是：如來藏並非佛自性身。

建立此條件的理由是——

26 克主傑大師《密續部總建立廣釋》（拙譯，收《佛家經論導讀叢書》第二輯，香港密乘版）頁42-44。

自性清淨心之法性，若未離客塵，則名如來藏，或名本性住種。

自性清淨心之法性，若已離客塵，則名自性身，或名究竟涅槃、究竟離繫果，具二清淨法性，具二清淨法身。

格魯派又補充說，如來藏雖為成佛之因，可是卻並非說凡成佛之因皆是如來藏。這樣一補充，其實等於否定了有情皆具如來藏的說法，以離如來藏亦能成佛故。

《寶性論》的說法顯然跟格魯派的說法不同。因為《寶性論》以三義說一切有情皆具如來藏：一、佛法身周遍一切有情；二、佛如如無有差別；三、有情皆具佛性。此即說如來藏是周遍的法身，且有情皆以此為成佛之因。由是可見格魯派實根本不同意《寶性論》，亦即不以如來藏為了義。

此中最大分別是，格魯派認為「未離客塵」的「自性清淨心之法性」才是如來藏。此定義實與《寶性論》不合。

《寶性論》於說「行相」一節說 —— 依般若波羅蜜多及內自證智法門，佛為諸菩薩說圓滿清淨一切法真如共相，即名為如來藏。

既說為「圓滿清淨」的共相，則不應更加「未離客塵」來作簡別。所以《寶性論》說如來藏有三種行相：凡夫取顛倒、菩薩離顛倒、諸佛離分別戲論。

因此如來藏有三種差別：不淨（凡夫）、染淨（菩薩）、圓滿清淨（佛）。說為「依三種境界，立三種名字」。

依論義所說，無論凡夫、菩薩、佛的心識，若就其本

體而言，皆名為如來藏，僅因其境界有不淨、染淨、圓滿
清淨的差別，故安立不同的名相以示區別而已。

因此格魯派有條件地建立如來藏，卻又承認一切有情
皆具如來藏，實不應理，因為與《寶性論》所說的三種心
識境界相違。而格魯派又未能證明「圓滿清淨」的境界即
非如來藏，「染淨」相雜心識境界亦非如來藏，是故即不
能立「未離客塵」的定義。—— 此定義僅可視為自宗安
立，非依經論。

其實關於「如來藏」一名，若引入「阿賴耶識」這個
名詞，用來代替「凡夫取顛倒」的「如來藏」，就應該可以
止息諍論[27]。故若依甯瑪派所言，凡夫心識名阿賴耶識，
八地以上菩薩的心識名空如來藏，佛法爾心識名不空如來
藏。這樣就可以將如來藏的三種行相，分別得清清楚楚。

這樣一來，還可以解決了義不了義的問題。

說如來藏為不了義，無非只是為了如來藏說「我」，而
佛卻以「無我」為法印，這怎麼解釋呢？因此便據《大涅
槃經》(*Mahāparinirvāṇasūtra*)、《入楞伽經》，認為「如
來藏我」只是方便的說法[28]。

《大涅槃經》言：「所有種種異論、咒術、言語文字，
皆是佛說，非外道說。」[29]

---

[27] 甯瑪派即如此建立。見敦珠法王《中觀宗宗義》。
[28] 見印順《如來藏之研究》，頁138-139。
[29] 依曇無讖譯《大般涅槃經》，大正・十二，no. 374，頁413a。

　　論者由是引伸，「如來藏我」便與外道所說的我有關。

　　再引《楞伽》：「說如來藏法門實為開悟執我外道。」由是證成「如來藏」只是為了誘化主張有我的外道，所以才方便宣說。這樣就自然是不了義。

　　上來《大涅槃經》的說法，見於〈如來性品〉。經中的主旨是說如來「大悲周遍」，於一切界皆隨緣示現，因此在這意義上才會說「所有種種異論、咒術、言語文字，皆是佛說，非外道說。」必須瞭解「隨緣」，然後才能對這段經文得正解。

　　至於《楞伽》的經文，若只引此句，則嫌斷章取義。全文是大慧菩薩問佛：「世尊且又說彼為恆常、不斷、吉祥、無有變易，然則世尊所教之如來藏，豈不同於外道所說之我耶？蓋外道說此我為常作者、離求那、無所不在、永恆不滅。」這是問佛，為何說如來藏周遍不滅，這豈非同於外道之說有「常作者」？

　　佛於是解釋，自己所說的如來藏，是「為空性、實際、無生、絕對、無願。」——這是佛對如來藏所下的定義（句）。佛正是在這定義下來「開引計我諸外道」。也即是說，佛是根據自己的定義來說「如來藏我」，令外道明白，只有在這樣的定義下來建立「我」才無過失，「令離不實我見妄想，入三解脫門。」

　　因此佛並非為了「開引」外道，便隨順而說一不了義的「我」。因為佛所說的「空、無相、無願……本來自性涅槃」的「如來藏我」，實為了義之說。

　　也即是說，佛並不是說凡夫的「阿賴耶識」或菩薩所
證的「空如來藏」已具常、樂、我、淨四德；具十力、四
無畏等六十四種功德；具與二智相應的事業，所說只是佛
法爾清淨的心識 ──「不空如來藏」。因為唯此堪稱「如實
際法性法身涅槃」、「本來自性涅槃」。

　　在這樣定義之下，說如來藏實為智慧說（勝義諦），說
「無我」才是方便說（世俗諦）。因為從修道次第而言，由凡
夫的執我，開引其證悟無我；再由行者的執無我，開引其
證如來藏我，由此離「我」與「無我」兩邊，如是始可說
為離一切邊見。依此次第，「無我」自然是方便說。

　　如來藏思想稱為「大中觀」，是因為它「無二」，無二
即便連「空」、「無」的概念亦不執。這種心識境界，才是
絕對清淨的「佛內自證境界」，不能用文字語言來形容，是
故稱為「不可思議」。

　　既然不可思議，便唯信始能漸入，所謂「信」，是指觀
修行人於觀修時須「信」由如理觀修所起的決定，若唯執
著於名相，在名相上反覆研究，便是以可思議的污染心來
推測不可思議的佛內自證境界。故《寶性論》於後分有二
頌云 ──

　　　　如來藏與證菩提　　佛功德及佛事業
　　　　此唯佛自證境界　　縱清淨者不思議

　　　　智者深信佛境界　　能得無量佛功德
　　　　證不思議無上樂　　其善勝於諸有情

研讀本論，須明此義理，同時須以實修的立場來研讀。若明白「如來藏」思想實為離一切邊見的中觀，為「大圓滿」的直指教授，則當了解餘次第無非只是方便建立。可是我們對方便建立亦不應輕視，因為在實際修道時，非依次第不可。土觀善慧法日（Thu'u bkwan blo bzang chos kyi nyi ma）在其《顯示一切宗派源流及教義‧善說水晶鏡》(Grub mtha' thams cad kyi khungs dang 'dod tshul ston pa legs bshad shel gyi me long）中有一段説話，很值得我們細讀——

> 不過這樣高深之見（按、指甯瑪派的「大圓滿」），是蓮花生大師等諸大師來藏時，正值時機很好，眾生根基極高，觀察機宜，隨順而設。現在眾生根基很差，若仍宣說此見，不但無利，反而有害。[30]

這段説話十分持平，然亦足見「大圓滿見」（大中觀——如來藏思想）並非不了義之説。

本文的意思，無非只想引導讀者，瞭解「如來藏」實具甚深法義，故不宜以種種世間見地作破立。破則為謗法，執則不能離邊。離破離執以讀本論，始能生勝解

---

[30] 引文依劉立千譯《土觀宗派源流》（北京：民放出版社，2000版），頁42-43。

第四章　《寶性論》五題

第四章：《寶性論》五題

第一節　小序

　　《寶性論》（*Ratnagotravibhāga*）為佛家重要論典，說如來藏，向來受漢藏各宗派佛學家重視。然而近三數十年，如來藏之說漸被忽略，有些學者竟視之為旁枝末流，斥為不成體系，如是即造成修大乘止觀的危機。蓋大乘止觀的修習見地，實基於如來藏思想，漢土華嚴、天台、禪宗（甚至律宗）；藏地甯瑪派的大圓滿、薩迦派的道果、噶舉派的大手印，皆據如來藏思想而建立，若一旦受破，則「一乘佛教」、「不二法門」皆無建立基礎。所以討論如來藏實為關係大乘佛教的大事。

　　筆者近年取梵藏本與勒那摩提譯本《究竟一乘寶性論》對讀，又復參考《大乘起信論》、《現觀莊嚴論》（*Abhisamayālaṃkāra*）等，再讀如來藏諸經，如《如來藏經》（*Tathāgatagarbhasūtra*）、《不增不減經》（*Anūnatvapūrṇatvanirdeśa*）、《勝鬘經》（*Śrīmālādevi*）、《陀羅尼自在王經》（*Dhāraṇīśvararajasūtra*）等，凡三十餘經論，覺勒那摩提之譯有所未安，此未必為當年譯師口授而筆錄者用詞不當所致。因取西藏俄譯師智具慧（rNgog blo ldan shes rab）所譯之《大乘無上續論釋》（*Theg pa chen po rgyud bla ma'i bstan bcos kyi rnam par bshad pa*）為底本，比勘梵本及勒那摩提漢譯本，重行繙譯。（按，今已又據梵本重譯，二譯足供比對。）

譯事既畢，覺有餘義，故草成本文略作探討，未當之
處，尚希諸大德有以教我。所謂餘義者凡五——

1．漢土相傳，造《寶性論》者為堅慧（Sāramati），又
或疑為安慧（Sthiramati），而藏土一向相傳造論者為彌勒
菩薩，造釋論者為無著論師，此中關係重大，故應討論。

2．漢土相傳本論有二譯，一為勒那摩提
（Ratnamati），一為菩提留支 （Bodhiruci，又有譯作「菩提
流支」）。兩位譯師意見不合，於是地論宗乃裂為南北兩
派。地論宗說如來藏，影響所及，開展攝論宗及華嚴宗，
如是史實亦涉及如來藏思想，故應討論。

3．漢土佛家深受《大乘起信論》影響，「慈氏五論」
經俄譯師譯為藏文，對西藏亦生重大影響。《起信》說如
來藏，五論中《寶性論》亦說如來藏，二論見地關係對如
來藏思想的理解，故應討論。

4．漢土唯識家破如來藏，實破《起信》之「一心二
門」。而依如來藏建立之大乘止觀，實依次第由「瑜伽行唯
識」至「中觀」而至「大中觀」（瑜伽行中觀），此即為入
不二法門（不可思議法門）次第。因知如來藏思想與唯識
家之關係，實涉大乘止觀修習，故應討論。

5．由於西藏格魯派論典的傳入，漢土學者知中觀可分
為「自續派」與「應成派」，而不知甯瑪派判教，僅視此二
者為「粗品外中觀」，復建立「細品內大中觀」說如來藏。
格魯派雖主張「應成派」為了義，然於如來藏亦不破，而漢
土學者卻秉承格魯派之說以破如來藏，此中影響甚大。實則

破者對宗喀巴之說既未全知，抑且斷章取義，故應討論。

　　上來五項討論，皆與《寶性論》有關，故標題目曰《寶性論》五題。

第二節　造論者與釋論者

《寶性論》，勒那摩提所譯具名為《究竟一乘寶性論》。
然若據梵本原名，則為《分別寶性大乘無上續論》。

> 梵文題名依 E.H. Johnston 及 T. Chowdhury，他們根
> 據 H.W.Bailey 在中亞細亞發現的梵文斷片，以及
> Rahula Sāṃkṛtyāyana 在西藏發現的兩本梵文抄本，
> 整理成書，依抄本標題，定論名為 —— *The
> Ratnagotravibhāga Mahāyānottaratantraśāstra.*
> (Patna: Bihar Research Society, 1950)。
>
> 此有高崎直道英譯本及日譯本。英譯題名 *A Study
> on the Ratnagotravibhāga* (*Uttaratantra*). Serie
> Orientale Roma, vol. 33. (Rome: Is. M.E.O., 1966)，
> 其序文甚有參考價值；日譯本題名《寶性論》(東
> 京：講談社，1989)。

全論實分兩部份，一為根本論，一為釋論。根本論為
偈頌體，而釋論則為偈頌間以長行。

西藏《大藏經》有二譯本。題名為 *Theg pa chen po
rgyud bla ma'i bstan bcos* 者即為根本論；而題名為 *rnam pa
bshad pa* 者即為釋論。

前者應譯為《大乘無上續論》，後者可譯為《大乘無上續論
釋》。

> 此亦有英譯本及日譯本。英譯有二：1) E.
> Obermiller, *The Sublime Science of the Great Vehicle
> to Salvation, Being a Manual of Buddhist Monism: The*

Work of Ārya Maitreya with a Commentary by
Āryāsaṅga （Acta Orientalia, vol. IX, 1931）；2)
Ken and Katia Holmes, The Changeless Nature:
Mahayana Uttara Tantra Sastra by Arya Maitreya &
Acarya Asanga （Eskdalemuir: Karma Drubgyud
Darjay Ling, 1979）。日譯本有中村瑞隆《藏和対訳
究竟一乘寶性論研究》(東京：鈴木學術財団，1967)。

依西藏相傳，根本論為「慈氏五論」之一，故説為彌
勒菩薩所造；造釋論者則為聖無著論師（Āryāsaṇga），此
於藏地向無異説。

據 E.H. Johnston，中亞斷片亦以為根本論乃彌勒菩
薩所造，見 "A Fragment of the Uttaratantra in
Sanskrit", Bulletin of the School of Oriental Studies,
Vol. VIII （1935-37），pp. 77-83.

藏傳慈氏五論為 ——
《大乘莊嚴經論》（Mahāyānasūtrālaṃkāra）；
《辨中邊論》（Madhyāntavibhāga）；
《現觀莊嚴論》（Abhisamayālaṃkāra）；
《辨法法性論》(Dharmadharmatāvibhaṅga) 及本論。

漢傳五論則不取後三論，
而代之以《瑜伽師地論》（Yogācārabhūmi）；
《分別瑜伽論》（Yogācāravibhāga 已佚）；
及《金剛般若論》（Vajracchedikā-prajñāpāramitāśāstra）。
——《現觀莊嚴論》及《辨法法性論》古無漢譯，
而本論漢譯則不以造論者為彌勒，由是遂有此差異。

然而據漢土相傳，則謂造論者為堅慧，未提及誰造釋
論。唯勒那摩提所譯實已為本論與釋論之合譯，故已等於

將釋論亦歸於堅慧名下。

> 勒那譯本，《本教化品第一》所列即全為根本論偈頌，「本」者，即根本論或本論之意。後來刊本將此字刪去，或係未明原意之故。── 梵本及藏譯《大乘無上續論釋》均難分辨根本頌與釋頌，幸賴有勒那漢譯及藏譯根本論，分辨即不為難。

> 勒那摩提於北魏宣武帝永平四年（梁武帝天監十年，西元511年）於洛陽主譯事。而智昇《開元釋教錄》則謂「第二譯與菩提留支出者同本」，即指本論有異譯，此事下題即將論及。

> 說造論者為堅慧，乃華嚴三祖法藏（賢首國師）的說法。他在《大乘法界無差別論疏》（以下簡稱《論疏》）中，謂馬鳴、堅慧立「如來藏緣起宗」，復云 ──「堅慧菩薩者，梵名娑囉末底。......此是地上菩薩，於佛滅後七百年時，出中天竺大剎利種。...... 是故造《究竟一乘寶性論》及《法界無差別論》等。」（大正·四十四，no. 1838，頁63c）。

> 依「娑囉末底」對音，梵文應為 Sāramati。日本學者疑堅慧或即堅意，對音不合，只可存疑。

> 法藏的說法，應係據提雲般若（Devaprajñā）所言，因為他曾參與提雲般若的譯事（見《論疏》），而《大乘法界無差別論》則正由提雲般若譯出。

西藏「慈氏五論」的說法，實亦有其根據。《寶性論》的譯師為俄·智具慧（rNgog blo ldan shes rab，1059-1109）。據《青史》，謂俄譯師於迦薩彌羅隨智諦（Sañjana）學「慈氏五論」。且謂《辨法法性論》及《寶性論》其初並未流播，後來至尊慈護（Maitrīpa）見有一寶

塔於隙縫中放出光明，由是始覓出這兩本論典。他祈禱彌
勒菩薩，彌勒現身為其講授。慈護得法後傳與歡喜名稱
（Ānandakīrti），再傳智諦，由是廣弘，並傳入西藏。

> 見郭和卿譯，《青史》卷一（台北：華宇出版社，
> 1988）。參考 George N. Roerich, trans. *The Blue Annals*,
> （Delhi: Motilal Banarsidass, 1979），pp.347-348。

> 並參考劉立千譯《印藏佛教史》、《土觀宗派源流》
> （北京：民族出版社，2000）。

> 慈護於佛塔發現二論之說，或可視為如來藏思想在
> 印度曾一度消沈，若據多羅那他《印度佛教史》，
> 則謂從無著出世到法稱弘法，這一段「六莊嚴」
> （ṣaṭabharana，即龍樹、提婆、無著、世親、陳那、
> 法稱）住世時期，「有獲得密咒極大成就的諸師出
> 世，無上乘教法只在具緣者之間流傳。」（張建木譯
> 《印度佛教史》，四川：四川民族出版社，1988）此或即為其消
> 沈之故。蓋無上密乘所依即為如來藏思想。若只在
> 「具緣者之間流傳」，即難以廣弘。另一方面，瑜伽
> 行派自陳那以後，唯識學說一時成為主流，於是瑜
> 伽行古學亦非顯學，此即導致此二論失傳。

然則本論的造論者為誰？實在很難下定論。漢藏所說
皆有依據，而漢方說法且在先。

> 法藏為七世紀中葉時代的人；慈護則為十一世紀初
> 葉時人。

但是我們卻不能認為先出之說必屬真實，故不妨用學
術觀點來研究，看彌勒、堅慧兩位菩薩，誰更堪擔當造論
者的腳色。

　　漢土通途將彌勒視為傳出唯識學的菩薩，復認為龍樹中觀、無著唯識，這已經是牢不可破的觀念。唯識說「阿賴耶緣起」，與《寶性論》之說「如來藏緣起」彷如隔路，不可冥合。這是因為未傳入《現觀莊嚴論》與《辨法法性論》，而以《瑜伽師地論》為彌勒獨有的觀點，是故即有此評價彌勒與無著的成見。

　　至於堅慧，他有一篇《大乘法界無差別論》傳入漢土，此論且別名《如來藏論》，論點與《寶性論》似有相合，至少論題的主旨一致，因此既由法藏提出，便自然順理成章，將他視為《寶性論》的論主。

> 《大乘法界無差別論》有兩個譯本，皆題提雲般若譯，收《大正藏》，編號分別為 1626 及 1627。後者另有別題 —— 一名《如來藏論》。

　　不過，對於這固有的觀念，我們卻仍須審慎研究。首先，彌勒的著述非專談唯識。

> 如《現觀莊嚴論》即說般若。《辯中邊論》中雖用唯識名相，然於論中判別如何為中，如何為邊，理趣一如龍樹之說中道。至於《辨法法性論》，實說「如來藏藏識」，此皆足以證明瑜伽行古學實較唯識今學為廣。

　　其次，唯識與瑜伽行並非同義詞。唯識今學是理論，所以是一門學術；瑜伽行則是依心識修證的修學，所以是種種修習。

　　由是之故，唯識學雖包括在瑜伽行之內，但二者實非同義詞。在歷史上，雖有一段時期因陳那的學說成為顯

學，以至將「唯識」與「瑜伽行」二詞混用，但瑜伽行實
非專指唯識。

> 近代西方學術研究亦有不少論著提出應正視「瑜伽
> 行」與「唯識」的分別，而不應籠統視二者為同義
> 詞。參 John Makransky, *Buddhahood Embodied*
> (Albany: State University of New York Press, 1997)、
> Janice D. Wilis, trans. *On knowing Reality: The
> Tattvārtha Chapter of Asaṅga's "Bodhisattvabhūmi"*.
> New York: Columbia University Press, 1979。

此外，如密乘之「大瑜伽」（Mahāyoga）、「無比瑜伽」
（Anuyoga）、「無上瑜伽」（Atiyoga）等「瑜伽行者」，他們
雖不廢唯識，可是卻並未以唯識今學為修習見地的極限。

> 吉祥積（sKa ba dpal brtregs）在《見次第説示》
> （*lTa ba'i rim pa bshad pa*）中，有一頌云 ——

> **法相乘也〔有〕三種**
> **唯識師、瑜伽師**
> **以及經部中觀師**

> （見許明銀《吉祥積的「見次第説示」藏文本試譯》，民國八十二年
> 十二月，台灣圓光佛學研究所版）

> 將唯識師、瑜伽（行）師、經部（行）中觀師，三
> 者均列為「法相乘」，這即是因為三者所修，均為
> 外境與內識之間的交涉為起點，是故便名為「法相」
> （諸法的現象，現象界）。而行者的修習證量，即無
> 非是與諸法相應，而了知其實相。由是可見，將唯
> 識與瑜伽行等同，未免有點籠統。

> 又，此「經部中觀師」之「經部」實指般若經，而
> 非指小乘之經部。

　　由以上兩點可知，將彌勒菩薩歸為唯識宗，實不如將
他視為法相乘的瑜伽行派。這一點，在《現觀莊嚴論》（此
論先由法尊譯漢，後能海重譯，但改題《現證莊嚴論》）中表現得
更為清楚。

> 能海法師在拉薩依止康薩仁波卿，專學師子賢論師
> （Haribhadra）的《現證莊嚴論廣解》，一九六二年
> 於五台山講授，記有《現證莊嚴論清涼記》（上海：上
> 海佛學書局，1994）。

> 在《清涼記》中，標榜「自宗即大般若宗」（頁8），
> 未說為唯識；強調般若「理趣分」，唯關於此分的
> 修法則說失傳（頁10）；又說「《現證莊嚴論》主要
> 明法相次第，俗諦邊事，在各各法相上指示無生，
> 與大經合（按，大經即《般若波羅蜜多經》）。中觀論多明法
> 空，真諦邊事，遮止俗諦，令悟無生。」（頁11）如
> 是，即是以彌勒教法為瑜伽行中觀教法，雖入法相
> 乘而實非專主唯識。

　　吉祥積為吐蕃時期大譯師；《現證莊嚴論》的師子賢
釋論，則為後弘期以來的般若修習重要論典。西藏承接印
度佛學傳統，由八世紀中葉的吉祥積，至十一世紀的後弘
期，迢迢三百年，對彌勒菩薩的看法，終始未判之為唯識
宗。這種傳統，顯然並非西藏人自己的傳統。

　　所以對於無著論師，藏傳的看法亦不同漢土之唯視之
為唯識宗。

> 郭和卿譯《佛教史大寶藏論》（北京：民族出版社，1986）
> 有一段文字很值得注意（頁136）——

> 「無著菩薩不僅對慈氏五論錄出文字，復又著作開示

《現觀莊嚴論》、及般若教義的《抉擇分》、《大乘最
上要義論釋》，（按，此即《大乘無上續論釋》，亦即《寶性論》）
等……。略譯本的《明句釋》中說：阿闍黎無著雖證
得三地，然為了調伏世親起見，而開示唯識。」

這種說法，即並不以唯識師視無著，其所以說唯
識，實專為調伏世親而開演。這說法根據為月稱
（Candrakīrti）的《根本中觀明句釋》
（Mūlamadhyamaka-vṛttīprasannapada）。月稱的生卒
年代，約為西元600年至650年，是即於七世紀
初，印度論師便有這種看法。

　　依西藏格魯派（dGe lugs pa）所傳的「宗義學」（grub
mtha'），認為瑜伽行中觀的特點，即為主張「究竟一乘」。
勒那摩提將本論標題為《究竟一乘寶性論》，顯然是視本論
旨趣即為瑜伽行中觀的旨趣。這樣說來，視彌勒為造論
者，無著為釋論者，實在並非無稽的附會與依託。

貢卻亟美汪波（寶無畏dKon mchog 'jig med dbang
po 1728-1791）《宗義寶鬘》（Grub mtha' rin chen
phreng ba）第八章：〈說無體性的中觀宗〉，即謂
「究竟一乘」為瑜伽行中觀自續派的主張（陳玉蛟譯，
台北：法爾出版社，1988，頁99）。

所謂「究竟一乘」，即說聲聞、獨覺均可轉入菩薩
道（同前引書）。西藏佛教餘宗派，包括甯瑪
（rNying ma）、薩迦（Sa skya）、噶舉（bKa'
brgyud）、覺囊（Jo nang）等，都依循「瑜伽行中
觀」見地與修習的傳規，與格魯派改以中觀應成見
（Prāsaṅgika-Madhyamaka）為究竟見不同；他們雖
不同意格魯派宗義學中把「瑜伽行中觀」歸入「中
觀自續派」（Svatantrika-Madhyamaka），但寶無畏

以「究竟一乘」為「瑜伽行中觀」的主張,卻尚合「瑜伽行中觀」的傳規,以「瑜伽行中觀」實以如來藏為修證果,亦即以說「佛性」、「如來藏」、「一佛乘」等大乘經典為了義教說。依修習的層面而言,瑜伽行中觀亦特別強調發菩提心,以究竟圓滿菩提心亦即是如來藏的現證。

> 甯瑪派的「大圓滿」,初傳入西藏的五續,均用 byang chub sems(菩提心)為標題。(見拙作《六金剛句說略》,《內明》第278期、《慧炬》第382、383期)後出諸續始用「大圓滿」之名。由此可見,「大圓滿」實依菩提心為見地,而菩提心即是如來藏,以如來藏具足勝義、世俗兩種菩提心故。

> 堅慧的《大乘法界無差別論》,開頭一頌即曰 ——「稽首菩提心,能為勝方便。」此論實說如來藏,由此即可說明在印度論師心目中菩提心與如來藏實為「法異門」,即從不同角度而建立之同義詞。

由上來所述,筆者主張應該維持印藏諸論師的說法,以彌勒菩薩為造論者,無著論師為釋論者。

然則,為甚麼又有堅慧造論的說法呢?

筆者認為,目前所傳的《寶性論》,實曾經過堅慧的增補。因此提雲般若才會說為堅慧所造。提雲般若來自西域于闐國,很可能當時西域即傳本論為堅慧所造。

> 法藏根據提雲般若的說法,謂堅慧於佛寂後七百年出世(見前引《論疏》)。然而據玄奘《大唐西域記》卷十一,則謂德慧、堅慧二菩薩曾遊止伐臘毘國(Valabhī)。德慧的出生年代,與世親相約,因為據傳無著的弟子安慧(Sthiramati)亦為德慧的弟子

（見《成唯識論述記》卷一），因此，堅慧的出生年代頂多亦只能與世親相先後，即可能為西元五世紀末，上距提雲般若來華開譯場，或早二百年左右，即無論如何均比無著為晚。這樣，他才有增補《寶性論》的可能。

至於堅慧的見地，由《大乘法界無差別論》即可知。甚至還不妨說，《無差別論》受《寶性論》的影響很大。所以說他增補《寶性論》，至少不會有見地上的衝突。可是，我們有甚麼證據說堅慧增補過《寶性論》呢？

首先，我們證明《寶性論》經過增補，然後再提出堅慧增補的證據。

現在先談第一點——

由互相比勘可知，勒那摩提繙譯時所據的梵本，與晚近發現的梵文抄本及藏譯本均不同，而藏譯與梵文抄本則全同。所以我們可以說，勒那摩提所據的梵本，實為較早時期的流通本；而西藏俄譯師所據，則為後期的流通本。兩本相差三百餘年（以下分別簡稱二譯為「漢譯」與「藏譯」）。

它們的差別，不但根本論頌有所不同，即釋論偈頌亦有所不同（以下分別簡稱為「論頌」與「釋頌」）。

現在先談論頌的差異。

詳細差異，筆者於重譯時已作校勘，見「校勘記」。如今且大略而談。

漢譯實為《無上續論》與《無上續論釋》的二合一。其卷一即是根本論，而卷二以下則為釋論。原則上，釋論

應全部包含論頌，可是就漢譯本身比較，情形卻並不如此。下表即示其數目差異——

	論頌	釋論中的論頌
本教化品第一	18頌	全缺
本佛寶品第二	4頌	4頌
本法寶品第三	4頌	4頌
本僧寶品第四	6頌	6頌
本如來藏品第五	26頌	26頌
本煩惱纏品第六	60頌	6頌
本為何義説品第七	4頌	4頌
本菩提品第八	26頌	26頌
本功德品第九	38頌	38頌（唯次第不同）
本佛業品第十	73頌	7頌
本校信品第十一	41頌	41頌

此中相異最大的為第六品及第十品。因為在第六品中，論頌説如來藏九喻諸頌，於釋論中全缺；第十品中，論頌説譬喻者亦全缺。

可是若跟藏譯比較（今傳梵本同），則所缺譬喻諸頌在釋論中大致上齊備。它們的數量共有一百二十頌之多。

這種情形可作下來解釋——

原來的論頌本無説譬喻的一百二十頌，所以造釋論的

人才自造釋頌，用以解說種種譬喻。可是後來有人在根本論中加入一百二十頌，解釋所作譬喻，若光讀根本論，只覺得合理，可是若將之拼入釋論，便會嫌其重複。所以儘管根本論中多此一百二十頌，而釋論則未改變，未將此一百二十頌收入譯論之內。——勒那摩提當時所據的梵本，情形即應如此，是為早期梵本的流傳狀態。

到了後來，卻有人覺得釋論中未包含全部論頌，有點不妥，因此便加以編次，將所缺論頌全部依次第排列收入釋論，卻刪去若干意義太過重複的釋頌（所刪其實不多，見筆者《校勘記》）。——俄譯師當時所據的梵本即是如此，是為後期梵本的流傳狀態。

假如這說法成立的話，那麼，《寶性論》實在經過兩次改動，一為增補，一為編次。增補一百二十頌的人，可能即是堅慧；而編成後期梵本形式的人，則可能是慈護。

> 俄譯師智具慧所據的梵本，為慈護所傳，見前說。
> 既然他所據者為編次整理本，則編次的人自然可能
> 是初傳此本的慈護。

然而堅慧實亦同時增補過釋論。證據是，其中有些釋頌與他所造的《法界無差別論》同義。可以舉出一些例子來比較（以下簡稱「堅慧頌」及「釋頌」）——

> 法身眾生中　本無差別相
> 無作無初盡　亦無有染濁（堅慧頌，依提雲般若譯）
> 知世間寂淨　故能如實見
> 心淨故能證　煩惱本來無（釋頌，依拙梵本新譯）

　　煩惱性相離　　空彼客煩惱

　　淨法常相應　　不空無垢法（堅慧頌）

　　過失似客塵　　本性應功德

　　本初及後際　　法性不變異（釋頌）

　　三昧總持法　　甘雨隨時降

　　一切諸善苗　　因此而生長（堅慧頌）

　　具智與悲虛空住　　滅與不滅無所執

　　禪定總持無垢水　　佛云清淨穀物因（釋頌）

　　以上略舉三例，可見二者同一意趣。故可說此等釋頌
有可能為堅慧增入。

> 或曰：為甚麼不說堅慧造《法界無差別論》時移用
> 釋論中的一些偈頌呢？

> 答曰：將這些相同的偈頌從釋論中抽去，並不影響
> 釋論的涵義，因為別有一些釋頌已涵蓋了這些意
> 義。只是加入這些偈頌後，意思更加明確而已。

> 且堅慧的《無差別論》與《寶性論》同義之處甚
> 多，加以比較即知，因此堅慧增補釋論亦是很自然
> 的事，甚至很可能是先作增補然後始自行造論。蓋
> 堅慧之論實可視為《寶性論》的節本。

　　由是後期《寶性論》傳本，可說為──彌勒造論；無
著釋論；堅慧增補；慈護編次。此即今傳梵本，亦即藏譯
之所據。

　　至於漢譯所據早期梵本，只未經慈護編次，而已經堅
慧增補。

　　再就慈護於佛塔中見光明而取得本論及《辨法法性論》
的傳說來看，則早期梵本流傳實已沈寂，至慈護後，其編
次本始廣泛流行。

　　上來所言，或多出於懸解，但若就《寶性論》傳播史
實而言，此懸解未可說為無據。若將來發現更多文獻資
料，相信此懸解或可成為定說。

第三節 勒那摩提與菩提留支

漢傳《寶性論》為勒那摩提所譯，然而唐智昇《開元釋教錄》卷六，卻有異說，謂菩提留支另有譯本。

> 《開元釋教錄》記勒那摩提譯事云 ── 《究竟一乘寶性論》四卷。夾註：亦云《寶性分別大乘增上論》（「大」原誤為「七」）。或三卷、或五卷。於趙欣宅〔譯〕出。見《寶唱錄》。第二譯與菩提留支出者同本。

> 其後又記菩提留支譯事云 ── 《寶性論》四卷。夾註：或五卷。初出與寶意出者同本。已上並見《長房錄》及《內典錄》。（大正‧五十五，no. 2154，頁540a至541b；此云寶意，即勒那摩提。）

> 復記：勒那摩提於洛陽開譯場，沙門僧朗、覺意、侍中崔光等筆受。「當翻經日於洛陽殿內，菩提留支傳本，伏陀扇多參助」，可是後來三位譯師以意見不合，竟至不相往來，於是宣武帝便命他們各自翻譯。「所以《法華》、《寶積》、《寶性》等論各有二部耳。」（大正‧五十五，頁540b）

如上所記，似覺混亂，既云後來各自翻譯，何以勒那的「第二譯」竟又會跟菩提流支「同本」？然則今傳的譯本，到底是第一譯抑第二譯？

其實這記載混亂很容易弄清。所謂第一譯，應即指今本卷一，亦即根本論；第二譯，則為今本卷二以下，亦即釋論。這樣說來，即根本論為勒那摩提獨力繙譯，釋論則跟菩提留支合作繙譯（所謂「同本」）。

在《大唐內典錄》中，亦有同樣的記載。記菩提留支譯《寶性論》四卷；復記勒那摩提譯《究竟一乘寶性論》四卷。且云：「初菩提流支助傳，後相爭別譯」。（大正・五十五，no. 2149，頁269c）

> 此明記勒那摩提所譯為四卷本，菩提留支所譯亦為四卷本，應即今本卷二至卷五。至於卷一，則必為二人相爭之後，勒那摩提復自行譯出根本論，以求取勝菩提留支。釋論部份雖說是二人合譯，分手之後，勒那摩提亦一定據己意改動譯筆。

至於兩位譯師的相爭，不在於繙譯《寶性論》，而實在繙《十地經論》之時。後來各自翻譯，乃成兩本，由光統律師據梵本將之合而為一，即今傳譯本。

> 法藏《華嚴經探玄記》卷一：又，世親菩薩造《十地論》，偏釋〈十地〉一品（按，即《華嚴經・十地品》），魏朝勒那三藏及菩提留支於洛陽各翻一本，光統律師自解梵文，令二三藏對御和會，合成一本，現傳者是。（大正・三十五，no. 1733，頁122b）

然則二人相爭之點到底如何？則一向未見有明文記述，於《探玄記》中只微露消息。

> 同上記云：一、後魏菩提留支立一音教，謂一切聖教唯是如來一圓音教，但隨根異，故分種種，如經一雨所潤等。又經云：佛以一音演說法，眾生隨類各得解等。……　三、後魏光統律師承習佛陀三藏，立三種教，謂漸、頓、圓。（大正・三十五，no. 1733，頁110c）

這位光統律師所承習的佛陀三藏，當即為起初在洛

陽殿內合作譯經的伏陀扇多（Buddhaśānta），即佛
陀扇多，意譯佛定或覺定。

大概當時三位譯師意見不合，唯以勒那及菩提二人爭
得厲害，而伏陀則較溫和。

《探玄記》中所說的「一音教」（一圓音教），即是「究竟
一乘」。當然跟伏陀扇多的三乘教不合。可是關於勒那摩提
的觀點，《探玄記》卻隻字未說。然而由其將《寶性論》
題名為《究竟一乘寶性論》，則可窺知他亦屬於瑜伽行中觀
派，主張究竟一乘。所以他們兩人的相爭，是瑜伽行中觀
派的派內爭異。

瑜伽行中觀對於如何認識心識體性這一問題上卻有岐
異，是故分為兩派，一為「隨順真相唯識」，一為「隨順假
相唯識」。至於「隨順假相唯識」，又分為兩派，一為「隨
順有垢假相唯識」，一為「隨順無垢假相唯識」。

> 格魯派的宗義學，將「瑜伽行中觀」歸入「中觀自
> 續派」，復定義「瑜伽行中觀自續派」為「**主張有**
> **自證分而不承認外境的中觀宗**」（依陳玉蛟譯貢卻亟美法
> 波著《宗義寶鬘》，台北：法爾出版社，1988年），復謂──
>
> > 瑜伽行中觀自續派又分二支：一、隨順真相
> > 唯識的中觀派（rnam-bden-pa dang mthun-pa'i
> > dbu-ma），〔二、〕隨順假相唯識的中觀派
> > （rnam-brdzun-pa dang mthun-pa'i dbu ma）。前
> > 者如：寂護、蓮花戒、聖解脫軍。後者如：
> > 師子賢論師、傑大里、喇瓦巴。其中，傑大
> > 里隨順「有垢假相唯識派」，喇瓦巴隨順「無
> > 垢假相唯識派」。（陳玉蛟上揭譯著，頁96-97）

然而這安立卻與教法史不符。概言之：一）於印度佛學，「應成」（Prāsaṅgika）與「自續」（Svātantrika）僅為月稱（Candrakīrti）與清辯（Bhāvaviveka）兩位中觀師的不同論辯方式，而非中觀的兩個宗派。藏傳佛教亦直至十四世紀才開始把中觀宗分成「應成」與「自續」二派，然「瑜伽行中觀」卻最遲於八世紀已於印度成立，是故納「瑜伽行中觀」為「中觀自續派」的一個分支，即不符史實（有關西藏宗義學自八世紀至十四世紀的發展，參邵頌雄撰不敗尊者（Mi pham rgya mtsho）《決定寶燈》（Nges shes rin po che'i sgron me）的導論，香港：密乘佛學會，2002）；二）所謂「假相」與「真相」，實指瑜伽行派「古學」與陳那以後「今學」二者所指的宗見。「假相」的梵文為nirākāra（或譯「無相」、「虛相」），「真相」的梵文為sākāra（或譯「有相」、「實相」）。依據日本學者沖和史的研究，「無相唯識論的理論，是認為知覺相是『非實在』的並且是『虛偽』的。……惟有絕對不會被排斥的『心的光輝』才是真實的」，而於真相唯相，則主張一切心識「知覺相」都是「不能夠否定的『實在』」。（見李世傑譯《唯識思想》（台北：華宇出版社，1985）第六章）。這亦即如敦珠法王所言——

> 實相派認為，眼識緣青色時，青色如實顯現為青色；假相派則認為青色顯現之類一切法，於外境或心識中皆無實體，故較實相派稍勝，以此實許除識外別無其他實法，因無明習氣增益，心識無明始污染及執著諸顯現。（見拙譯《四部宗義要略》，收拙《大中觀論集》頁216-265。）

因此，「假相派」與「真相派」的分別，其

實亦即是瑜伽行派中承許「如來藏」抑或
「唯識」為自宗了義見的分別，亦即是安慧與
護法唯識學說的分野。因此，《宗義寶鬘》
中謂寂護、蓮花戒等隨順真相唯識，而獅子
賢等隨順假相唯識，實無根據，且與此等論
師的著作中所許的宗見不合。

假相唯識的「無垢派」與「有垢派」，分別在於心性有
無污染。若認為當心緣外境之時，心識雖起妄執，而心性
卻不受污染者，為「無垢派」；反之，若認為心性受污染
者，為「有垢派」。

然則，勒那與菩提二人，到底在宗義上屬於那方面的
相爭呢？

據道宣《續高僧傳》卷七，因二人的爭論，以致「地
論宗」分成南北兩派。承勒那摩提之說者為「相州南
道」；承菩提留支之說者為「相州北道」。

南道的傳人為慧光，即前面提過的光統律師，他起初跟
伏陀扇多出家，後來改宗勒那摩提；北道的傳人則為道寵。

「相州北道」派的著作，已全部佚失，然依南道派門下
的著作可知，南道以傳習《涅槃》、《維摩》、《勝鬘》等
經為主，故知其主張如來藏；北道主《攝大乘論》其後與
真諦建立的攝論宗合併。由是推斷，勒那摩提屬於「隨順
假相唯識無垢派」的瑜伽行中觀；而菩提留支則屬於「隨
順假相唯識有垢派」。

隨順假相唯識無垢派者，說如來藏為自性清淨心；
隨順假相唯識有垢派者，認為心性可受污染，故亦

着重阿賴耶緣起，即一切法皆依阿賴耶而緣生。

這樣一來，於譯《寶性論》時當然有衝突。蓋本論實說自性清淨心，而非說阿賴耶，勒那豈能隨順菩提留支？

關於勒那摩提，雖未見其著述，然若據其門下南道派諸師的著作來看，則可見勒那所傳的如來藏思想，雖為隨順假相唯識無垢派的瑜伽行中觀，唯卻屬「他空」見，即以如來藏為實有的本體，且說眾生生而具足自性清淨如來藏。

> 南道派的慧遠，在《大乘義章》(卷三)中說八識，謂阿賴耶識有八名：藏識、聖識、第一義識、淨識、真識、真如識、家識、本識，故說阿賴耶為「真常淨識」。(大正・四十四，no. 1851，頁524。)

> 由是即可見勒那所傳，實為一切法空，而自性清淨如來藏則不空。說為不空，以真常故。因此慧遠說：「阿梨耶者，此方正翻，名為無沒。」此語有二義：無沒故真、無沒故常。因此便說其體性無可破、無所立。

> 慧遠於《大乘義章》復云 ——「真〔識〕中分二，一、阿摩羅識，此云無垢，亦曰本淨，就真論真，真體常淨，故曰無垢，此猶是前心真如門；二、阿梨耶識，此云無沒，即前真心，隨妄流轉，體無失壞，故曰無沒」(大正・四十四，頁530b)；此所謂「真識」者，慧遠說即「所謂第八如來藏心」(頁638b)。「體不失壞」自為真常。

> 然而既立「第八如來藏」，立刻就引起了修道的問題。因為只能說成是無明與真如互相熏習，即無明熏真如而成染，真如熏無明而成淨。這說法當然受

到唯識家的反對，因為唯識說種子熏習，《起信》
若未立種子，自不能說熏習；至於說阿賴耶識卻說
到心之體性無可破、無所立，那是對如來藏「不增
不減」的誤解，亦非中觀家所可同意。── 此二點
將另題詳說。

復次，說阿賴耶為無沒識，生死不失沒，無誤，可是
當說阿賴耶即自性清淨心時，謂其生死不失沒，則
誤，這樣一來，便即等於說如來藏生而即便具足。

釋迦說眾生都有如來藏，非謂如來藏為實體，亦非謂
其生而即具有，只是說如來心識。

《如來藏經》云 ──「佛見眾生如來藏已，欲令開
敷為說經法，除滅煩惱，顯現佛性。」

又云 ──「以善方便隨應說法，滅除煩惱，開佛知
見。」

復云 ──「故以方便如應說法，令除煩惱淨一切
智，於世間為最正覺。」（依佛陀跋陀羅譯，大正・十六，
no. 666，頁457-458）

如是等等，釋尊反覆宣示，除滅煩惱後的心性始名
為佛性、佛知見、一切智，此即是如來藏。

所以如來藏並非本體 ── 絕不是有一本體名如來藏
（自性清淨心）為煩惱所纏，可是本體卻不受污染。

質言之，如來藏只是心識不受煩惱污染時的狀態；
受污染的狀態則名為阿賴耶識（藏識）。《楞伽》說
「如來藏藏識」，即是此意，因為眾生心識可呈現為
如來藏的境界（如修深止觀的菩薩），亦可呈現為藏識的
境界（如凡夫心識）。然而，藏識之所以形成，則實為
如來藏的自顯現。以如來藏為智境，可說為佛的法

身，法身以大悲周遍故自顯現為一切界的識境，因
此，凡夫的識境實為智境的自顯現。故便統名之為
「如來藏藏識」。（詳見本書〈如來藏體性與觀修 ——《入楞伽
經》與《寶性論》合論〉）

這個意趣，於《大集大虛空藏菩薩所問經》卷第八
中，說得很清楚。經云 ——「夫心者是緣生法，譬
如染纈，或處受色或處不受。有情心所（有情的心識狀
態）亦復如是，或起煩惱或復不起。……菩薩由證此
法門，不為一切諸煩惱之所污染，亦不思惟此清淨
法，以不思故，則滅一切尋伺緣慮，證清淨性；由
證清淨，則超魔境；以超魔境，則安住佛境；以住
佛境，則超有情境入不動法界；以入不動清淨法
界，則入平等無差別境，則名一切智智。」（依不空
譯，大正・十三，no. 404，頁643b）

所以一切只是境界（狀態）：魔境、佛境、有情境、
不動法界、平等無差別境、一切智智皆是。故經中
但言「境」，而未說之為體。

復次，《勝鬘經》中亦云 ——

> 「世尊，若復過於恆沙如來菩提智所應斷法，
> 一切皆是無明住地所持、所建立。譬如一切
> 種子皆依地生，建立增長。」（依求那跋陀羅譯，
> 大正・十二，no. 353，頁220b）

這即是說，煩惱依習氣（無明住地）而建立。所以若
知習氣無自性，則其所持所建立的煩惱亦無自性。
以無自性故，即實不能污染心識。—— 說為「自性
清淨心」，即基於此。但「自性清淨心」亦無自
性，此已見前引《虛空藏經》說。

經復云 ——「如來藏者，是如來境界。」（同前引，頁
221b）

說為「境界」，即是佛的智境。因此釋尊實從未說
過如來藏是真實的本體。

又云 ——「斷、脫、異、外有為法依持建立者是如
來藏。」(同前引‧222b)

所謂「斷脫異外」，即是如來藏這種智境不為有為
法作依持建立，亦即不受煩惱所染，不執一切由因
緣生起的有為法為實有。如是種種，皆未嘗說之為
真實本體。

是故我們只能說，眾生皆生而具足心識不受污染的
功能 (能起不受污染的智境)，此即「眾生皆有如來藏」
之意。非謂有一真實本體，為眾生具有。

此如《不增不減經》云 ——

> 「舍利弗，即此法身，離一切世間煩惱使纏，
> 過一切苦，離一切煩惱垢，得淨、得清淨，
> 往於彼岸清淨法中，到一切眾生所願之地，
> 於一切境界中究竟通達，更無勝者。離一切
> 障、離一切礙，於一切法中得自在力，名為
> 如來應正遍知。」(依菩提流支譯，大正‧十六，no.
> 668，頁467b)

心識不為所染，便即是「離」；心識有所超越，便
即是「過」；心識不執一切境界 (如苦樂等)，便即是
「究竟通達」。是故說為「離一切障、離一切礙，於
一切法中得自在力」。這很顯然即指佛的智境。

可是勒那摩提則執如來藏為真實本體，且視之為生而
具有，所以在繙譯《寶性論》時，便時有用詞不當之處。

試略舉數例 ——

1《佛寶品第二》：「佛體無前際……」。譯為「佛體」不當。梵文 buddhatva，藏譯 sangs rgyas nyid，是「佛性」義，非指佛之本體。

2《法寶品第三》：「愚癡凡夫不如實知、不如實見一實性界。」此「一實性界」，於梵文為 eka-dhātu，藏譯作 khams gcig，直譯為「一界」或「一性」，指如來藏，故可意譯為「一如界」。若譯為「一實性界」，則已誤認為真實本體。

3 同上：「以不取相故，能見實性。如是實性，諸佛如來平等證知。」第一個「實性」，梵文作 bhūta，藏譯為 yang dag pa。實指「真實」。第二個「實性」，梵文作 dharma，即「法」。若依梵藏本，此句應譯為——「以不見如是相與因，即能見本有，故如來圓滿證知一切法平等。」依勒那譯，則易誤解如來藏為佛證知的「實性」。

4《身轉清淨成菩提品第八》：「向說轉身實體清淨……」。此句完全離開梵藏本文義。梵藏本於本句實云「如來性於圓滿清淨境界中極清淨見無差別性相」，無「轉身實體」之意。

如是略舉數例，即可知勒那摩提執如來藏為實體。由是影響及地論南道派，從而影響及華嚴宗。

視自性清淨心為實體，是《大乘起信論》的觀點，地論師及華嚴師皆受其影響。與對《寶性論》的誤解一旦合流，於是「一心」便被視為真常，入「他空」見。

例如慧遠，在《大乘起信論義疏》卷上之上中言——「心真如者是第九識，全是真，故名心真如；心生滅者是第八識隨緣成妄，攝體從用，攝在心中生

滅。」（大正・四十四，no. 1843，頁179）

此即說「一心二門」。然而卻將如來藏視為第八識之
所依，是心真如門；第七識有生滅心，是心生滅
門。（同上・卷上之下）於是第八識便變成空不空，由是
《大乘義章》說「眾生自實如來藏性，出生大覺與佛
為本」（大正・四十四，頁472a）。明言如來藏「實性」。

類似的情形在西藏亦曾出現，即主張「他空」（gzhan
stong）的覺囊派（Jo nang pa）。此派後來受到西藏各派的
評破，而破之最力者則為宗喀巴大士。大士用應成派說破
「他空」，且視應成說為了義。連帶所及，凡主如來藏說的
學派都受到懷疑，例如甯瑪派的「大圓滿」。──「大圓滿」
以如來藏為「大中觀」，為了義；應成派仍屬不了義。

見敦珠法王〈中觀宗宗義〉，英譯收 The Nyingma
School of Tibetan Buddhism （Boston: Wisdom
Publications, 1991），頁 169-177：拙譯發表於《內
明》第257期；收入《四法寶鬘》附錄。

又參劉立千譯《土觀宗派源流》及 S.K.Hookham,
The Buddha Within. （Albany: State University of New
York Press, 1991）。

宗喀巴大士及格魯派學者的論著，經法尊譯師迻譯傳
入漢土，印順法師即受其影響，判「真常唯心」為不了
義，其破，亦恰如格魯派之破「他空」。

於《中觀今論》中，印順法師指出：「真常者則說
妄心也空，而清淨本體不空。」（頁261）此即破「他
空」。

然而如來藏實非本體「真常」。依甯瑪派所傳，自俱生

喜金剛 （dGa' rab rdo rje） 以來，諸續僅以如來藏為本智
境界，不視之為真常本體。故離「自空」（rang stong）、
「他空」（gzhan stong），稱為「了義大中觀」（nges don la
dbu ma chen po），此即不受格魯派之所破。勒那摩提所持
為他空見，由是其所譯《寶性論》亦時有他空派色彩。

　　關於自空及他空、離邊、了義大中觀的問題，將另題
討論。此處僅就兩位譯師的爭論所涉及見地問題，點出此
中關鍵。

第四節　《起信論》與他空派

清末民初之交，日本學者松本文三郎、望月信亨、村上專精等，發動考證《起信論》的風潮，認為此非馬鳴菩薩所造，實為「支那撰述」。反對者則有常盤大定、羽溪了諦，雙方激戰，前後糾纏十八年。

其後我國學者亦發起討論。

故友張曼濤於其所編《現代佛教學術叢刊》第三十五冊之〈編輯旨趣〉中，綜述此次論戰云——

由梁啟超首先發難，理論大致與望月信亨相似，否認《起信》是馬鳴的著作，不僅否定是馬鳴的，也否定是印度的，他認為是梁陳間中國人的著作，當然他的立場雖是否定，但對《起信》的價值仍是肯定的，肯定是中國人一本最了不起的佛學著作。可是到了南京支那內學院一派的手裡，則問題更加嚴重了，他們認為《起信》不僅不是馬鳴的東西，且不是佛教的東西，而詆為附法外道的，這就是從唯識立場，而對《起信》所作的最嚴厲的批判。為反對此立場，起而替《起信》作辯護的，便是太虛、章太炎、唐大圓等此一派……此一辯論，一直到了五十年代仍有迴波盪漾，此即虛大師的後人印順法師作的《起信平議》，和歐陽（竟無）門下的呂澂所發表的《起信與禪》。印順法師的「平議」……他從大乘佛法三系中來抉擇《起信》乃是佛教的，不過屬於真常唯心，與虛妄唯

> 識的立場不同而已，因而平定了內學院派的
> 強烈反《起信》的意見。不過到呂澂的《起
> 信與禪》，以其代表內學院一派的意見來說，
> 則也可說是緩和多了。他的看法是，現在流
> 通的《起信》乃是禪家對於舊本的改作，思
> 想內容則與《楞伽經》有關。……

　　初時中日雙方學者的討論，都未留意及西藏方面的論著。後來法尊法師迻譯了一些格魯派的論典過來，說「中觀應成派」義，然後才有印順法師的著述，判《起信》為「真常唯心」。然而印順法師卻未提到西藏的中觀學派有「大中觀」一派，而此派又分為「了義」、「離邊」與「他空」三家，分別以甯瑪派（rNying ma pa）薩迦派（Sa skya pa）及覺囊派（Jo nang pa）為代表。

　　以是之故，印順法師研究「如來藏」思想便欠全面。他以《起信論》的思想概括如來藏思想，更根據勒那摩提的《寶性論》譯本及用之來理解如來藏系列經典，由是判「如來藏」為「真常唯心」，乃佛不了義說。這一批判，實在動搖了華嚴、天台、禪宗的地位。因為他們的理論，都以如來藏思想為基礎。

　　參考印順法師《印度佛教思想史》、《如來藏之研究》等（台北：正聞出版社）。

　　過去由於格魯派主自空的影響，「他空」論典幾同禁書，近年情勢改異，噶舉派一些喇嘛公開在歐美宣揚「他空見」，加上中國大陸於四川、青海一帶調查覺囊派寺院，且迻譯該派文獻，於是關於他空派種種便所知漸多，不限於由批判文字來加以瞭解。如是知西藏大中觀他空派，便

即是印度的隨順真相唯識瑜伽行中觀師的他空派，亦即勒那摩提的一派。

值得參考的書籍計有——

蒲文成、拉毛扎西著，《覺囊派通論》(西寧：青海人民出版社，1993)；許得存，〈川青兩省藏區覺囊派寺院調查〉，收《世界宗教研究》第二期（1991）；許得存，〈多布巴及其《山法了義海論》〉，收《中國藏學》第二期（1992）；許得存，〈覺囊派他空思想淺論〉，收《西藏研究》第一期（1993）；許得存，〈藏傳佛教「自空」、「他空」思想評析〉，收《佛學研究》第四期（1994）；許得存譯，阿旺洛追扎巴著《覺囊派教法史》(拉薩：西藏人民出版社，1993)；劉立千，《藏傳佛教各派教義及密宗漫談》(北京：民族出版社，2000)；S.K. Hookham, *The Buddha Within*（Albany: State University of New York Press, 1991）；Kenpo Tsultrim Gyamtso, *Progressive Stages of Meditation on Emptiness*（Stephen Zangmo, trans.）（Oxford: Longchen Foundation, 1986）；Cyrus Stearn, *The Buddha from Dolpo*（Albany: State University of New York Press, 1999）

可惜這些論著未有比較漢土華嚴、天台與藏傳覺囊派「他空思想」之異同，亦本論及甯瑪派「大圓滿」的「了義大中觀」見與覺囊派「他空大中觀」的差別。

照覺囊派所言，「自空」為不了義，「他空」始為了義。他們將源頭追溯到龍樹。謂龍樹所造「理聚六論」說自空不了義，唯於「讚頌集」則說他空了義。

「理聚六論」即《中觀論》、《寶鬘論》、《迴諍論》、《七十空性論》、《精研論》及《六十頌如理論》。

「讚頌集」即指《四讚頌》(*Catuḥstava*)，包括《出
世間讚》(*Lokātītastava*)、《無等讚》
(*Niraupamyastava*)、《不思議讚》(*Acintyastava*)
及《勝義讚》(*Paramārthastava*)。《四讚頌》仍有
梵本傳世。參 Chr. Lindtner, *Master of Wisdom*
(Berkerley: Dharma Publishing, 1997)，頁 158-171 及
236-247。

然而他們更尊崇無著，認為「慈氏五論」皆說他空
見。由是亦說世親論師為他空派。不過最值得注意的是，
據上揭《覺囊派教法史》，於世親之後的印度傳承即為「恆
河彌底尊者」。此即前曾提及的慈護。《覺囊派教法史》說
他「恢復了從很早以前泯滅的微妙難解的大仙〔善〕道，使
如來經藏格言獅子之巨大聲音重新響起。」

> 此句在《覺囊派通論》中則作：「當精深難證的大
> 善道如來藏善說獅子言長期泯滅後，復由剛噶麥智
> 重新弘顯廣大。」—— 此中剛噶麥智即「彌底」
> (Maitrīpa) 之異譯。

> 這一點非常重要。慈護的生年為西元 1007 年（依
> S.K. Hookham 引），若云在他以前「如來藏善說獅
> 子言」已「長期泯滅」，那即是說，於唯識興起之
> 後，如來藏思想在印度曾有一段時期受忽視。而所
> 謂見佛塔光明發現《寶性論》、《辨法法性論》，則
> 為中興如來藏思想的傳說。

不過覺囊派的說法卻有兩點值得討論：第一，在世親
至慈護這段期間（暫定為西元四世紀末至十一世紀初），漢土的
如來藏思想正逐漸開出燦爛的花朵，尤其是七世紀時，華
嚴思想大成，此實由於如來藏經論陸續譯出之故，足見這

派系其實並未「泯滅」，否則何以尚有譯師會傳譯這一系列
經典？

　第二，慈護所傳實非只限於「他空見」。

　關於第一點，近代歐美學者已注意到漢土地論宗、華
嚴宗及天台宗的如來藏思想，且有學者認為極可能由於中
印交通而傳回印度，因而影響到印度學者的思想，發展而
成為「他空派」。

> 見 S.K. Hookham 及其所引資料。又可參考日本學者
> 高崎直道的有關論著提到華嚴三祖法藏的如來藏思
> 想。（法藏的思想，繼承《起信》及《大乘法界無差別論》，屬他
> 空見。）

> 此外，傳說唐玄奘法師曾應西域的要求，譯《起信》
> 為梵文，反哺印度。此未知是否屬實？然亦可見當
> 時漢地的如來藏思想確曾對印度發生過一些影響。

　關於第二點卻須詳述。據《青史》，由慈護所傳下來的
《寶性論》實分二派，一為俄派，即俄・智具慧（rNgog blo
ldan shes rab, 1059-1109）所傳；一為贊派（bsTan lugs），
即贊・喀沃且 （bsTan Kha bo che, 1026-?）。此中俄派屬離
邊大中觀，而贊派則為他空見大中觀，故喀沃且亦被視為
覺囊派傳承祖師，列為「顯教他空傳承」的第八位。

> 有關「他空大中觀」的傳承表，參 S.K. Hookham 上
> 揭書，頁 152-153。

> 《覺囊派教法史》以無著為第一位傳承祖師。且說
> 「彌勒法是從究竟佛義、不退還了義教法著成的，
> 非常明確地提出了他空大中觀的見修。無著論師掌
> 握了彌勒佛的全部精神……」（頁5-6）。這說法，唯識

學者當然不會同意，可是甯瑪派卻不完全反對這個
說法（以下即將論及此點），這就是因為甯瑪派認
可俄譯師的「離邊」觀點，而俄譯師則跟贊派同一
師承，彼此在理論總有點淵源。

為甚麼同一師承卻有兩種不同的見地呢？如據《青
史》，則知俄譯師為智諦的親傳。喀沃且則因不通梵
語，而由智諦的弟子歡喜金剛（dGa ba'i rdo rje）傳
授 —— 這位歡喜金剛是西藏人，曾回西藏傳他空見
的密法，後來又返回迦濕彌羅。（見《教法史》）

或曰：歡喜金剛既為智諦的弟子，那麼即使由他傳
授，亦不應與師說有異。

這便正是問題關鍵之所在了。

原來印度密乘論師的傳授，一向分「經說部」
（bshad rgyud）與「成就部」（grub rgyud）兩個傳
承。俄譯師得自智諦者為「經說部」，歡喜金剛得
自智諦者則為「成就部」，二者可見地不同。

這可以舉岡波巴（sGam po pa, 1079-1153）為例 ——

岡波巴為慈護尊者傳下來的嫡系，兼領大手印修
習、《寶性論》教授及修習三部傳承。（比較起
來，俄譯師則只得《寶性論》教授傳承、喀沃且則
得《寶性論》修習傳承。見 S. K. Hookham 引西藏
所傳的傳承系統表：pp.152-153.）

在《青史》第八輯中說：「〔岡波巴〕對合乎密宗法
器諸人則示方便道，對雖未能灌頂然而合般若波羅
蜜多法器諸人，則傳播大手印教授……」（郭和卿上揭譯
書，第二卷，頁92）—— 此中所謂「方便道」即大手印
修習，須經灌頂始予教授，而大手印教授僅屬見地
教授（據續部所說之見地），故不須灌頂。

關於這規矩，可從《青史》、布頓（Bu ston）《佛教
史大寶藏論》等西藏史書得知。而且可以說，此傳
統一直保存至今日，迄未改變。

因此關於智諦所傳，開為兩種不同見地，便亦可以
瞭解。此實分為方便道的「大手印修習」，及般若
波羅蜜多的「大手印教授」二系。此即分續部、修
部。若依 S.K.Hookham 所說，則岡波巴的教授，
「經說部」依離邊見，「成就部」依他空見。以不
同見地作不同教授，乃屬傳統。

現在回過頭來，看此系上世的傳授，俄譯師所得者
既為「經說部」，自然屬於離邊見，而喀沃且既由
習「成就部」的歡喜金剛傳授，因此所得的便是他
空見。

《寶性論》的兩派傳承，見地岐異，一般人或許會覺得
奇怪，但實際上即是見、修兩部的見地不同，卻是很平常
的事。

例如甯瑪派的九乘次第，每一次第即有一次第的見
地。而下一次第的「果」（證量），即成為修習上一次第的
「基」（見）。

見 H.H. Dudjom Rinpoche, *The Nyingma School of
Tibetan Buddhism*，說九乘差別部份。筆者於《四法
寶鬘》導讀中亦有詳細說明。（收《佛家經論導讀叢書》，
台北：全佛出版社。）

蓋以實際修習而言，行者根本不可能持「離邊」或
「了義」大中觀而下手。所以甯瑪巴教授的大圓滿「加行」
（sbyor ba），由執我而漸修至無我，其次第即已統攝小乘說

一切有部、經量部、唯識、中觀、他空見大中觀、離邊見大中觀等，而最後的「直指教授」（ngo sprod），才示之以大中觀了義見。並不是因「大圓滿」以了義大中觀為見地，便全部修習都根據這見地來修。

如是，我們可以說覺囊派的「他空見」，實與甯瑪派、噶舉派同源，只是他們執着「他空」為了義，反認為「自空」、「離邊」、「了義」為不了義，恰與甯瑪派的觀點相反。甯瑪派僅視「他空」為加行中一次第的見地，行者須憑直指「了義」始能證「大圓滿」。

> 有關甯瑪派對「他空大中觀」的抉擇，可參考不敗尊者（Mi pham rgya mtsho）《獅子吼廣說他空》（*gZhan stong khas len seng ge'i nga ro*）。此有 John Pettit 的英譯本，收其 *Beacon of Certainty*（Boston: Wisdom Publications, 1999），頁 415-427。

> 據《青史》第六輯，俄譯師曾說過這樣的話：「此如來藏雖說為勝義諦，然而勝義諦不僅不是文字言說和了知的真實境，就連貪欲之境也不是。」（引自郭和卿上揭譯著）

> 這段說話，是針對阿闍梨帕巴（Acārya phyā-pa），因為帕巴雖承認「遮止諸有法為實有」即勝義諦，卻亦許文字言說所了知分別的決定為勝義（參 G.N. Roerich, *The Blue Annals*），而俄譯師卻謂勝義諦非文字語言所可表達判別，蓋此乃諸佛內自證境界。由是可知俄譯師所傳者，為離邊大中觀見，亦與甯瑪派的了義大中觀無違。

> 因此覺囊派的說法 —— 他空見為佛三轉法輪所說，為了義，即無著所傳彌勒「慈氏五論」的見地。後

來傳授中斷,復經慈護傳授。而因曾中斷之故,才
有不了義的自空見及唯識見流傳。這說法顯然便只
是為本派見地找立足點。

覺囊派的他空見,該派大師篤浦巴(Dol po pa Shes
rab rgyal tshan 智幢, 1292-1361)在《了義海論》中說得很
清楚,謂阿賴耶識有識、智二分。此即與《起信》之一心
二門合拍。識分即「心生滅門」;智分即「心真如門」。

《了義海論》說──

> 一切諸法實相,勝義諦是常恆堅固不變的。含藏識
> 有識、智二分,此屬智分,復是勝義法性的三寶周
> 遍一切情器世間,是界覺性無差別的天眾,此與如
> 來藏本具種性,四續部所說的百部諸尊等,皆同一
> 意趣。(據劉立千譯《土觀宗派源流》引,北京:民族出版社,
> 2000年,頁117)

既然覺囊派的他空見淵源有自,為印度彌勒學派的傳
承,因此就不能說《起信》為中國人的著作,而應當認為是
印度順瑜伽行中觀派之中,持他空見的論師所造。由此論在
漢土激起波瀾壯闊的華嚴、天台思想,尋且影響及禪宗,又
或由漢土反過來影響印度,再傳入西藏而成為一大門派,因
此我們對於如來藏的他空見實不宜輕視,不可僅據格魯派的
批評即視之為「惡見」。蓋於道次第中依他空見而修止觀,
實無過失,問題只在於行者尚須於所現證的真如境界中,次
第盡離真如相與證智相的執着,始能究竟圓證無上正等正
覺。若認中觀應成派為了義,大中觀他空見為不了義,甚或
為「惡見」,便有可能影響實際的止觀修習。

宗喀巴大士破覺囊派後,有魄力建立自己的道次第

　　　── 包括顯乘的「菩提道次第」、密乘的「密咒道
　　次第」，是故對修習止觀不生破壞。若破而不立，
　　甚至如有些學者對如來藏思想加以輕蔑，則在修持
　　上可謂影響甚大。

　　因此我們須了知，《起信》及覺囊派的見地，並不代
表全部如來藏思想。而他們的見地，若於修習層面來看亦
非錯誤，蓋亦為「道次第」中一次第修習之所依。

　　至於唯識家及應成派是否能破如來藏，將於下二題中
分別討論。

第五節　如來藏與唯識

唯識家破如來藏，實破其「他空見」，然於如來藏思想的核心則實未嘗破。

何謂如來藏思想的核心？

如來藏思想實即「瑜伽行中觀」之所依。唯此派卻可分為二，一為「隨順假相唯識」。一為「隨順真相唯識」。前者說「如來藏緣起」，後者視如來藏即阿賴耶識，故說「阿賴耶緣起」。然而，「隨順假相唯識」復分無垢派及有垢派，此如前述漢土地論宗之二派，前者相當於隨順勒那摩提的「相州南道派」，後者相當於隨順菩提留支的「相州北道派」。

此名為「隨順假相唯識無垢派瑜伽行中觀」者，實無非為後世研究宗義的學者所立名，甯瑪派則名之為「大中觀」（dbu ma chen po）。此乃用以簡別中觀自續、應成二派，蓋以此二派但說中觀外義，自宗則說內義。

然而大中觀亦分三派。一視「他空見」為了義，如覺囊派；一視「離邊見」為了義，如薩迦派及噶舉派；一視「極無所住」而「大悲周遍」為了義，如甯瑪派。

> 「自空見」不入「大中觀」，為外中觀自續派及應成派之所依，皆不主如來藏。於藏土，此為格魯派所依止，唯卻判自續派為不了義，應成派為了義。

如是說，唯了義見大中觀為如來藏思想的核心，他空見僅為其外殼。

　　　　因修習時的道次第亦依「他空」為一次第，故不説
　　　　為誤，只説此次第非為究竟，故説為外殼。

　　藏土格魯派破「他空見」大中觀，依中觀應成義而
破，如宗喀巴大士及其傳人，此將於下題討論。漢土破
《起信》者則用唯識義，如歐陽竟無大師及其支那內學院
派。本題即就其所破而論述。

　　　　主要參考二文——

　　　　歐陽漸，〈抉擇五法談正智〉(此為《唯識抉擇談》中之一
　　　　分)。

　　　　王恩洋，〈大乘起信論料簡〉。

　　　　二文收入張曼濤編《現代佛教學術叢刊》第三十五
　　　　冊。(以下簡稱《叢刊》)

　　漢土唯識家當時不知西藏有覺囊派的「他空見大中
觀」，故乃據傳為馬鳴菩薩造的《大乘起信論》而破。此論
所據，實即「他空見大中觀」，此可用覺囊派篤浦巴大師的
《了義海論》(*Ri chos nges don rgya mtso*) 比較而知。

　　　　漢文資料可參考許得存譯《覺囊派教法史》附錄多
　　　　羅那他尊者 (Tāranātha) 著的《金剛乘密法概論》
　　　　與《中觀他空思想要論》。由前者，更可瞭解「他
　　　　空見」為道次第中一次第修習之所依的説法。

　　歐陽竟無否定《起信論》的「真如緣起」，是就其總體
而破。他的説法是——

　　「真如體義，不可説種，能熏所熏，都無其事。」此即
謂真如非如種子，具有能熏、所熏的作用。因此「《起信論》
不立染淨種子，而言熏習起用，其熏習義亦不成。」如是

「真如緣起」即便不能成立。

這是堅守唯識家的立場來作抉擇。蓋唯識家認為唯阿賴耶識的種子才能起熏習之用，真如既非種子，即不成熏習，如是便亦不成緣起。

當時跟唯識家辯難諸大德，承認「真如體義」（真如是實有的本體），因此便只能解釋為甚麼不立種子亦可說「染淨熏習」（如唐大圓〈起信論解惑〉，收《叢刊》）。

可是他們卻離唯識而另立熏習義。如唐大圓即言——

「真如淨法實無於染，但以無明而熏習故，則有染相；無明染法實無淨業，但以真如而熏習故，則有淨用。」

「知非有漏種子熏生無漏，但以有漏現行違反無漏淨法，斯名因無明熏而有染相也；亦非無漏種子熏生有漏，但以無漏現行違反有漏染法，斯名因真如熏而有淨用也。」（同上揭文）

他避開「種子熏習」而說「現行熏習」，即謂有漏現行、無漏現行所起的染淨即是熏習。然而現行所熏者即是種子，若不立種子，則「無明熏」、「真如熏」者，所熏究為何耶？故此說不足以動搖唯識家的觀點。

王恩洋之所破，則別別而破，他先將《起信論》要義綜合，表列如次：

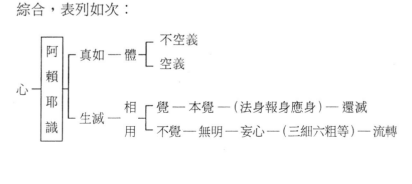

　　然後乃綜論之曰 ——「如是則此論所云之真如，為一實物，其性是常，其性是一。以其常故，性恆不變；以其一故，遍一切法；以為實物故，能轉變生起一切法，而一切法皆此真如之現象及與作用。」

　　　　常惺〈大乘起信論料簡駁議〉則謂王恩洋理解有誤。真如非常一、真如非能生一切法之實物。然此二義正為王恩洋的觀點。只不過王恩洋認為《起信》說真如常一、能生一切法，而常惺則謂《起信》中的真如非是此義。然則是亦未能破王恩洋也，蓋王恩洋所據，乃向來的說法，如法藏等。因此常惺非破王恩洋，乃破法藏、慧遠等古德，彼等視《起信》所說「心真如者，即一法界大總相法門體」之真如為真常。

　　　　然而後來的印順法師於〈起信平議〉中，亦判《起信》為「真常」，此即同王恩洋之所論。他們的分別，僅在於王恩洋視「真常」為外道，印順則判如來藏為佛家的「真常唯心論」。是則常惺亦應破印順。

　　　　以上所引，均見《叢刊》同冊。

　　若「心真如」為真常，能生一切法，則正受王恩洋所破。

　　　　王恩洋的「料簡」說 ——

　　　　一者、佛法所云真如無實體，而是諸法空性。此則謂真如即體，而是諸法本質。

　　　　二者、佛法真如都無有用，性非能生，不生萬法，但以有萬法故，而真如之理即存。而此則謂真如能

生，生起萬法，以有真如故，而萬法起。

三者、佛法云真如非以一常住之體故，諸法依之而有生滅，但以諸法生滅無常故，而顯此無常之常性，名之曰真如。此則以有一真如常住之實體故，諸法隨之而生滅。

復次，《起信》所說之「一心」，即如來藏。

> 慧遠《大乘起信論義疏》：「於一心中絕言離緣為第九識，隨緣變轉為第八識。」（大正・四十四，no. 1843，頁179。）

此以「心真如」為第九識；「心生滅」為第八識，統攝於「一心」，如是即《勝鬘》所云「如是如來法身不離煩惱藏名如來藏。」

復云：「彼《勝鬘經》宣說二識，一者空如來藏，謂諸煩惱空無自實；二者不空如來藏，謂過恆沙一切佛法。」此即如覺囊派，但立「他空」，所空者即為煩惱污染，而「圓成實善逝藏者，任何時候自性都不空。」（多羅那他《中觀他空思想要論》，引文依許得存譯《覺囊派教法史》附錄，頁300）

是故《起信》所說既為常一實體，說如來藏便當亦為實體。由是唯識家遂亦依此而破如來藏。

> 如呂澂〈起信與禪——對於大乘起信論來歷的探討〉，即云：「《起信》理論的重心可說是放在「如來藏緣起」上面的，而首先要解決的即是如來藏和藏識的同異問題。這些原來也是《楞伽》的主題。但原本《楞伽》是將如來藏和藏識看成一個實體。」（同上《叢刊》）

謂《楞伽》將如來藏及藏識看成為實體，乃呂澂之

誤解。若依甯瑪派説，「如來藏藏識」無非只是心
識境界。有情心識於受污染時，此心識境界即名藏
識；若不受污染，心識境界即名如來藏。視為境
界，即非實體。

勒那摩提所譯的《寶性論》，確有視如來藏為實體的傾
向，由是便易引起誤會。

如印順法師於《如來藏之研究》中，談到「轉
依」，即引《寶性論》中的一段——

「實體者，向説如來藏不離煩惱障所纏，以遠離諸
煩惱，轉身得清淨。」

由是印順法師説：「菩提的自性（實體），是如來
藏的轉依得清淨……。」（頁221）

實際上梵藏本皆説——

「自性清淨，離一切煩惱藏。世尊，過於恆河不離
不脱不異不思議佛法，成就説如來法身。世尊，如
是如來法身不離煩惱藏，名如來藏。」

只説「自性」（svabhāva），未説為「實體」，亦未説
「轉身」。印順法師顯然是受誤導，才會在「菩提的
自性」下註「實體」二字。難怪他會判如來藏思想
為「真常唯心」。

蓋若如來藏或「心真如」為實體，則不能成立「真如
能生萬法」的緣起，亦無所謂「轉依」。不能成為緣起，以
違緣生法平等故。

王恩洋於同上揭文中云：「今汝真如能生萬法，萬
法從真如生，而真如不從餘生，真如但能生而非是
所生，真如性常一萬法非常一。有如是等之不平

等,是不平等因。因既不平等,則汝真如與諸外
道、梵天、上帝、時力、自然、世性、我等有何差
別?」

不成轉依,以熏習義不成故,且體用相違故。

熏習不成,已見前引。

體用相違,則如王恩洋所云:「復次,如此論(指
《起信》)中所云真如自體,從本已來性自滿足一切功
德。又云一切凡夫、聲聞、緣覺、菩薩、諸佛,無
有增減,無生無滅,畢竟常恆等。體既如是,用亦
應然。所生諸法應同一清淨相,如何得有凡聖三
乘、善惡業果、世出世間諸法差別?」

然若不視如來藏為實體,則不受唯識家所破。

王恩洋「料簡」三點,皆據真如為常一實體而破,
故若視如來藏僅為離煩惱藏(不受煩惱藏所纏、所染)的
心識狀態(境界),則其「料簡」不成。

心識含容萬法,以萬法皆由心識生,此即唯識所
云:諸法由心識變現,萬法不離識之義。非為實
體,即不能說之為「不平等因」。

如來藏既為境界,故可轉依。轉依的意思,是說轉
捨煩惱而依清淨,此僅為心境的變化,故可不說熏
習,由是亦不必建立種子。

故對於如來藏思想,他空見視如來藏為不空的實體,
乃受唯識家以「緣生」義破。若不視為實體,僅視為心清
淨相,則與唯識家所立「緣生」義無違,以非一心二門,
故不受破。

甯瑪派的了義大中觀,說如來藏智境自顯現而成藏識

識境，斯為如來藏思想的正見。以此見地，修大圓滿法，
證解脫果。然加行修習卻依次第各有基道果，此則絕不可
籠統。

> 許多人常常誤會，一派立何見地，則其修習亦必須
> 全依此見地。此實不明「道次第」之意。既有修道
> 次第，則自有次第見地，豈能以一見地高高在上，
> 籠罩全部次第修習耶？

> 故蓮花生大士於《空行教授》云：「以見下達，令
> 行趨上。」此即雖有了義抉擇見，然仍須次第向下
> 建立抉擇見，令行人得依次第而觀修，依次第得決
> 定見而次第向上現證。

第六節　如來藏與中觀

佛教傳入西藏初期，有兩件事對西藏佛學發生深遠影響。一為漢僧摩訶衍與印度蓮花戒（Kamalaśīla）論諍失敗；一為譯師智軍（Ye shes sde）著《見差別》（*lTa ba'i khyad par*）判教。

摩訶衍與蓮花戒的論諍，法國學者戴密微（Paul Demiéville 1894-1979）有詳細論述，影響所及是令西藏佛家畏談禪宗。尤其是後起的格魯派，對摩訶衍的指責可謂聲色俱厲。

> 宗喀巴大士在《菩提道次第廣論》(上士道・奢摩他章)
> 說：「〔《解深密經》〕宣說毘缽舍那是觀察慧，最極
> 明顯無可抵賴，傳說支那堪布 (按，即摩訶衍) 見已，
> 謗云：『此是經否不得而知。』用足踏毀。因彼妄
> 計一切分別皆執實相，要棄觀慧全不作意，乃為修
> 習甚深法義，不順此經，故用足踏毀。現見多有隨
> 此派者。」(法尊法師譯文)

> 這是對摩訶衍所傳禪法的指責，同時亦旁及甯瑪派
> 的「大圓滿」、噶舉派的「大手印」、薩迦派的「道
> 果」。

> 後來宗喀巴的弟子克主傑（mKhas grub rje 1385-
> 1438），在《宗喀巴秘密傳記》中，索性指斥摩訶
> 衍的主張為「畜生修法」。

至於智軍著《見差別》唯許中觀見，而視唯識論者為不了義，影響所及，西藏便很少學者專門研究唯識，而「瑜伽行中觀派」的學者則佔盡優勢。智軍的判教實基於實

修觀點來作判教，而着重實修（瑜伽行）亦正是智軍所屬
為瑜伽行中觀派的特色。

> 參考許明銀《智軍的〈見差別〉蕃本試譯》(上、中二
> 篇收台北《東方宗教研究》，1991及1993兩期；下篇收《圓光佛學
> 學報》第五期，2000年)

　　在這兩重影響之下，西藏學者研究「如來藏思想」便
遠比研究唯識為盛，甚至可以說唯識家在西藏簡直不成氣
候。甯瑪派、噶舉派、薩迦派，無不以如來藏作為見地，
更無論受格魯派嚴厲批判的覺囊派了。

　　為甚麼如來藏思想會受到這般重視呢？

　　第一，印度大師傳來的止觀修法，為瑜伽行中觀派的
修法，而如來藏思想恰為此派的見地。

> 這一點，參看甯瑪派大圓滿諸續、噶舉派的大手印
> 諸續、薩迦派的《道果》即可知。其中薩迦派對如
> 來藏的看法，格魯派把他說得很含糊。如《土觀宗
> 派源流》云：「文殊怙主薩班和絨敦等諸大德，皆
> 以中觀自續見為主；仁達瓦尊者又是持中觀應成派
> 見。釋迦勝初尚中觀，中持唯識，後執覺囊派見，
> 其餘還有很多人以大圓滿見為殊勝者......。」這樣
> 說，主要是因為童慧大師（仁達瓦 Red mda ba gzhon
> nu blo gros, 1348-1412） 即是宗喀巴主要上師之一。
> 但既說「還有很多人以大圓滿見為殊勝」，則可見如
> 來藏思想仍為此派的主流。

　　第二，後弘期的繙譯，重視如來藏系列的經論。尤其
是俄譯師所傳，影響絕大。

> 參《青史》及《佛教史大寶藏論》。

其實這兩點因素也可以説是相輔相成，由是便令到如
來藏思想成為西藏佛教的主流。這情形到了宗喀巴才有所
改變。

不過，宗喀巴始終重視《寶性論》，他本人雖未註釋此
論，然而卻指定弟子必須學習。他的大弟子傑曹巴（盛寶
Rgyal tshab Dar ma rin chen, 1364-1423）所註的《寶性論釋》
（*Theg pa chen po rgyud bla ma'i ṭīkā*），即為格魯派的重要典籍。

此中後弘期的繙譯引入「慈氏五論」，實在影響深遠。
當宗喀巴十六歲離鄉到衛藏求法時，他的上師頓珠仁欽撰
偈頌送行，其中即有指示他如何理解此五論的偈頌。

據《宗喀巴評傳》（班班多杰著，北京：京華社，1995）

格魯派對《寶性論》中所説的如來藏，可用克主傑的
説法為代表，以明其見地。彼許有情心識中有如來藏，然
卻不許如來藏即佛法身（佛自性身）。許如來藏與佛法身同
屬無為、非有、常恆堅固而住，卻不許如來藏具足實性。
此可視為據「中觀應成派」而建立的如來藏思想。

參 David Seyfort Ruegg, "On the dGe-lugs-pa Theory
of the Tathāgatagarbha," 收 *Prajñāpāramitā and
Related Systems, Studies in Honor of Edward Conze*
(L. Lancaster, ed.) Pratidanam, 1968；拙譯克主傑
（mKhas grub rje）《密續部總建立廣釋》（*Rgyud sde
spyi'i rnam par gzag pa rgyas par brjod*）（收《佛家經論
導讀叢書》）

關於如來藏，最大問題是如何用空性理論來解釋。蓋
諸宗派無一不認許空性，然則如來藏到底是空抑或不空，

則成諍論的焦點。

> 覺囊派認為如來藏不空，不但如來藏不空，即一切
> 法所具真如實性亦不空。所須空者為污染如來藏的
> 客塵煩惱，以及由分別心所假立、用名言表示的虛
> 妄相。因此所空者為事物真實本體外的「他」，亦
> 即外加於本體的虛妄分別。由是說為「他空」。這
> 個觀點，恰恰便是《起信論》的觀點，是故覺囊派
> 便可依附印度論師中「隨順假相唯識無垢派」持他
> 空見者的觀點，謂無著、世親、陳那、安慧皆說他
> 空見。（參考多羅那他《他空思想要論》，見《覺囊派教法史》附
> 錄）

宗喀巴在《菩提道次第廣論》的「毗鉢舍那章」中，
說有三種空性見，一者太過，二者不及，三者即為其自
宗。如是安立三種見地，實欲盡破當時西藏各宗派的空性
見而建立自宗。

這個問題牽涉太廣，必須詳說。

我們先看宗喀巴大士的說法。

> 大士的說法見於《菩提道次第廣論》，本應徵引，然
> 而篇幅太廣。印順法師於《中觀今論》（正聞版）曾節
> 錄其說法，則得其精髓，今引述如次（見第九章）。

> 「太過派主張一切法性空，空能破一切法，從色乃至
> 涅槃、菩提無不能破，此為宗喀巴所不許。破壞緣
> 起法，即是抹煞現象，是不正確的。」（頁184）

> 「不及派……此派以為無自性空的空性，即所破的自
> 性，含義有三差別：一非由因緣所生；二時位無
> 變；三不待他立。觀一切法的自性不可得，即是破

除於一切法上含此三種錯誤的自性見。依此觀察，
可證悟勝義空性，得到解脫。宗喀巴評此為不及
者，以為他所說的『不由因緣所生』為不及，即沒
有徹底破除微細的自性見。」(頁186)

「《廣論》中於破太過與不及後，提出自宗的正見，
即是月稱論師的思想，稱為應成派。應成派以為：
緣起法即是空的，空是不破壞緣起的。承認一切法
空，即假有法也不承認有自相，與自續派的不及不
同；雖承認一切法空而不許破緣起，故又與太過派
不同。」(頁189)

然而宗喀巴弟子傑曹巴於《寶性論釋》中，復說謂對
《寶性論》有兩種錯誤見地，一者不理解空性的世俗諦；二
者誤認空性為可由智證的實有本體，如「瑜伽行唯心論
者」。這就即是「太過」與「不及」。因此，「太過」實指
大中觀，此中包括甯瑪、薩迦、噶舉等派在內，因為格魯
派認為，他們所說的大中觀破壞緣起法，他們說勝義諦
「離緣起」，如來藏亦離緣起；至於不及派，則指唯識師與
他空派，未提到自續師。

印順法師據宗喀巴之說，立為三宗 —— 虛妄唯識、
性空唯名、真常唯心。此中虛妄唯識為「不及」，
真常唯心為「太過」。他說 (見《中觀今論》)：

「唯識者可說是不空假名論師。《瑜伽論》等反對
一切法性空……主張依實立假，以一切法空為不了
義。」(頁190) —— 是故他即判之為宗喀巴大士所說
的「不及」。

「真常者自以為是『空過來的』……不空妙有者，本
質是破壞緣起法的，他們在形而上的本體上建立一

切法。迷真起妄，不變隨緣，破相顯性，都是此宗的妙論。所以要走此路者，以既承認緣起性空，即不能如唯識者立不空的緣起。以為空是破一切的，也不能如中觀者於即空的緣起成立如幻有。但事實上不能不建立，故不能不在自以為『空過來』後，於妙有的真如法性中成立一切法。此派對於空，也還是了解得不夠。因為空而不得其中，太過了，以致無法成立一切，這才轉過身來，從妙有上安身立命，依舊是自性真實不空。」（頁190-191）—— 是故他即判之為宗喀巴大士所説的「太過」。

印順法師説「真常唯心」為「太過」，顯然跟傑曹巴所説的不同。印順是針對漢土對《起信》、《楞伽》、《勝鬘》的見地而説。即指説如來藏為不空的諸宗派。這樣，覺囊派的他空見當然亦包括在內，因為此派的見地，恰如漢土對《起信論》的傳統見地。然而傑曹巴卻判他空見為「不及」，這是由於漢藏二地的歷史背景不同，導致印順誤解宗喀巴之所指，故其所判亦便不合宗喀巴的原意。宗喀巴所針對的「大中觀」，顯然非印順法師所知，所以他才會説「不空妙有者，本質是破壞緣起法的。」（頁191）用以附會宗大士之所説。

因此若依印順法師所判，則甯瑪、薩迦、噶舉派等所持的如來藏思想，實未包括在三宗任何一宗之內。其所判只觸及華嚴及天台的見地。若依傑曹巴所判，則凡説如來藏者，不是「太過」，便是「不及」，前者即甯瑪、薩迦、噶舉等派，後者即覺囊派。故知其所針對者，實為主張「大中觀」的一切派系，如是成立「應成派」為了義的説法，作為安立自宗的根據。

我們可將傑曹巴及印順法師之所破立，表列比較 ——

傑曹巴的破立

破 ┬── 太過：甯瑪、薩迦、噶舉派等「大中觀」
  └── 不及：唯識派、他空派

立 ──── 中觀應成派

印順之所破立

破 ┬── 太過：真常唯心（他空派）
  └── 不及：虛妄唯識（唯識派）

立 ──── 性空唯名（中觀應成派）

此中傑曹巴之所破，顯然比印順所破為廣，因為他之說為「不及」者，已包括「真常唯心」及「虛妄唯識」者在內。蓋傑曹巴很直接，他空即是真常，即是所空有所不及，無須如印順法師那樣，說他們要「*轉過身來，從妙有上安身立命*」建立真常。

所以，印順法師的三系判教雖源自格魯派，但實與格魯派不合，這是因為他於作三系判教時，僅看過法尊法師一些未發表的格魯派論著，並未全面理解格魯派為建立自宗而作的判教。

然而宗喀巴的說法，卻引起甯瑪派及薩迦派的反駁。到了近代，即格魯派學者亦不完全同意他的理論。

格魯派學者格敦・法吉祥（dGe 'dun chos 'phel，1905-1951）於拉薩教授中觀時，批評宗喀巴的空性

見為「斷見」。他的說法，給他一個學生紀錄下來，寫成論文，題為《中道甚深義善說論・龍樹見鬘》（*dBu ma'i zab gdal snying por dril bai legs bshad klu sgrub dgongs rgyan, Zla ba bzang po*）。這篇論著流傳後引起軒然大波。於1947年，格敦敦・法吉祥被西藏政府以親漢人的罪名逮捕。這篇論著後來於1950年正式出版，格敦・法吉祥則於一九四九年被釋。——見 Jeffrey Hopkins 在 *Tibetan Arts of Love*（Snow Lion, 1992）。

甯瑪派的不敗尊者（Mi pham 'Jam dbyangs rnam rgyal rgya mtsho, 1846-1912）在《寶性論至尊彌勒教法義理》（*Theg pa chen po rgyud bla ma'i bstan bcos kyi mchan 'grel mi pham zhal lung*）中，解釋為甚麼甯瑪派的大中觀見實為正見。這即是對宗喀巴大士破為「太過」的答辯。

尊者據《不增不減經》，說欲於如來藏中去除那已存在的煩惱，實不應理，蓋於如來藏中實無一法可減；亦不可能加以任何新設施的德性，蓋於如來藏中實無一法可增。

然而煩惱卻與如來藏不同。煩惱可以藉空性見而遮遣，如來藏本體雖空，卻不可遮遣，因為如來藏與十力四無畏等佛的德性常俱，如日與光明常俱。一切佛的德性不可說之為空無，因此如來藏雖具空性，卻不能用空性見遮遣其法爾德性。

不敗尊者在此解釋，為甚麼說如來藏可說為「空」與「不空」而無過失（同時亦遮撥他空見，此處將不論）。

宗喀巴於《菩提道次第廣論》中破「太過」，實破大中觀之謂「覺性法爾而現，故離因果」（引敦珠法王

《中觀宗宗義》語），以其離緣起為不應理。不敗尊者則
解釋煩惱藏為緣起法，如來藏則法爾而具佛的德性
（如日法爾而具光明），既為法爾，故不能說為緣起法。
因此大中觀實不同撥一切法皆無因果的外道。

不敗尊者只是答辯，並未非難宗喀巴大士的見地。薩
迦派的學者則不同了。此派學者福德獅子（bSod nams
Seng ge, 1429-1489），在《見辨別論》（*lTa ba'i shan 'byed*）
中，將中觀見分為三類：一者以常邊為中，如覺囊派的篤
浦巴；二者以斷邊為中，如宗喀巴；三者以離邊為中，如
自宗。

他將此三類中觀見判別如下 ——

以常邊為中者認為：空性有二，一為自性空，一為
他性空。遍計所執性與依他起性是世俗諦，如夢幻
等，即自性空；法性則為圓成實性，為勝義諦，故
非自性空，僅污染法性的有為法（遍計所執與依他起性）
為空，故圓成實性為他空。

以斷邊為中者認為：依正理觀察時，以空性否定一
切法，且以否定為真實，此絕對否定，即為勝義
諦，亦是諸法的究竟實相。

以離邊為中者認為：「中」即說離有無、是非等一
切邊，故邊執非捨不可。可是卻不能空言離邊，必
須先否定被執為真實的那個客體，然後才能離否定
之邊。例如必須否定對「二」的執着，然後才能否
定對「非二」的執着。—— 然而於否定之後，若執
着於空，則落斷見。

所以判宗喀巴的中觀見為斷見，乃說其執空以為真
實。福德獅子且謂自己的說法，是日稱譯師（Pa tshab Nyi

ma grags 1055-?） 以來，以至童慧大師的見解。日稱是將
月稱 （Candrakīrti） 論著迻譯為藏文的大譯師，月稱的中
觀見，即宗喀巴大士稱為「應成派」的見地；童慧大師又
為教授宗喀巴中觀的上師，福德獅子將他們提出來，分明
是有意為難宗喀巴。

> 宗喀巴其實已對被指為「斷見」作出辯解，他在
> 《菩提道次第廣論》中有一段說話──

> 「由了諸法悉皆無我，一切法貪無餘永盡，豈於少
> 法見少可求或相可緣，故唯無我是無第二寂靜之
> 門。是故《菩提資糧論》云：『無自性故空，是空
> 取何相，遣一切相故，智者取何願。』此將經說三
> 解脫門（按：三解脫門為空、無相、無願），與此
> 處說唯性空見一解脫門，斷相違失，以教理成為此
> 解脫門。斷性之境何須更破，以證彼者即能對治二
> 我相執，於彼全無相執氣故。若於如此分別亦見過
> 患，善惡分別悉破除者，顯然欲樹支那堪布所遺教
> 規。」（依法尊法師譯文）。

> 這番說話的主旨，即謂經雖說有三解脫門，而唯空
> 解脫門最勝，為對治執着的善分別。若連空的境界
> （斷性之境）都認為不應分別，那就是依從摩訶衍的主
> 張，不作任何分別。

在這裡，彼此相諍之點實在於 ── 當以空性來對治人
我、法我二執時，這種分別是否即屬墮入邊見？福德獅子
認為若執空為實以對治，此即屬邊見；而宗喀巴則認為成
立這樣的善分別不算邊見，否則即是「全無分別」，亦即是
摩訶衍的遺規。

　　福德獅子反駁宗喀巴大士，措詞嚴厲，他說，如果將摩訶衍的主張，跟蓮花戒所主張的離邊中觀混淆，實為被魔所迷的說法。

　　他並且指責宗喀巴，當他跟童慧大師學中觀時，亦主張離邊中觀，後來他接觸烏瑪巴喇嘛（dBu ma pa，即精進獅子 brTson 'grus seng ge），烏瑪巴替他請來文殊菩薩，於會見文殊之後，他才有這樣的主張。這就暗示他所會見的文殊，實在是魔。

> 　　據《至尊宗喀巴傳》，宗喀巴曾多次會見文殊，頭一次會見「係由烏瑪巴作譯師，宗喀巴大師作為問法者 …… 他問至尊文殊：『現在我的正見，應成和自續兩派中，屬於何一種？』文殊說：『任何一派也不是。』由於那時宗喀巴大師的心中，仍然是承認『一無所有』（任何也沒有）以及任何都不可取執的見解。」（郭和卿譯，台北：福智之聲出版社，1993年，頁157-158）
>
> 　　由這段傳說，的確可以說宗喀巴自會見文殊之後，才懷疑離邊中觀，而確立執取應成派的見地。
>
> 　　福德獅子的指責，即據此而言。所以他說：「只執着空為真實，而否定非有非無的離戲論見，這一派，是烏瑪巴喇嘛藉文殊顯示的學說，與至尊聖龍樹之說相違。」

　　然而平實而言，福德獅子判宗喀巴為「斷邊」，主要是從理論立場出發，而非着重由修習立場出發。蓋薩迦派的「道果」建立「三現分」——不清淨現分、覺受現分、清淨現分，於實修時即是覺受現分，此際亦須依以空性分別以

除虛妄戲論。

所以西藏甯瑪、薩迦兩派，及部份噶舉派行者，以「非空非不空」說如來藏，實未落真常邊，以其非他空故。因此宗喀巴便只能破覺囊派及部份噶舉派行者的他空見如來藏。

離分別、離戲論、離邊見以說如來藏，則如來藏並非本體，故不落空與不空的範疇之內。如來藏只是能自顯現識境的智境。當心識起不受識境污染的功能時，如實現證本具之智境，那就稱之為如來藏（佛及八地以上菩薩的境界）。── 與此相對者則為藏識（阿賴耶識），此則為心識起受污染的功能，顯污染相（凡夫的心識狀態）。

> 茲引敦珠法王於《中觀宗宗義》的一段說話，以明其義。

> 「故云真實亦有兩種，此即本來真實之本覺，所生之法爾根本智真實，及依禪定生起之根本智真實。前者超越世俗，為法爾根本智或根本識，此由自體本覺智而可了知勝義真實。」

> 此中視為真實者，只是根本智，此即不同《起信》及覺囊派，執真常而他空。由是即不宜將甯瑪等派所依的《寶性論》，因說如來藏，即視之等同《起信》。

> 宗喀巴顯然明白這點，所以他對甯瑪派的大圓滿等置（見《土觀宗派源流》中所說）。因大中觀見無可否定，然修習時若先落見地，便反容易陷入「無分別見」的執着，此即摩訶衍的缺失。有此流弊，故亦不肯定。

是故持平而言，筆者小結論諍如下 ——

1・如來藏思想無過失，不落真常，亦離他空，以其非安立為本體故。亦非「太過」，僅於勝義離四邊際。

2・然而如來藏思想僅為見地。須依次第修習始能依此見地而證。若入手即執此見地而修，反易成過患，尤易輕忽戒律。

3・持應成派見地建立的修習體系，流弊較少，故此建立亦不可視為斷見。

4・即使依他空見或真常見建立修習體系，於道次第中亦無過失。然而卻不可視為究竟，一如依應成派修習體系，亦不可視為究竟。

略談近代漢土學術界對如來藏的詮釋與研究

第五章

第五章：略談近代漢土學術界
對如來藏的詮釋與研究

邵頌雄

第一節　緒言

　　民國初年，以太虛法師為首的武昌佛學院與歐陽竟無、呂澂領導的支那內學院，掀起對《起信》、《楞嚴》、《圓覺》等數本傳統中國佛教千多年來一直極為重視的經論之真偽論諍。支那內學院承襲當時日本學者望月信亨、羽溪了諦、村上專精、常盤大定、松本文三朗等對研究《起信》真偽的考辯[1]，在此等史學考證之基礎上，復以唯識義理作抉擇，由是論定《起信》乃依據魏譯《楞伽》而造的偽論。太虛大師及唐大圓等雖力圖維護此等經論的真確，但在內院師徒從歷史、法義等多方面的研究與質疑下，亦漸顯得回辯乏力。

　　由於這幾本經論都是有關如來藏的論典，是故亦不少近代學人認為歐陽竟無和呂澂等獨尊唯識之學而批判如來藏思想。此如周志煌《唯識與如來藏》所言：

　　「……民初支那內學院在中國佛教衰敗不振的背景

---

[1] 早期日本學者對《起信》真偽之考證及諍辯，最早由梁啟超及呂澂撮譯及整理其重要的論點，介紹予中國之學人。柏木弘雄之《大乘起信論の研究》（東京：春秋社，1980）書末，有詳列日本學術界有關《起信》研究與釋義之書目，堪作參考。

之下，即欲藉與西方科學精神相當的唯識學說，
來改革過去重行輕解、思想儱侗的中國佛學，而
『如來藏』說便是他們首要的批判對象。」[2]

另一方面，亦有少數研究唯識今學的學人，自詡通達
唯識宗義，且以之為佛家究竟學說，認定判如來藏學說為
佛家錯見，即是恪守唯識家法，甚至但聞「如來藏」之名
即掩耳疾走。再加上印順法師的三系判教中，如來藏被判
為「真常唯心」、「類似神教的真我真心」的不了義說，更
令人以為如來藏思想是正統大乘佛學之中觀、瑜伽行二家
皆主力破的俗說。

然而，如來藏思想是否如此淺薄鄙劣？歐陽竟無與呂
澂又是否輕視如來藏為邪說而獨舉唯識為佛家究竟教法？[3]

2　周志煌《唯識與如來藏》（台灣：文津出版社，1998年），頁78。昭慧法
　　師亦謂「歐陽竟無居士將如來藏思想一筆抹煞」。
3　周志煌於上揭書復言：「......而歐陽竟無所領導的內院立場，則凡不合於
　　唯識之見者，則或斥為偽...，或以己宗比附之......。如來藏說既不可信，
　　而性空之學又不圓滿，只有獨尊唯識教來掃蕩群蔽。」（頁83。）

第二節　歐陽竟無與呂澂對如來藏思想的重視

若稽鈎歐陽竟無及呂澂諸文，可發現兩位大師不但從來未曾批判如來藏思想，且認為佛經中實無處不說如來藏。以呂澂而言，其對如來藏、佛性、心性本淨等法義的論文，其實甚多。此可分為三大類。有關正說如來藏、佛性義的論著，見於下來諸文[4]：

1)〈法界釋義〉

2)〈佛性義〉

3)〈種性義〉

4)〈勝鬘夫人師子吼經講要〉

5)〈大乘法界無差別論講要〉

6)〈大般涅槃經正法分講要〉

7)〈楞伽觀妄義〉

8)〈楞伽如來藏章講義〉

9)〈入楞伽經講記〉

10)〈妙法蓮華經方便品講要〉

11)〈內院佛學五科講習綱要〉

12)〈內院佛學五科講習綱要講記〉

---

[4]　下未來諸文，見於《呂澂佛學論著選集》（五冊）（山東：齊魯書社）、呂澂《佛教研究法》（江蘇：廣陵古籍刻印社）、《呂澂文集》（台北：文殊出版社），不一一註明出處。

有關「心性本淨」義的專說，有下同數種：

　　1)〈論莊嚴經論與唯識古學〉

　　2)〈辯中邊論要義〉

　　3)〈談真如〉

　　4)〈辯中邊論講要〉

有關評破《起信》、《楞嚴》的如來藏義，略有下來九種：

　　1)〈楞嚴百偽〉

　　2)〈起信與楞伽〉

　　3)〈大乘起信論攷證〉

　　4)〈《起信》與禪 —— 對於《大乘起信論》來歷
　　　的探討〉

　　5)〈禪學述原〉

　　6)〈探討中國禪學有關心性問題的書札〉

　　7)〈試論中國佛學有關心性的基本思想〉

　　8)〈談談有關初期禪宗思想的幾個問題〉

　　9)〈談「學」與「人之自覺」〉

其中，呂澂於〈入楞伽經講記〉言：

　　　　如來藏義，非楞伽獨倡，自佛說法以來無處不
　　說，無經不載，但以異門立說，所謂空、無生、
　　無二、以及無自性相，如是等名，與如來藏義，
　　原無差別。而前之四法門亦皆說如來藏。何以言

之？八義歸於無生，五法極至無二，三性歸於無
性，二空歸於空性，是皆以異門說如來藏也。[5]

於〈楞伽如來藏章講義〉亦言：

> 如來藏義（藏謂胎藏，佛由是生也），可謂《楞伽》
> 一經之心要，全經展轉返復，不外發揮此義。非
> 獨《楞伽經》然也，全體佛法無不如是（全體佛
> 學均建立在心性本淨一義上，如來藏即大乘經所
> 以談心性本淨者也），故學佛者先須知此。[6]

此外，呂澂亦不同意如來藏僅為開引外道而施設的不
了義說。他復於〈楞伽如來藏章講義〉鄭重指出：

> 凡夫說所以成佛之據，如空乃至自性涅槃，無一
> 不是說如來藏，而聞者並不疑其同神我也。然則
> 今又何必另說如來藏耶？……眾生我執極難棄捨，
> 阿羅漢從滅定起猶云我何所在，可見愚夫懼無我
> 落空之甚。為治彼症，用如來藏法門說離妄想

5　呂澂〈入楞伽經講記〉，收《呂澂佛學論著選集》卷二（齊魯書社），頁
　1261。

6　呂澂〈楞伽如來藏章講義〉，收《呂澂佛學論著選集》卷一，頁257。此
　說與近代西方學者David Seyfort Ruegg之研究所得一致。Seyfort Ruegg於
　其名著 *La Théorie du Tathāgatogarbha et du Gotra: Etude sur la Soteriologie et
　la Gnoseologie du Bouddhisme* 中，根尋如來藏思想之源，認為如來藏之義
　理實無異於巴利經藏（*Nikāya*）中《增支部》（*Aṅguttara-nikāya*）所說之
　「心性光淨、客塵所染」之教法；亦無異於《八千頌般若》（*Aṣṭasāhasrikā-
　prajñāpāramitā*）所說之「非心」（*acitta*）、《二萬五千頌若》
　（*Pañcaviṃśatisāhasrikā-prajñāpāramitā*）所說之「法性」（*dharmatā*），以
　致中觀宗及瑜伽行派之論典，所說亦見與如來藏相當之教法，唯所依之
　名相不同而已。詳見 D. Seyfortr Ruegg, *La Théorie*，頁413-430。

（無分別）、無所有（梵本原云無影像）境界，可
　知說如來藏正所以破我，尤其對治法我，何得視
　同外道之神我耶。[7]

呂澂明說全體佛法不外發揮如來藏義，復云不應視如來藏
等同外道之神我，何曾有批判如來藏教法耶？呂氏除講授
《入楞伽經》外，復留有《勝鬘》、《法界無差別論》等講
記。若支那內學院獨尊唯識學說而把如來藏視為「首要批
判的對象」，那又何必講授《楞伽》等經、何不說如來藏為
方便開引外道之神我說、何不直接謂全體佛法不外發揮
「唯識無境」義？

　　從呂澂與歐陽竟無為支那內學院制訂的課程綱要中，亦
可窺見兩位大師對如來藏思想的重視，此綱要分三周建立：

　　初周思想乃佛學根本之根本，即心性本淨客塵所
　　染八字所詮。……

　　次周談轉依。……轉謂轉易，由染位而至淨位也。
　　至於此位，即能盡心之性，無漏顯現。……

　　三周要義為一法界。……所云法界，即此心之究竟
　　圓滿處。所云一者，諸佛與眾生依等（皆以圓滿
　　之心為依）而相同（皆以清淨之相為相），其所以
　　為心究竟者無二異。……[8]

7　呂澂〈楞伽如來藏章講義〉，頁 260 - 261。

8　呂澂〈內院佛學五科講習綱要講記〉，收《呂澂佛學論著選集》卷二，頁
　　609 至 611。

此三周建立，其意趣實即大乘修習中基、道、果（或曰境、行、果）之抉擇見：

一者，以「心性本淨客塵所染」為基，此即與上引呂澂說「……全體佛學均建立在心性本淨一義上，如來藏即大乘經所以談心性本淨者也……故學佛者先須知此」相應，此亦即謂如來藏義實為大乘行者首須了知之教法，故為一切修學之「基」。

二者，以轉依為「道」，此非徒為「轉識成智」之機械分析也，而是為如何由染位轉依至淨位之觀修作建立抉擇見，呂澂於另文〈觀行與轉依〉中，解釋說：

> 觀行的效果在於內而身心，外而事象（在認識上作為對象的事物），從煩惱的雜染趨向離垢的純淨，又從知見的偏蔽趨向悟解的圓明，隨着觀行開展，提高程度，終至本質上徹底轉變，這便是「轉依」，它又是和觀行密切相關的。[9]

呂澂視觀行與轉依為「佛家實踐的全體內容」，是故為佛子圓臻正覺之「道」。此道之實修，即瑜伽行派所重之止、觀修習，是故呂澂於講授無著《六門教授習定論》時，即着重依此論所舉意樂、依處、本依、正依、修習、得果六門，闡述瑜伽行之習定；其中，且特筆指出：

> ……藏土宗喀巴大師，由其天資之高，用功之勤，深知當時所習定學與舊義未符，……爰有《菩提道次第廣論》之作，特發揮其先止後觀之說，於教

9　呂澂〈觀行與轉依〉，收《呂澂佛學論著選集》卷三，頁1369至1370。

有難決處即以理斷（論中歷評當時藏中傳說及中
土禪宗），其成就不謂不高，但未全免於臆測
身。……所著《菩提道次第》雖依無著之義發揮，
而定學次第論斷，但憑理推，先止後觀，終難盡
恰也。……宗喀巴大師書中，仍據道理，將止觀分
成二橛，以配定慧，謂禪度為止，智度為觀。并
於其書最後別開二章，取無著《瑜伽》之說以釋
止，取龍樹《中觀》之義以釋觀。一體止觀，偏
據兩家，意存高下，此實有理無教之誤（龍樹無
著之講止觀，各有其一貫之組織，不容割裂）。[10]

近人有以專治瑜伽行之學自居，卻依宗喀巴《菩提道次第
廣論》而立習定體系，實宜細詳呂澂此說，始能廣明瑜伽
行轉依之道也。

三者，現證一法界為修證果，呂澂於〈法界釋義〉一
文中依親光《佛地經論》分三方面說法界義：1）佛以法界
為體性，故說法界即涅槃界；2）法界遍於有情心相續，為
一切有情所具，是即所謂一切情皆有如來藏；3）法界由二
空共相所顯。復總說云：

合此三義以觀法界，可知法界者即無差別遍一切
有情心而為共相之所顯者也。在眾生邊說即心法
性（如來藏）而已；在如來邊說即圓滿證得此法
性心而已。[11]

---

10 呂澂〈六門教授習定論〉，收《呂澂佛學論著選集》卷二，頁1070至
1071。
11 呂澂〈法界釋義〉，收《呂澂佛學論著選集》卷一，頁417。

是即以法界為心之究竟圓滿,而所言「佛」者,「只在認識
此本心而已」,故言「一法界」者,「依眾生說,由無相觀
而悟法界。......依佛說,已證法界,由智緣平等相而施設教
化之安立以接近眾生。」其所云「一」者,指佛與眾生平
等,以其「心究竟者無以異」,是故此即究竟現證如來藏。

　　由是三周講習,皆不離如來藏之意趣,唯分別以基,
道,果為重點而已。這意趣與呂澂乃師歐陽境無晚年對全
體佛法依境、行、果三門之論定一致。歐陽先生於〈大乘
密嚴經敘〉指出:

> 法門無量,區別於境、行、果三,果之為《大涅
> 槃經》,行之為《大般若經》、《佛華嚴經》,而境
> 之為《大乘密嚴經》。

此中被視為佛家於境、行、果的根本經(《涅槃》、《華
嚴》、《密嚴》),皆發揚如來藏思想之重要大乘佛經也。

　　歐陽竟無師事楊文會,所學由《起信》入,然其後由
《瑜伽師地論》、《成唯識論》等研究為基點,對《起信》
之教理提出質疑。但歐陽竟無卻從未批判如來藏思想[12],
其晚年的修學甚至集中於《涅槃》等如來藏經論。此可見
於歐陽竟無述學佛之進程謂「......鑽研《瑜伽》,於是《唯
識》、《瑜伽》渙然冰解,四方之士畢至,於是年五十矣,
又豈知無餘涅槃之說哉。......進治《涅槃》年已六十,作

---

12 可參周貴華〈歐陽竟無大師的如來藏思想〉,收《融通孔佛:一代佛學大
　師歐陽竟無》(北京:宗教文化出版社,2004年)。

〈涅槃敘〉，苦不克就。……而〈涅槃敘〉竟，而後知無餘涅槃之至足重矣。」[13]於〈談法界〉一文中，且詳說如來藏義，並總結云：「法身之於如來藏，一切眾生有如來藏而非法身者，如來藏為煩惱所纏而不能修淨於如來藏也，是故學者，不恃性得而重修得也，阿賴耶即如來藏，發揮捨染義說阿賴耶，發揮取淨義說如來藏也。」[14]；於〈楞伽疏決序論〉亦言：「佛以性空、實際、涅槃、不生，是等句義說如來藏。是為淨八識。無始偽習所熏，名為藏識。是為染八識。」其後1936年，更於〈大乘密嚴經敘〉，區分「唯識」、「唯智」二學，謂「緣生心有法，對於所有境曰一切唯有識，為唯識學；無相之相依決定性，對緣生無自性曰一切智之境，為唯智學。……藏識受熏持種，轉識妄生分別，但言無異；阿賴耶一往詮有漏種，如來藏一往詮無漏種，但言有異；如蛇、繩、麻，蛇知而繩知，唯識學漸境界，繩知而麻知，唯智學頓境界，但言有異；然唯識亦言淨邊事，唯智亦言染邊事，識強智劣言唯識學，智強識劣言唯智學，則又但言無異。」[15]至1941年撰寫之〈釋教篇〉，歐陽竟無把全體佛法次第歸納為阿含、瑜伽、般若、涅槃四科，是即判攝如來藏此「唯智學」於瑜伽「唯識學」之上，此即與歐陽氏於〈與章行嚴書〉所言「法相廣於唯識，非一慈恩宗所可概」[16]之觀點一致。

13　歐陽漸〈再答陳真如書〉。
14　歐陽竟無〈談法界〉，收《歐陽竟無集》(《近現代著名學者佛學文集》，北京：中國社會科學出版社，1995版)，頁152。
15　見〈藏要敘・大乘密嚴經敘〉，頁18-21。
16　見〈釋教篇〉，頁86-97。參程恭讓《抉擇於真偽之間・歐陽竟無佛學思想探微》第六章 (上海：華東師範大學出版社，2000年)。

歐陽竟無傳世的文章中[17]，大部分是闡揚法相、唯識
義的論說。但其中亦有專說如來藏法義者：

1）〈談法界〉

2）〈楞伽疏決〉

3）〈藏要經敍・合部金光明經敍〉

4）〈大乘密嚴經敍〉

5）〈大般涅槃經敍〉

6）〈支那內學院院訓・釋教〉

至於對傳統中國佛教的如來藏詮釋作評破的文章，主要見
於〈唯識抉擇談・抉擇五法談正智〉。

於抉擇如來藏義，歐陽以無造作無分別的無為法來理
解，亦即以如來藏為真如、空性、法性、佛性、法界、法
身、涅槃等之法異門。歐陽竟無且特別說明：

> 《勝鬘經》言：此自性清淨如來藏，而客塵煩惱上
> 煩惱所染，不思議如來境界，有二法難可了知，
> 謂自性清淨心難可了知，彼心為煩惱所染亦難可
> 了知。據此，則真與妄法並時發現也，非止一真
> 更無有妄也，非妄滅然後有真也。《楞伽經》
> 云：諸有妄法，聖人亦現，然不顛倒，妄法是
> 常，相不異故，心意識轉，即說此妄名為真如，

---

17 見《歐陽竟無先生內外學》（三函）（南京：金陵刻經處刻本）、王雷泉編
《歐陽竟無文選》（上海：遠東出版社）、《歐陽竟無文集》（台北：文殊
出版社）、黃夏年編《歐陽竟無集》（北京：中國社會科學出版社）。

> 若無如來藏名藏識者，則無生滅，然諸凡夫及以
> 聖人悉有生滅。《解深密經》云：如實了知離言
> 法性，於有無為決定無實，然有分別所起行相，
> 猶如幻狀迷惑覺慧，不如所見堅固執着謂為諦
> 實，彼於後時不須觀察。此則說妄非為無有，而
> 不執也。[18]

歐陽竟無此中所説，著重點出不論是凡夫抑或是聖人的境
界，皆是真、妄並立，「非止一真更無有妄也，非妄滅然
後有真也」。這即色空之相即不異、有為無為之非一非異、
以至阿賴耶與如來藏非一非異，是故《勝鬘》所言自性清
淨如來藏為客塵煩惱所染，絕不能視為時序上的先後關係
或因果關係；若以真如或如來藏為生起萬法之因，即為邪
説。歐陽復依《不增不減經》說明如來藏的三種狀態：

> 《勝鬘》說：如來藏是法界藏，一切眾生皆有如來
> 藏。眾生如來藏於法界中，有是三法：一、依本
> 際相應法界體，說眾生有自性清淨心；二、依本
> 際煩惱所纏法界體，說眾生客塵所染自性清淨
> 心；三、依未來際一切法、根本一切法備具平等
> 法界體，說眾生即法界異名，是故眾生界是法
> 界。《涅槃》說：一切眾生皆有佛性。佛性者，
> 諸佛皆以此為性，即如來體性也；體性是法界，
> 而在眾生身中，是故說眾生界是法界。《涅槃》
> 又說：佛是有情成。凡是有情皆可作佛，一切眾
> 生皆是有情，是故眾生界是法界。[19]

---

18 《歐陽竟無文選》，頁153-154。
19 同上，頁351。

此說即同《寶性論》說如來藏於凡夫、菩薩、佛之三種狀
態，為不淨、淨不淨、清淨的境界差別。

　　如上來所見，豈能說內院以如來藏說為「首要的批判
對象」、「將如來藏思想一筆抹煞」耶？歐陽竟無與呂澂這
兩位奠定近代漢土唯識學研究的大師，皆不以唯識無境之
學說為佛法究竟，而置如來藏說於唯識學之上、認為全體
佛法不外從各不同施設以反覆說明如來藏義，如今漢土之
唯識末流又何能厚顏以批判如來藏為錯見而尚以為即恪守
「唯識家法」耶？

第三節　如來藏為境界而非本體

　　影響這些學人對如來藏持負面態度的，應主要來自誤解內院對《楞嚴》、《起信》等如來藏經論之批判，以及台灣印順法師一系列著作中對如來藏思想之評價。有關印順法師的如來藏詮，容於下一節再作討論，今只集中談談支那內學院對《楞嚴》、《圓覺》、《起信》之批判。

　　內院批判的一系列「偽經偽論」，都是與如來藏思想有關的經論。但歐陽竟無及呂澂等人之所料簡，卻非如來藏思想本身，而是漢土所傳《起信》等經論對如來藏之詮釋。這些經論，若但依其文字理解，確實有不少與印傳大乘佛學相忤之處。此如以如來藏真如為真實本體而生出輪、涅諸法，即類如外道之「一因生多」，由是引生如來藏為不空之實體而有「本覺」之用、真如與無明體性各異而能互熏等問題。呂澂居士精通梵、藏、英、法、日等多種語言，從比較《楞伽》三種漢譯本，取梵本及藏譯校勘對照，指出魏譯《楞伽》之誤譯錯解之餘，且論斷《起信》乃依魏譯《楞伽》所造之偽論；至於武昌佛學院方面，則有太虛大師、唐大圓、陳維東等師生的激烈反駁。其詳不擬於此細述[20]，唯欲指出此諍辯的癥結，實在於體用義的問題上。

　　歐陽竟無依據其對《瑜伽師地論》、《佛地經論》等研究，嚴格簡別體用以治佛學。此可說是歐陽氏治學之核心

---

[20] 讀者可參張曼濤編《現代佛教學術叢刊》第35冊，《大乘起信論與楞嚴考辨》（台北：大乘文化出版社）、江燦騰《現代中國佛教思想論集》（台北：新文豐出版公司）、周志煌《唯識與如來藏》（台北：文津出版社）等。

思想，認為體用絕不可淆亂。「淆用於體成一合相，便無差別，安有法界？淆體於用失寂滅相，既異不動，亦非如如，以是說體、用義。」[21] 由是，遂簡別無為法是體、有為法是用；法身是體、報化二色身是用；法界是體、四智是用；真如是體、正智是用等。[22] 於修行實踐而言，寂然不動之法性體只能透過正智悟知，以即唯有「即用以顯體」，即現象以顯體性；相反，若「體、用不分，法相淆亂，〔則〕不可為教。」[23] 以是之故，《起信》以真如體具有能熏之用，即謂真如能生萬法，是為「大謬」。歐陽弟子如梁啟超、黃懺華、王恩洋等對《起信》的批判，基本上都是循着這路線來發揮。

　　於此須指出，歐陽竟無簡別體用義之「體」，非指「實體」，亦非哲學所言之「真理」。此如歐陽氏於〈佛法非宗教非哲學〉中所說：

> 佛法但是破執，一無所執便是佛也。故佛之說法，不說真理而說真如；真如者，如其法之量不增不減，不作擬議揣摩之謂。法如是，說亦如是，決不以一真理范圍一切事物，亦不以眾多事物奔赴於一真理。所謂在凡不減，在聖不增，當

21　見歐陽竟無〈瑜伽真義品敍〉。
22　歐陽竟無〈唯識抉擇談〉云：「若加細別，則有體中之體、體中之用、用中之體、用中之用。……一、體中之體：一真法界；二、體中之用：二空所顯真如（又三性真如）；三、用中之體：種子；四、用中之用：現行。何以謂一真法界為體中之體？以其周遍一切故，諸行所依故。何以謂二空所顯為體中之用？以其證得故，為所緣緣故。何以謂種子為用中之體？以種子眠伏藏識，一切有為所依生故。何以謂現行為用中之用？以現行有強盛勢用，依種子而起故。此總言體用也。」
23　見歐陽竟無〈釋教〉，頁57。

體即是，但須證得凡物皆然，瞬息不離者也。故
吾人真欲了知真實，惟當息此虛妄，跳出此虛妄
之范圍耳。[24]

是故所謂「真如本體」者，實指行者於現證人我二空後所照
見之諸法性相，而非指一「實法」者也。是故歐陽復言：

真如超絕言思本不可名，強名之為真如，而亦但
是簡別，真簡有漏虛妄，又簡遍計所執，如簡無
漏變異，又簡依他生滅，此之所簡，意即有遮。
蓋恐行者於二空所顯聖智所行境界不如理思，猶
作種種有漏虛妄遍計所執或無漏變異依他生滅之
想，故以真義如義遮之。[25]

由此可見，歐陽竟無之簡別真如與遍計、依他二自性，實
與《辨法法性論》之義理無異[26]，以真如為離諸有漏虛妄
之「超絕言思」（不可思議）性相。

　依此而讀呂澂之文章，即可理解呂澂何以強調「法性
共相，不可作本質觀。小乘更用為通則、習慣，及自然規

24　歐陽竟無〈佛法非宗教非哲學〉，收《中國佛教思想資料選編》第三卷第
　　四冊，頁293-294。
25　王雷泉編《歐陽竟無文選》（上海遠束出版社，1996），頁39。
26　由此可見，歐陽竟無與法尊法師就《辨法法性論》而興的論諍，關鍵是
　　在於法尊的譯文未能譯出能相(lakṣaṇa)與所相(nimitta)之差別，而非歐陽
　　昧於《辨法法性論》之論義，又或不懂依體用義來理解法性與法之關係
　　也。法尊譯文謂「此中法相者，謂虛妄分別、現二及名言，實無而現
　　故……。」歐陽即駁云：「彌勒《辨中邊論》，明明說虛妄分別有，明明
　　說非實有全無。……而彼但以二取名言之現實無唯計，以盡概乎虛妄分別
　　之義。」其實，依彌勒學，諸法之性相（法能相）可定義為實無唯計，
　　一切法二取名言之如幻顯現（法所相）則可說為「虛妄分別有」、「非實
　　有全無」。若譯文籠統說「法相」實無而現，則有能所淆亂之弊，由是即
　　成諍論。參談錫永《辨法法性論—世親釋論》之疏解。

律等義。彼於法性有證，則唯證此而已，豈得視同本體
哉？至實相實性，皆就相言，亦未可以譯文有一"實"字，
遂漫加附會也。要之，佛家者言，重在離染轉依，而由虛
妄實相（所謂幻也，染位仍妄），以著工夫。故立根本義曰
心性本淨。」[27]；另一方面，則著重闡述真如者，為依境相
而言，而非實有本體：「一切法如皆相，以自相言，如地
以堅為相（此小乘毘曇自共相之結論），是亦法之真如，但
為下如。上如則為實相。若地堅相不實，自性空，即地堅
空相，是即法實相上如。……無我所顯亦永久如是之相，為
真如，為法界，皆依境言之也。」[28]呂澂雖否定真如為本體
而確立其為境相，但所說卻非質難其師之簡別體用義，亦
不陷淆亂體用義之過失，以彼師徒所說用詞雖異然於義則
一也。依歐陽竟無之言，《起信》之過失在於體用混淆；
於呂澂之意，則可說《起信》之過失在於建立法性、真
如、如來藏為實體。

　　歐陽竟無與呂澂皆立論精闢，發前人未有之綽見，但
此非即可證明《起信》、《圓覺》等為偽經偽論。有關此等
經論之真偽問題，說來話長，亦非本文之主題，故於此不
欲詳說；然而，歐陽所言：

　　　　疑偽之來源於學謬，由學謬而譯謬，由譯謬而造
　　　　作謬，為欲傳謬過而造據，是以疑偽經論葳蕤紛
　　　　紜。[29]

27　呂澂〈覆熊十力書五〉(一九四三年五月二十五日)。
28　呂澂〈談真如〉，收《呂澂佛學論著選集》卷一，頁411 - 412。
29　歐陽竟無《內學雜著上‧精刻大藏經緣起》。

復言：

> 菩提留支重譯《楞伽》大異宋譯，譯籍雖多，歧
> 義屢見，於是《起信論》出，獨懺法壇，支離儱
> 侗之害千有餘年，至今不熄。[30]

若魏譯《楞伽》之謬可追源至「學謬」與「譯謬」，是則何
以不能視《起信》之謬亦源自「譯謬」？何以不能因菩提
留支譯《楞伽》之流行而影響翻譯《起信》之筆受者據誤
譯之《楞伽》而作謬誤之潤飾？若平等以視此等經論，不
預設《起信》、《圓覺》必為偽經偽論之立場，則內院的批
判實在於這些經論的謬譯而已，然學人之過失卻在於「依
語不依義」，堅執誤譯之句，且依漢土儒、道二家之體用義
來詮釋此等經論，由是乃有錯解真如、如來藏、法性等類
如「一因生多」之真實體。如是詮釋，又焉能不受中觀、
瑜伽二宗之批判？

　　因此，內院與武院之諍峙，質實而言，是為如何正確
理解如來藏思想而與之辯論，而非就如來藏是為佛家究竟
說而作之諍辯。所謂《起信》之謬，不在於「心真如門、
心生滅門」或「不變、隨緣」之建立，而在於是否把「不
變」之心真如視為真常之實體，由此生出「隨緣」之心生
滅，若如是，即有違印度大乘諸經論之教也。是故呂澂乃
明確指出：

> 如來藏就境界而言。……常人以如來藏玄妙莫測，
> 又說向能邊心相去，乃有本來覺悟等訛傳之說。

30　歐陽竟無《內學雜著下‧楊仁山居士傳》。

> 不知如來藏必從境相言，而後說空乃至涅槃等
> 名，方能安得上也。[31]

此說「如來藏必從境相言」，與近代談錫永上師廣弘西藏佛
教甯瑪派所傳了義大中觀（瑜伽行中觀）的見地相符。了
義大中觀（nges don la dbu ma chen po）以如來藏為佛內自
證智境界，而不視如來藏為真常之本體。然而，了義大中
觀所傳則比呂澂的說法更為細緻甚深。甯瑪派大圓滿心髓
派的教授，說智境與識境非一非異，以智境離諸二取及名
言等分別，識境則落於二取分別之虛妄遍計；二者亦不相
離異，以智境唯藉識境而成顯現故，然識境無論如何顯
現，其所依之智境亦無變動 —— 如來藏即說為顯現成識境
之智境。如是處理如來藏與阿賴耶，即不落於諦實「體用
義」之窠臼，亦合乎《楞伽》、《勝鬘》、《密嚴》、《寶積》
等經所明確指出如來藏為佛內自證智境界。

　　歐陽竟無其實亦留意到「《攝論》『無漏寄賴耶中』，據
是聖言，稽考《楞伽》，凡稱如來藏必曰『如來藏藏識』」，
由是疏決《楞伽》如來藏義理謂「凡言如來藏者，非獨特
說無我如來藏也，亦連類說同居阿賴耶藏識」[32]。然而對於
如何理解如來藏與藏識之關係，卻未能如談錫永所傳甯瑪
派之教授，能清晰道出其所以然。然而二者所共認的，是
絕不應把如來藏視為實體，因此當熊十力提出其「新唯識
論」，以「即體即用」、「翕闢成變」等思想來詮釋佛家教
理時，即同時受到武院與內院的猛烈抨擊。熊氏「體用不

---

31 呂澂〈楞伽如來藏章講義〉，頁263。
32 歐陽竟無〈楞伽疏決〉。

二」之說，與傳統佛教「即用顯體」、「現證性、相、用三無分別」等說法，相去甚遠。

第四節　呂澂與熊十力之論諍

　　熊十力的《新唯識論》,可說是依其個人對儒家、佛家思想的理解,加以糅雜而成的思想體系。然而,對於熊氏於儒、佛二家之造詣,方東美認為他不但對佛學多有誤解,即於宋明理學所作牽強附會的錯解亦甚多。[33] 熊氏《新論》剛出之際,武院的太虛、印順,以及內院的歐陽竟無、呂澂、王恩洋、陳真如等,皆群起而攻之,批評熊十力曲解佛家義理,抑佛揚儒,一變佛法為「即體即用」的本體論玄談,甚至為「一神論」。熊氏的《新唯識論》認為:

> 印度佛家,把宇宙萬象即所謂色法和心法通名法相,謂色心法雖無定實,而有相狀詐現,故名法相;把一切法相底實體,名為法性。(性者,體義。)他們印度佛家所謂法性,即我所云體,其所謂法相,我則直名為用,而不欲以法相名之。……

> 哲學上的根及問題,就是本體與現象,此在《新論》即名之為體用。體者,具云本體。用者,作用或功用之省稱。[34]

依此所建立的「本體」義,熊氏視之為宇宙萬化之根源,為一元論之實體,「無能而無所不能」[35],且謂「《新論》,

---

33 見〈與熊子貞先生論佛學書〉,收方東美《中國大乘哲學》,頁 653-674。
34 熊十力《新唯識論》(語體本)卷中(台北:廣文書局,1970 年版),頁 1 及 85。
35《新唯識論》(語體本),頁 314。

首立能變，為萬化之大原，萬有之本體，是依他義。……從萬物統體言，是超越乎一一物而絕待，是一神，亦即是依他神。」[36]

湯用彤先生於《魏晉南北朝佛教史》中，論說以「體用」義來詮釋佛學，實肇始自魏晉南北朝的玄學與般若學，而「體用」之說，則最早見於王弼《老子注》所言：「雖貴以無為用，不能捨無以為體也」。此依循體用義來理解及詮釋佛家思想的治學方法，由魏晉南北朝到隋唐諸宗的疏釋，以至宋明理學、民初熊十力的《新唯識論》、以及近年專治唯識今學及佛家因明學的李潤生，皆一直沿用。由此開衍，空性與緣生、法性與法相等，都以體用關係來作區分；真如、如來藏，亦被視作一切法的實體或本體。

然而，《新論》受誹議的地方，並不在於以體用義來說佛家思想——內院的歐陽竟無，即嚴格運用體用義以對《瑜伽師地論》等作詮釋；其後牟宗三明思細辯，指出何以漢土以體用義說空性與緣起等可與印度佛教之義理不相違，此詳下來所說。《新論》的問題，是在於曲解佛家思想，以真如、空性等作為生萬有之一元本體。這正正是內院檢視《楞嚴》、《起信》等經文所發現的問題。是故歐陽竟無乃為劉定權（衡如）的《破新唯識論》成序嚴斥熊氏云：「六十年來閱人多矣，愈聰明者愈逞才智，愈棄道遠，過猶不及，賢者昧之。」[37] 由是，熊十力雖從學於歐陽門下，其於北大的教席亦為歐陽所舉薦，然熊氏對內院歐

36 熊十力《摧惑顯宗記》（台北：學生書局，1988年版），頁26-27（原文熊氏假其弟子「黃慶」之名發表）。
37 引自1976年台北文津出版社，語體本《新唯識論》，頁211。

陽竟無師徒之嚴評絕不認同，至歐陽去世時，呂澂邀熊十力撰寫悼文，卻遭熊氏無情拒絕，且附批評歐陽竟無之文稿，説歐陽從有宗聞熏入手，而致胸襟狹隘之過失，其對宋明理學之鄙嫌卻正是歐陽學問之所短，即使晚年談《般若》與《涅槃》，亦「只是一種趨向耳，骨子裡恐未甚越過有宗見地。」[38]

對於熊十力於歐陽竟無新逝而作此等不近人情的批評與譏諷，呂澂自然大為不滿，由是與熊氏展開一場連續三月的書信爭辯（由1943年4月至同年7月）。[39] 呂澂指出《新論》中之思想「與中土一切偽經、偽論同一鼻孔出氣」，並提出「性寂」與「性覺」的分別，以「性寂」為心性本淨之正解，重視由修證轉依成就自性涅槃，而「性覺」則為心性本淨之曲解，「望文生義，……訛傳而已」。熊氏的答辯自然是着重道出「寂、覺」一體而不可説此二為「相反」。若僅就文字來推斷，似乎應以熊氏之論點較為合理，以現證般若不可能唯有「寂」而無「覺」也。且「佛陀」（Buddha）一詞之意即為「覺者」，豈能説「性覺」僅為中土偽經之説？呂澂對此亦不着意回辯，唯略説二者「一則革新，一則迫本」，且謂「從性寂立言，故謂在工夫中所知是實相般若，此即自性淨心，亦即虛妄分別。《般若》「觀空不證」，《楞伽》「妄法是常，聖人示現」，均據此義。」其後，呂氏更直斥熊文「尊論漫謂佛家見寂而不

---

38 熊十力〈與梁漱溟論宜黃大師〉，收林安悟輯《現代儒佛之爭》（台北：明文書局，1990年），頁478。

39 此場爭辯已由江燦騰作系統整理，並撮其概要，見江氏〈呂澂與熊十力論學函稿評議〉，收《東方宗教研究》第一期（1990年10月），頁219-261。

見化，此咬文嚼字之談，豈值識者一笑。」[40] 由此可見，「性寂」、「性覺」之別，不宜「咬文嚼字」以理解。

窺呂氏之意，其所反對之「性覺」說者，實為曲解佛家之修持證覺是重反作為衍生萬有諸法之本源實體。此所謂「本體」，實由訛譯與一己之臆測而來[41]，故純屬戲論，絕非印度佛教所重由轉依而證入寂息諸分別戲論(prapañca)之無分別智(nirvikalpa-jñāna)。呂氏卻從未說印土之佛家正詮只是寂而不可言覺。佛家所說之內自證智為不可思議、離諸臆度、分別、計量之境界，而非揣摩而得之實體，是故呂澂亦不與熊氏斤斤計較於言詞上辯明佛家是否唯「見寂而不見化」、唯寂而不可言覺等糾纏之上。

呂澂批判《起信》等經論錯解如來藏之文章，大都是於與熊十力爭辯以後寫成，其中不乏探討「性覺」思想之謬誤。熊十力的《新論》，雖處處對佛家思想予以破斥，但卻無疑是植根於熊氏自己對華嚴、《起信》等佛法的理解，而亟欲掩飾，是故印順乃直斥其思想為「掠取佛教皮毛，作為自家的創見，附會到儒家的古典裡」[42]。由此亦可見，呂澂對《起信》等之質疑，一方面自然是為了匡扶印度佛學中如來藏、真如等教法之正解，另一方面亦其實有着回護師門之情切。

---

40 呂澂〈覆熊十力書二〉(1943年4月12日)，

41 呂澂於〈覆熊十力書五〉云：「六代以來，訛譯惑人，離言法性自內覺證者(不據名言，謂之內)，一錯而為自己覺證，再錯而為本來覺證。於是心本淨之解，乃成性覺。佛家真意遂以蕩然，蓋性寂就所知因、性染位而言，而性覺錯為能知異性已淨。……兩說遠懸，何啻霄壤？然性覺固貌為佛家言也。」

42 見印順《無諍之辯》，頁20。

第五節　印順對熊十力的評破

　　印順法師其實應亦同意呂澂對熊十力之批評，認為熊氏之援佛入儒實為對佛法之曲解，且指摘其《新唯識論》為具神我色彩的玄學，而絕非佛家思想之正詮。由是，熊氏與印順亦展開另一輪的筆戰。印順指出，佛家唯有在能所證知之認識論中，才有「『以相知性』，『泯相證性』的相對意義」，而且，佛家所說真如、法性等，絕非熊十力所認為之宇宙本體。茲引印順於〈「法」之研究〉一文中對「法性」所下的說明：

　　　　什麼叫「法性」（dharmatā）？如『增支部』（一〇‧二）說：「凡持戒具戒者，不應思我起無憂，於持戒具戒者而無憂生，是為法性。……厭離者不應思我現證解脫知見，於厭離者而現證解脫知見，是為法性」。『中阿含經』（卷一〇）譯法性為「法自然」。這是說修道 —— 持戒、得定、如實知見，這些道法，如能修習，會自然的引生一定的效果。法是這樣自然而然的，「性自爾故」，所以叫法性。……意思說，諸佛於法是自然的、當然會這樣的 —— 依正法而住的。依法而住與恭敬法，就是以法為師的意思。「法性」本形容法的自然性，但一般解說為法的體性、實性，法與法性被對立起來，而法的本義也漸被忽略了。這些形容法的詞類，都應該這樣的去解說。[43]

<hr>

43 見印順《以佛法研究佛法》，頁110 - 111。

印順此説，可視作回應熊十力以真如法性為實體之謬説，
並於〈性相與體用〉中更清楚指出佛家所言「性相」與
《新論》所説「體用」之別：

> 佛法所説體用的體，與『新論』的「自體」相
> 近，佛法是沒有以體為真如實性的，可考『般若』
> 的真如十二名，辨中邊論六名而知。以體用之體
> 為真如實性，起於南北朝的中國佛學者。[44]

這説法與上來所引呂澂及湯用彤的觀點合拍。印度佛學從
未以實體、本體、本源等來定義法性、真如，所謂「如如
不動」、「法界常住」、「真實不顛倒」等，都是用以形容
諸佛不可思想之證智境界；若理解為「實體」，則已陷於一
元論之玄思，而非佛法之旨。漢譯佛典中亦不乏以「真常」
來形容此無變異顛倒之法性真如，此如《大乘理趣六波羅
蜜多經》卷九所言：

> 佛證自然一切智　　住真寂滅難思議
> 唯佛如來自證知　　能現無邊佛境界
> 法性真常離二邊　　寂滅無為出三有
> 煩惱業苦悉皆除　　法身清淨真解脫[45]

《華嚴》亦有「法性真常離心念」之偈頌[46]。《諸法集要經》
謂「志求於正法　當得真常樂」[47]；《大堅固婆羅門緣起經》
亦有「此所悟者清淨乘　此清淨道真常住」的説法[48]。如是

44　見印順《無諍之辯》，頁34。
45　依般若譯，大正・八，no. 261，頁910。
46　依實叉難陀譯，大正・十，no. 279，頁201。
47　依日稱譯，大正・十七，no. 728，頁464。
48　依施護譯，大正・一，no. 8，頁212。

僅舉數例，可見所謂「真常」者，於佛典中原無梵天化之本體意義，唯用以形容法性、真如之無變異、無顛倒而已，本來不違於聲聞乘教法或大乘中觀、瑜伽行二宗的意趣。

第六節　印順對如來藏的詮釋與批判

　　令人費解的是，印順於詮譯佛家經論時，一方面既說不應以南北朝的中國學者之體用義以理解佛法，而另一方面卻又以體用義之體來詮釋如來藏，而且「真常」一詞亦重新定義為局限於形容本體思想之貶詞。此即如印順於《印度之佛教》所言：

　　「真常唯心論」，以真常淨為一切之本體，而立相
　　對之二元：一、清淨真心，二、雜染妄習。真常
　　淨乃一切之實體，一切依之而成立。本來常淨，
　　究何事而為雜染所染乎？為雜染所染而實不變其
　　淨性，似有二元矣。此雜染與清淨，「不相攝，
　　相離」；自有情迷亂而生死邊，多立此無始來相
　　對之二元。然達本情空，知妄即常，實無所捨而
　　一切常淨，則無不歸結於絕對之一實。『圓覺經』
　　為之躊躇，此非論理之可明也，豈特難解而已！
　　一元之實在論，無不於此失據。真常大乘者說：
　　此唯「成就甚深法智，或有隨順法智」者所信
　　解，餘則唯可「仰推如來」而信仰之。以是，
　　「性清淨心，難可了知；彼心為煩惱染，亦難了
　　知」。汝纔舉心，塵勞先起，如之何能知之？「此
　　非因明者之境界」也。真常者以此「妙有」為雜
　　染、清淨之依止者，蓋以剎那無常為斷滅，無性
　　從緣為不可能也。如瓶破不作瓶事，又如焦種不
　　能生芽。『若蘊、界、處性，已、現、當滅，應

知此則無相續生，以無因故』，此以無常為斷滅也。「若本無有識，三緣合生，龜應生毛，沙應出油」！「究其根源，咸有體性，何況一切心而無自體」？此以空為都無也。彼七識為「念念不住」者，故「不流轉，不受苦樂，非涅槃因」。必真實、不空、常住不變者，乃足以為生死、涅槃因，故曰：「如來之藏，是善不善因、能遍興造一切趣生」。「如來藏者，無有前際，無生無滅法；受諸苦（輪迴之主體），彼為厭苦，願求涅槃」。真常者之見，與大眾、分別說、犢子系之立常心、真我，其動機如出一轍。[49]

復言：

真常心而進為「真常唯心論」，實有賴性空大乘之啟發。性空者之一切皆空，不自無為常住來。

一切空即一切真實、常、淨，然即一切如幻假名，非「真常論」者所見「非幻不滅」之真常也。真常者見「性空論」之「非」、「不」、「無」，容或想像為同於梵我論之「曰非、曰非」，視為萬有實體之真常，然非性空者之意也。以一切空之啟發，真常心乃一變。真常淨者，一切一味相，於一法通達即一切通達；以是而諸法實相之常淨，與心性之真常淨合。常淨之心，一躍而為萬有之實體矣。了了明覺之心性，昔之為客塵所染者，業集所熏者，成生死而與淨心別體；今

<hr>

[49] 印順《印度之佛教》，頁273-274。

則客塵業集之熏染淨心，幻現虛妄生死，而淨心
則為一切之實體（不一不異）。至此，真常心乃可
以說「唯心」。[50]

印順法師把大乘佛法作三系判攝，謂「性空唯名、虛
妄唯識、真常唯心」。不少人以為這即是太虛大師納大乘佛
法為「法界圓覺、法性空慧、法相唯識」之延伸。其實，
太虛和印順在治學的方法與觀點，有着根本的分歧；二者
之三系判教不能混為一談。太虛以「法界圓覺」之如來藏
為諸佛圓滿清淨之證智境界，為修學大乘佛法之證果，故
為一切佛法之根本 —— 在這意義上，武院的太虛與內院的
呂澂可說立場一致。太虛且認為佛法之流佈應是「先全體
而後分化」，是故究竟圓滿之「法界圓覺」如來藏教法，較
中觀、唯識等為隨順眾生根器而施設之教法更為根本，而
如來藏思想之弘播亦應於中觀與唯識之前。這觀點饒有深
意，此段一切佛法為佛陀內自證境界中慈悲依眾生根器開
演之方便教化，亦即《楞伽》所說「宗趣法相」
（siddhāntanayalakṣaṇa）及「言說法相」（deśanānayalakṣaṇa）
之意趣，由是否定佛法有如西方科學與哲學之不斷發展演
進。近年談錫永上師編纂《佛家經論導讀叢書》所持的觀
點，即與太虛大師相合。談錫永於《叢書》總序指出：

佛家思想，並非由不斷發展而來，但其流播於世
間的過程，表面看來，卻是一個發展的過程。……
大乘經典所演繹的，是佛的密意。稱為「密意」，
意思是說，佛於說法時雖未明白說出此意，但其

內涵卻實在有這重意思。

因此一切佛學，實在是由上而下的建立。……

佛已得一切相無分別智，但他於弘法時，卻不能
一開始就將自己證悟的境界說出，而且證悟的境
界實亦無可說，是故他便只能權宜向下安立，說
四諦等。

佛陀無可說之證悟境界，即《楞伽》所言之「宗趣法
相」；依此境界「權宜向下安立」者，即「言說法相」。如
來藏思想則可說是所謂「原始佛教」經典中「心性本淨客
塵所染」教法之「密意」。

　　然而，印順三系判教所持的基本立場，卻與此剛剛相
反，採用發展史的角度來詮釋三系佛法，認為大乘佛法雖
植根於小乘教法，但卻是從小乘教法中不斷發展而來；於
大乘教法而言，印順亦本着龍樹之中觀學說為佛法之究竟
中道，由是抉擇無著之瑜伽行為「執有滯空」，如來藏學說
則為「在印度與婆羅門教合化」、「在中國與儒道混融」[51]
的真常唯心論，唯是開引外道之不了義說而已。[52] 沖着太
虛大師所倡「法界圓覺」之如來藏思想，應早於中觀、瑜
伽行流播，印順於《印度之佛教》即提出：

如來藏、佛性之說，性空大乘經所不明。不特
『楞伽』等後出，即『般若經』等混入之藏心見，

51 印順《無諍之辯》，頁18。
52 印順比喻此發展之演變過程，為人生中由誕生，至童年、壯年、漸衰、
　以至老死各階段，而如來藏之出現，即被譬如為印度佛法衰死時期所興
　之思想。見《印度之佛教》，頁7。

亦屬後起。無著等以破十種分別釋『般若經』，有
「實有菩薩，不見有菩薩」文。實有菩薩，以圓成
實為菩薩體解之，此即大我之說。檢什譯『般若』
及龍樹所依本，舊譯諸經，並無之。如上所引之
『最勝天王經』文，舊譯『勝天王』中無，似異而
實同『寶雨』、『寶雲經』，亦無此文。華嚴「一
切眾生皆有如來智慧德相」，不見於『十地』。
『無上依經』異譯極多，而真諦譯獨廣談如來界。
『大般涅槃經』，即『大毘婆沙論』文，亦連篇糅
集其中。「真常唯心論」詎可視為先於性空大乘
經，先於龍樹論乎！[53]

因此，太虛大師閱畢印順《印度之佛教》所作之三系判
教，即撰〈議印度之佛教〉，批評說「惟以佛世以來之教
史，似因莊嚴『獨尊龍樹』之主見，將大乘時代揉成離支
破碎，殊應矯正」[54]。其後，更造〈再議印度之佛教〉，亦
重提同一論點，指摘印順「『獨尊龍樹』，乃前沒馬鳴而後
擯無著，揉成支離破碎也」[55]。對於太虛大師之兩篇評論，
印順分別寫成〈敬答「議印度之佛教」〉及〈無諍之辯〉以
作回應，而師徒間的直接交鋒，亦到此為止。[56]

---

53 印順《印度之佛教》，頁272。
54 太虛〈議印度之佛教〉，收《太虛大師全書》第25冊，頁48-49。
55 太虛〈再議印度之佛教〉，收《太虛大師全書》第25冊，頁63。
56 有關印順承襲太虛其他方面的思想而作出的演變，如太虛的人生佛教之
改變為印順的人間佛教、太虛佛化新青年與印順青年的佛教之別、太虛
的今菩薩行與印順人菩薩行之異等，參侯坤宏〈從太虛大師到印順法
師：一個思想史角度的觀察〉，收《印順導師思想之理論與實踐：人間佛
教與當代對話——第五屆祝壽研討會論文集》(台北：財團法人弘誓文教
基金會，2004)。

　　印順法師其後擔任《太虛大師全書》的編輯工作，但於往後數十年的論著中，對於佛法由聲聞時期之「原始佛教」，發展至大乘的性空學院，再演進為無著的虛妄唯識論，最後轉為真常不空的如來藏說，而此真常論之興，說為「與笈多王朝之梵文學復興有關」，由是論定說若要為如來藏與梵我作一區別「亦有所難矣」，且謂「**處梵我論大成之世，而大乘學漸入於婆羅門學者之手，求其不佛梵綜合，詎可得乎！**」[57]再加上如來藏思想為密乘修學之基，是故印度佛教之滅亡，亦間接歸咎於如來藏思想之弘播。印順法師多年來對如來藏的解說與批評，可臚列如下：[58]

　　　　1)《無諍之辯》
　　　　2)《印度之佛教》
　　　　3)《印度佛教思想史》
　　　　4)〈修定修心與唯心秘密乘〉[59]
　　　　5)〈心性與空性•修心與唯心〉
　　　　6)〈如來藏心與修定〉
　　　　7)〈無上瑜伽是佛德本有論〉
　　　　8)〈游心法海六十年〉[60]
　　　　9)《勝鬘經講記》
　　　　10)《如來藏之研究》
　　　　11)〈真常大乘經〉
　　　　12)〈論真諦三藏所傳的阿摩羅識〉

---

57 印順《如來藏之研究》，頁270。
58 下來所引印順法師的論著，除〈《起信論》與扶南大乘〉一文外，均由台北正聞出版社出版發行，不逐一細註。
59 上來四篇，收《華雨集》(三)。
60 收《華雨集》(五)。

13)〈如來藏之研究〉

14)〈如來藏之三系不同解說〉

15)〈如來藏為生死依〉[61]

16)《大乘起信論講記》

17)〈《起信論》與扶南大乘〉[62]

此等著作中，有側重說如來藏義者，如《勝鬘經講記》、《大乘起信論講記》、〈《起信論》與扶南大乘〉等，亦有側重說明如來藏說於其判攝印度大乘佛法之位置、以及對如來藏的猛烈批判。其中《起信》的講記以及研究與扶南大乘的關係，有不少論點甚值得堅執《起信》為偽論者所深思細閱，以客觀而視《起信》為印度論師所造的可能性。然而，即使《起信》是真論，於印順的判教而言，亦不過是開引外道的異方便而已。有關印順對如來藏之批判，可略引如下。於《如來藏之研究》第二章，開首即對如來藏下此界定：

> 如來藏 tathāgata-garbha 是 tathāgata 與 garbha 的結合語，淵源於印度神教的神學，是不容懷疑的！[63]

---

61 上來五篇，收《以佛法研究佛法》。

62 收《中華佛學學報》第八期 (1995)，頁 1-16。

63 印順《如來藏之研究》，頁19。印順把「如來藏」一詞拆成「如來」與「藏」而加以分析，認為如來是印度文化中的固有名詞，非佛家獨有，而藏則說為來自吠陀思想的「胎藏」義，由是引伸謂「從如來藏的學理意義來說，倒好像是古代的金胎說，取得了新的姿態而再現」，如是亦論定如來藏為真常我、真常心的梵我思想。對此，陳英善於其《天台緣起中道實相論》（台北：法鼓文化，1997）指出印順「認為的『佛法』講『如來』是可以的，而如來藏經論所講的『如來』則是外道的如來，而這樣的判準，在於先有了一個設定，即如來藏是外道的東西，……也可以說印順法師對佛法中的『如來』採取了雙重標準」。（頁466）

於《印度之佛教》復言：

> 一切名言思惟所不及，而體為常、樂、我、淨之妙有。以此為依，流轉門立相待之二本，還滅門歸於絕待之一實。此與吠陀以來之梵我論，其差別究何在耶？差別誠不易，然亦有可說者。『楞伽經』以外道之真常不思議，但由推論比觀得之，即觀生滅無常而推論想像有真常超越之本體，為大梵，為小我。佛教之真常妙覺，則以聖智現證得之。『涅槃經』以外道常、樂、我、淨之大我，係遠聞古佛真常大我而誤解者，彼實未嘗見我。然就印度思潮觀之，則佛梵綜合之形勢已成。在佛教，將不但融攝三明之哲理，且將融攝阿闥婆吠陀之秘咒；吠檀多之學者，亦將融佛於梵，以釋迦為神之化身矣！……

> 佛元八世紀以來，佛教外以印度教之復興，於具有反吠陀傳統之佛教，予以甚大之逼迫。內以「唯心」、「真常」、「圓融」、「他力」、「神秘」、「欲樂」、「頓證」思想之泛濫，日與梵神同化。幸得波羅王朝之覆育，乃得一長期之偏安。然此末期之佛教，論理務瑣屑玄談，供少數者之玩索；實行則迷信淫穢，鄙劣不堪！可謂無益於身心，無益於國族。律以佛教本義，幾乎無不為反佛教者！聞當時王舍城外之屍林中，密者於中修起屍法（可以害人）者，即為數不少。佛教已奄奄一息，而又有強暴之敵人來。佛元十四

世紀初，阿富汗王摩訶末，率軍侵略印度，佔高附而都之，回教漸滲入印度內地。相傳侵入者，凡十七次，每侵入，必舉異教之寺院而悉火之。佛教所受之損害，可想見也。於是恆河、閻浮河兩岸，西至摩臘婆，各地之佛徒，改信回教者日眾。其佛教僅存之化區，惟摩竭陀迤東耳。迨波羅王朝覆亡，回教之侵入益深，漸達東印，金剛上師星散。不久，王室改宗，歐丹富多梨寺及超岩寺，先後被毀；即僅存之那爛陀寺，亦僅餘七十餘人。佛教滅跡於印度大陸，時為佛元十六世紀。佛教興於東方，漸達於全印，次又日漸萎縮而終衰亡於東方。吾人為印度佛教惜，然於後期之佛教，未嘗不感其有可亡之道也！[64]

對於傳統中國佛教之中，築基於如來藏思想的天台宗、華嚴宗、禪宗等，印順亦依其對龍樹中觀之理解而予以猛烈批判。此如天台智者「即空、即假、即中」的三諦論，印順即甚不以為然。於《中觀論頌講記》中，印順批評此「三諦論」：

> 在中觀者看來，實是大有問題的。第一、違明文：龍樹在前頌中明白的說：「諸佛依二諦，為眾生說法」，怎麼影取本頌，唱說三諦說？這不合本論的體系，是明白可見的。第二、違頌義：這兩頌的意義是一貫的，怎麼斷章取義，取前一頌

---

[64] 印順《印度之佛教》，第十四及十七章。

成立三諦說。不知後頌歸結到「無不是空者」，並沒有說：是故一切法無不是即空即假即中。如心經，也還是「是故空中無色」，而不是：是故即空即色。華嚴經也沒有至於究竟，終是無相即有相。這本是性空經論共義，不能附會穿鑿。要發揮三諦圓融論，這是思想的自由。而且，在後期的真常唯心妙有的大乘中，也可以找到根據，何必要說是龍樹宗風呢？又像他的「三智一心中得」，以為龍樹智度論說，真是欺盡天下人！龍樹的智論，還在世間，何不去反省一下呢！中國的傳統學者，把龍樹學的特色，完全抹殺，這不過是自以為法性中宗而已，龍樹論何曾如此說！[65]

於《如來藏的研究》書末，印順亦不忘對天台的圓融思想予以諷刺：

『涅槃經』的佛性說，重視『阿含經』的因緣說，參用『般若』、『中論』等思想來解說，所以與傾向唯心的如來藏說，在思想上，踏著不同的途徑而前進。『涅槃經』不說「生死即涅槃」，「煩惱即菩提」，也不說「一法具一切法」，「一行具一切行」，大概宣說如來常住，久已成佛，所以天臺學看作與『法華經』同為圓教。「圓機對教，無教不圓」，具有圓融手眼的作家，要說這部經是圓教，那當然就是圓教了！[66]

65　印順《中觀論頌講記》，頁474-475。
66　印順《如來藏之研究》，頁270。

如是等措詞嚴厲之指摘，難怪惹來牟宗三強烈的不滿，高言「天台家並不欺人，乃印順欺人也」[67]。傅偉勳對台賢二宗所倡之三諦，以及印順的批判，則有比較溫和而持平的見解。傅教授於〈從中觀的二諦中道到後中觀的台賢二宗思想對立〉一文中，指出印順對三諦說「毫不同情」，而他自己卻認為：

> 處於後中觀時代而遵循中觀所立二諦中道這大乘佛法共同理念的天台大師智顗，正是以創造的詮釋家身份，發現龍樹上述本頌的種種可能「蘊謂」（豐富的義理蘊涵）之餘，不但挖掘出具有深意的《中論》「當謂」（即「龍樹『應當』如此講說」），特為龍樹講活了二諦中道之旨，且進一步救活了具有無限否定性（而忽略日常妙有性）的可能偏差之嫌的印度本位一切法空觀，而創造地開展出「真空（即顯）妙有」的圓融三諦、一念三千等等天台獨特的實相論說的。以法藏為首的華嚴宗亦然，乃站在所謂「別圓教」立場，開展了批判地超越一切法空觀的，圓融無礙四法界觀、十玄門、六相圓融等等華嚴宗獨特的真空妙有論。就這一點說，木村泰賢在《大乘佛教思想論》中所強調的，「從真空到妙有」的大乘佛法開展理路，如與印順法師的偏守中觀論說相比，顯然殊勝得多，至少能夠順理說明，勝義（大乘）佛法不得不從中觀原創的二諦中道辯證地轉住（足以

---

67 牟宗三《現象與物自身》（台灣：學生書局，1975），頁377-378。

代表中國大乘佛學傳統的）台賢二宗分別所倡
「圓教」義理的理論線索。……

從中觀到後中觀的佛教思想發展過程之中，台賢
二宗所代表的中國大乘佛學，正是要在理論、言
詮與修證這不可分割的三重佛法開展課題，處心
積慮謀求突破印度（大乘）佛教的思維、語言暨
修證模式的一種「即事而真」圓教探險，而從強
調日常性大機大用的傳統禪宗及禪道，到今日中
國佛教界所提倡的「人生佛教」、「人間佛教」、
「人間淨土」理念等等，也處處反映了中國大乘佛
教逐步克服印度佛教厭世避世的論調偏向所作的
種種努力。如果印順法師不願意承認這一點，給
予台賢二宗（以及禪宗乃至如來藏思想在中國的
發展）應有的較高評價，則如何去圓滿說明，他
所倡導的「人間佛教」可從印度純中觀式的二諦
中道思維模式推演出來的呢？……

宗密等人用辭過當，強調「常住」真心，確有心
性實體化、絕對化、真常化之嫌，難怪印順法師
不得不用同樣過當的「真常唯心論」這個名詞予
以歸類，貶其理論深意。如果換個角度去看，所
謂「如來藏」、「佛心佛性」或「真如心」原不過
是就我們現實心性上下轉移的「上轉」現象（如
「發菩提心」、「上求菩提」、「浪子回頭」、「放
下屠刀」、「轉迷開悟」等等），予以實存的現象
學描敘，或特就人人確有自不覺而始覺的心性上

轉潛能一點，方便善巧地立名而成的結果，乃不
過是一種「功能性語言」（functional language）的
使用，卻與「實體性語言」（substantive language）
毫不相干。我們如此從（強調非本然的現實存在
轉化之為本然的真真存在的）實存論（existential）
觀點，去重新理解如來藏或佛心佛性，而不採取
真常唯心論或存有論（ontological）的心性理解方
式，則天台實相論與華嚴（真如）緣起論系不但
無有理論衝突，反有相得益彰的修證意義。[68]

至於反應激烈的牟宗三，其實對天台、華嚴的如來藏
思想，有其獨到的見解。比起其師熊十力，牟氏可謂青出
於藍，提出的以「虛說」理解佛家的體用義，突破了熊十
力的思想範疇，亦肯定傳統中國佛教宗派的價值，非如印
順所言，謂其為遠離印度佛教之附會穿鑿、斷章取義的欺
人之說。

牟宗三指出空性、法性、如如等，與緣生之一切法之
關係，實不可以用體用說，而空性、真如、如來藏自性清
淨心等，亦絕非具創生性之「本體」或「實體」，牟氏於
〈佛家體用義之衡定〉強調：

> 吾人不能說空是緣生之體、緣生是空之用。體用
> 之陳述在此用不上。雖然說以空為體，以空為

---

68 傅偉勳〈從中觀的二諦中道到後中觀的台賢二宗思想對立 —— 兼論中國天台的物質與思維限制〉，收《中華佛學學報》第10期（1997年），頁383-395。

性，然此抒意之空性空體並不能存在地生起緣生
之用也。此即表宗空與緣生之關係並非體用之關
係。是以以前呂秋逸曾謂體用是儒家義，佛家之
真如空性並非體用之體。其言是也。

體用皆是過渡中的詞語，亦是虛說的詞語。此如
來真心實創生緣起法之實體也。[69]

於如來藏思想亦如是，不能依體用義而詮釋如來藏自性清
淨心為形而上的創生性實體：

佛家發展至如來藏之真常心（自性清淨心），其真
如空性與緣生之關係幾似乎可以體用論矣。此形
態之相似也。[70]

復云：

就華嚴宗說，「不變隨緣，隨緣不變」是實然地
說。在此實然地說下，吾人不能說如來藏心是
體，而隨緣流轉是用。……縱使唯一真心轉，性起
具德，一時炳然，或隱映互現，而吾人仍不能說
此真心為一創生的實體能創生此緣起事之大
用。……體用皆是過渡中的詞。亦是虛說的詞語。
此如來真心實非創生緣起法之實體也。[71]

此中所謂虛說者，即假施設(prajñapti)也。世親於《辨法法
性論釋》中即明說：

初，「其不起煩惱，即無所依處」。謂若無轉依，

---

[69] 牟宗三《心體與性體》第一冊，頁643。
[70] 同上，頁580。
[71] 同上，頁642。

即由無轉依而令不起煩惱無有所依處。是則如何
能住於法性，而煩惱更不相續生起耶？此如煩惱
生起須有所依，故不起煩惱亦須說有依處。如是
說無有不起煩惱之所依處，即成過患。故「於彼
道所入，亦無所依處」。......故如名色之假立，亦
應有般涅槃所依之假立。[72]

牟氏以「虛說體用論」的洞見來詮釋《起信》及賢台
二宗的圓融思想，極盡明辨細思之能事。傅偉勳所昌「不
採取真常唯心論或存有論（ontological）的心性理解方式」
來理解如來藏或佛性的觀點，可說是與牟氏的論說相呼
應；另一方面，呂澂與談錫永力主如來藏實為證智境界，
此觀點除廣見於印度佛家經論以外，其實亦與牟宗三及傅
偉勳的判釋相合而無相違之處。印順既評破熊十力「即體
即用」、「翕闢成變」之實體說來理解佛家思想，實無須強
把如來藏定義為真常、一元論之本體，由是視之為梵天
化、俗化的佛家思想矣。然而，以如來藏為真常唯心論，
卻正是印順三系判教的主導思想之一。

賴賢宗於〈印順的如來藏思想之研究：印順如來藏及
其在對比研究中的特義〉一文中，雖欲極力為印老辯護，
謂「將如來藏說視為大乘佛法的三大派之一，而以性空加
以抉擇，是印順的始終如一的判教。『所以如來藏一詞，
顯然有印度神我的影響，但也不能說全是外來的，也還是
「大乘佛法」自身的發展』......『如來藏也還是「大乘佛法」
自身的發展』這是印順終其一生的對如來藏說定評，包含

---

72 引文依談錫永譯，見《辨法法性論 —— 世親釋論》（香港：密乘佛學
　　會，1999），頁186。

了對如來藏說做為大乘佛法自身的開展的積極性格的肯
定，這和現在許多人一味的強調印順的評破如來藏佛學為
梵天化的一面倒的偏頗的印順佛學之再詮釋是極為不同
的。」⁷³ 然而，檢閱〈游心法海六十年〉一文，則不難發覺
印順批判如來藏為梵天化真我的態度實始終如一，他說：

> 如來藏與佛性，是後期大乘的主要（不是全部）問
> 題。書中論到如來藏說的起源，及有關如來藏的早
> 期聖典，如『如來藏經』、『大般涅槃經』初分。
> 如來藏有濃厚的真我色采（適合世俗人心，所以容
> 易為一般人所信受），不能為正統的佛法所容認，
> 但由於通俗流行，也只能給以合理的解說。⁷⁴

由此可見，從太虛、王恩洋、牟宗三，以致近日台灣
學界如劉紹楨、如石、陳英善等對印老的強烈批判，其實
並不在於印順把如來藏說摒棄於大乘佛法以外。賴賢宗的
文章是把批判的焦點轉移了。批判印順者所指斥的，正是
在於印順既把如來藏視為大乘佛法的三大法系之一，同時
卻又判定如來藏具「濃厚的真我色采」，是佛家與婆羅門教
合流之俗說，也是導致佛教於印度滅亡的「秘密大乘佛法」
之主導思想。這樣一來，便等如視如來藏思想為外道；亦
等如否定了華嚴、天台、禪宗、淨土、律宗的根本見，至
於密乘受謗，那更是必然的事。賴賢宗以為印順只是反對
「晚期如來藏佛學有梵天化的危機」，事實非然，因為於印

---

73 賴賢宗〈印順的如來藏思想之研究：印順如來藏及其在對比研究中的特
義〉，收《印順導師九秩晉五壽慶論文集》（台北：正聞出版社，2000年
4月），頁297-328。
74 印順《華雨集》第五冊，頁38。

順的著作中並不見有不被歸入「真常唯心」系統的「前期
如來藏佛學」。説印順評破如來藏為「梵天化」、「不能為
正統的佛法所容認」，實非「偏頗」的「再詮釋」。至於賴
賢宗認為「印順承認法界圓覺為大乘佛學本身發展之一大
流而折衷於空義，其結果是使空義在諸論題的對應上也更
彰顯和深化了」，亦概念模糊，何不明快道出印順是依其理
解，藉宗喀巴對三種空性見的判別來評定如來藏思想為真
常唯心？[75]

　　學術研究，理應客觀而持平、審縝而離偏頗。有關印
順法師三系佛法的判攝、「人間佛教」的提倡、密乘佛教
的排斥、傳統中國佛學的評破，於近年掀起頗多諍論，此
於藍吉富〈台灣佛教思想史上的後印順時代〉一文已作出
握要的論述。對印順學説支持者，包括弘誓弘法團體的昭
慧法師、妙心寺的傳道法師、學術界的楊惠南及邱敏捷
等，而反對者則有現代禪的溫金柯、修持藏密的如石法
師、大陸學者恆毓博士等。由是而引起的正反雙方論戰，
卻亦有時失去理性的探討，而落於情緒化、非理性的相互
排斥。對於這種情況，一直尊重印老、依學術觀點評介印
順思想的藍吉富及江燦騰都作了持平的歸結及具建設性的
提議。藍吉富認為：

　　　　一個人的時間有限，要在一生中深入研究上述所破

75 陳英善於上揭書檢視印順三系判教的特色時提出：「依印順法師他個人的
看法，唯有『性空唯名』一系真正把握了佛教的精神，餘皆已非佛教原
意，尤其真常唯心一系，依印順法師的看法，是屬於外道、梵我、真我的
思想，而中國佛教則是這一系下的產物，除了三論宗能倖免」。（頁457）
由此可見問題的嚴重，近二千年傳承的中國佛教在「三系判教」下，竟如
同外道，藏傳佛教亦被全面否定，那麼，大乘佛教豈不是都是外道邪見？

諸宗，是相當困難的。何況，這些看法只是印老治學範圍中的一部份而已。易言之，對這些宗派的研究，印老並沒有用他的全力。所以，我認為對後繼者而言，其間還大有探討、深思的空間。

我建議印順學的後繼者，能以公平的心態去研究印老所破諸宗。去考察這些宗派的長處，可信性何在；探討千餘年來仍有那麼多人對它們信受奉行的內在原因。

然後，將這些宗派的長處，取來與印老所破斥之諸項相對照。如果結論仍然如印老所言，那麼，印老所破當然更昭公信。如果認為這些宗派仍有信仰價值，也應該把真實還給歷史。……

後印順時代的印順學繼承者，對於其他佛教宗派的教義批判，固然可以依理直書，但是在態度上、遣詞上，恐怕仍須懷有一份尊重才好。[76]

至於江燦騰，亦持相類的觀點，明快誠實地道出印老著作中的「功」與「過」：

在我看來，印順的某些看法，可能是「矯枉過正」。例如他過於批判傳統中國佛教，就是值得檢討的。由於他要避免佛教重蹈在印度覆亡的下

---

76 藍吉富〈台灣佛教思想史上的後印順時代〉，刊《第三屆印順導師思想之理論與實踐研討會論文集：人間佛教當代對話》 (弘誓文教基金會，2002)。

場，所以他大大地強調如來藏思想和密教的缺失。連帶的，戒、定、慧三學中，他也大為忽視了「定」的正面功能。他在答王恩洋的「空有之間」一文，曾坦承「學空多病，且其病特深，而又終不可不學」。他是知道其中的困難和必要性。可是讀他的《成佛之道》，卻覺得他並未將這方面的困難經驗，有效地疏解。走他的成佛思想途徑，其實不很容易。……

另外，他用「性空唯名」、「虛妄唯識」、「真常唯心」三系，來區分整個佛教思想，使我們在今日討論傳統佛學的性質時，相當方便。在這一點上，太虛不如他。學術界也都接受了他的這一看法。不過，我也保留一些批評之詞。從他那一代來看，他的成就相當難得。但就學術談學術，他的使用資料方式，頗有商榷的餘地。他的一些研究成果，由於未適當處理前人研究業績的問題，在學術創見的角度看，便價值降低甚多。這只要比較一下例如高崎直道的《如來藏思想研究》的研究方式，看看其如何應用各種參考文獻；再看看印順的《如來藏之研究》，就明白：現代佛學研究，是要如何進行了。[77]

如是「是其是、非其非」的討論，正是學術研究應有的態度也。

---

[77] 張慈田〈《佛學研究與修行》——訪江燦騰居士〉，刊《新雨月刊》31期，台北：新雨佛教文化中心，1990年2月，頁22。（1989年12月13日採訪於竹北市江燦騰自宅，經江燦騰過目訂正）。

第七節　談錫永對如來藏的弘揚

　　上來所引傅偉勳持平而說如來藏不應以「真常唯心」
而予以歸類，但此觀點於近年似乎已成看待如來藏學說的
定論。不少學人於論說如來藏時，下手即說其為真常，由
是鄙夷之為錯見、俗說，對此貶義之「真常」判定的真確
性，亦缺乏反思與檢討；對如來藏說於佛家修持上的關
聯，更是乏人問津。歐陽竟無、呂澂、傅偉勳等的論著，
亦大都被人遺忘或忽視。談錫永近年依了義大中觀的甚深
見地來詮釋如來藏，即可視為填補了漢土佛學研究這方面
的空白。

　　談錫永的學術著作，包括依梵本、藏譯重新翻譯與如
來藏思想有關聯的佛典，如《入楞伽經》、《寶性論》、
《法界讚》等，並依其甯瑪派的師承，揭示印度諸經論中其
實從來都只是以佛內自證智境界來定義如來藏，而卻從未
說之為「本體」、「實體」或「真常之一元論」。其依梵、
藏文翻譯有關如來藏思想的經論，以及論說「了義大中觀」
所傳如來藏義理的學術論著，有下來多種[78]：

　　　1)《四重緣起深般若》
　　　2)《心經內義與究竟義》
　　　3)《聖入無分別總持經・校勘及研究》
　　　4)《入楞伽經梵本新譯》
　　　5)《寶性論梵本新譯》

---

[78] 下來諸論著皆由台北全佛出版社或香港密乘佛學會出版，於此不一一註
　　明出版資料。

6)《辨法法性論 ── 世親釋論》

7)《甯瑪派次第禪》

8)《決定寶燈》

9)〈「如來藏」的「本來面目」〉[79]

10)〈如來藏的體性與觀修 ──《入楞伽經》
　　與《寶性論》合論〉

11)〈《入楞伽經》導讀〉

12)〈《寶性論》導讀〉

13)〈《寶性論》五題〉

14)〈《六金剛句》說略〉

15)〈印度密乘源流考略〉

16)〈大圓滿直指教授〉

17)〈諸宗般若差別〉

18)〈《維摩詰經》導讀〉

19)〈《四法寶鬘》導讀〉

20)〈四部宗義要略〉[80]

談氏於論文中指出，如來藏經論中所言常、樂、我、淨等，
都是就諸佛現證的智境而為凡夫所作之施設。智境的體性為
空，然法爾具足諸佛功德，此即由智境任運自顯現而成之後
得智境界，二者不可異離，且不論後得境如何自顯現，其所
依之智境亦如如不動、不為所染。依密乘之道名言，此智悲
恆時雙運之境界，即說為樂空雙運、樂空無二。

　　談上師雖師承西藏佛教甯瑪派的敦珠法王無畏智金

---

79 收談錫永《生與死的禪法》附錄。

80 以上七篇收談錫永《大中觀論集》。

剛，但其論文之觀點卻不能抹殺為秘密大乘的一家之言，以此中所說實廣見於諸大乘經論。此如《勝鬘》所言：「**如是法身（智境）不離煩惱（識境），名如來藏**」[81]。由是，法身與如來藏雖於經論中皆說為如來境界，但談錫永點出二者之細微差別：法身但指如來之「智境」本身而言，而如來藏則指自顯現成識境之「智境」——前者唯佛現證，後者則有一切有情皆具，在凡不增、在聖不減，周遍而平等。如來智境非凡夫所能思議，但勉強依我們的名言概念以形容，則可說為常、樂、我、淨，因為相較凡夫的識境而言，不可說諸佛的智境為苦、為不淨等，亦不可說如來智境仍落無我、無常等對治邊。諸佛所證，為法爾如是之法性境界，離諸名言戲論，亦離造作。此如《雜阿含》所說：

> 若佛出世，若未出世，此法常住，法住、法界，彼如來自所覺知，成正等覺，為人演說、開示、顯發。……此等諸法，法性、法住、法決定、法如、法爾、法不離如、法不異如，審諦真實不顛倒，如是隨順緣起，是名緣生法。[82]

此說法性之恆常、法爾、不顛倒，不可視為真常之本體論，亦不宜依體用義來理解「**法不離如、法不異如**」之意趣。同理，如來藏之常、樂、我、淨，亦不可強說為真常唯心之一元實體，以經中已明說如來藏為諸佛內自證智境界，而「**彼如來自所覺知，成正等覺**」即是說如來之證智

81 大正・十一，no. 310，頁677。
82 《雜阿含》第二九六經，見大正・二，no. 99，頁84。此中「法性、法住、法決定」，原作「法住、法空」，今依玄奘譯《瑜伽師地論》作訂正。

境界。此證智境界與法性相即不異，不能說如來境界非真實、具顛倒，亦不能說為非法爾、非恆常。若依《華嚴》所說「心佛及眾生，是三無差別」，是則更不能說唯佛始具如來藏也。

至於說「智境唯藉識境而成顯現」，亦無異於經中所言如來法身與色身不相離異一致，以如來之識境，即彼法身所顯之後得智，亦即報、化二色身之大悲示現故。此亦如《大寶積經・大神變會》所言：

> 又問何謂佛境界？答曰：眼界是佛境界，然佛境界非眼眼色眼識境界故；耳界是佛境界，然佛境界非耳耳聲耳識境界故；乃至意界是佛境界，然佛境界非意意法意識境界故；色界是佛境界，然佛境界非色境界故；受想行識界是佛境界，然佛境界非受想行識境界故；無明界是佛境界，然佛境界非無明界故；乃至老病死界是佛境界，然佛境界非老病死境界故；欲界是佛境界，無貪相故；色界是佛境界，非對除貪故；無色界是佛境界，非無明見故；無為界是佛境界，無二相故；有為界是佛境界，非三相故。天子，是名佛境界。如是境界入一切界，若邊無邊皆悉攝受。菩薩善入是境界故，常行世間一切境界，超過魔界，佛界魔界如實了知，寂靜平等，是則名為最大神變。[83]

是即說明智境入一切識境之義理，由如實了知識境不離智境

而成顯現、智境雖藉識境成顯現而卻無顛倒變異，則能如經言「常行世間一切境界，超過魔界，佛界魔界如實了知，寂靜平等」，此智境自顯現成識境之理，即說為「最大神變」。《維摩・弟子品》說「如來身者，金剛之體，諸惡已斷，眾善普會，當有何疾？……但為佛出五濁惡世，現行斯法，度脫眾生」，是故示現有疾，此即生動表達此甚深義理；同經所言「不斷淫怒癡，亦不與俱」、「以五逆相而得解脫」等教法，亦基於同一見地。若但以「淫怒癡等皆無自性，是故為空，因此無實三毒可斷」等空洞的說法作詮釋，則一切佛法皆可依「無自性空」四字而解，是即於極度淺化本來淵深無量的佛法之餘，亦置佛家的修證於不顧。

　　依此，若據佛經之定義如來藏為如來之證智境界，不外加形而上之哲學概念於如來藏之上，則如來藏思想實無可批判之處。即使譯文有諸多疑義之《起信論》，其建立之不變與隨緣二分，若不局限以體用義來理解，而視此二為智境與識境，則亦不可斷言謂《起信》此說有誤，因上來所引《雜阿含》經文，即明說智境照見之法性常住、法爾、真實、不顛倒，而識境所緣之緣生法則「隨順緣起」也。

　　此外，以他空見來詮釋《起信》的如來藏說，亦為談上師從實修觀點以讀此論所得的洞見。此觀點得到國外學者如S.K.Hookham、Whalen Lai等的認同。讀者宜逕自細閱，於此不贅。至於談錫永從自宗甯瑪派了義大中觀的甚深抉擇見，依離言空性之實相、周遍平等無分別之自然智、無間且離邊之瑜伽、以及廣大法爾任運成就之法身等四科，詳明建立本始基(gdod ma'i gzhi)的意趣，以及此本始基與如來藏與

法身的關聯，以至《維摩》中闡示之大圓滿法義、從實修角
度來說如來藏之空與不空、三系大中觀義理差別之確立、由
細品內大中觀抉擇應成與自續之粗品外中觀等論述，亦皆漸
受學界注意。現任中國佛教文化研究所所長、中國宗教學會
副會長、國內學報《佛學研究》主編吳信如先生，於2000
年應中國佛教協會之邀，開講《楞伽經》，即完全是依據談
錫永多篇著作的觀點講解。吳信如此《楞伽經講記》已於
2003年由中國文史出版社出版，於中可見吳老論說的觀
點，取材自談氏的〈《入楞伽經》導讀〉[84]、〈《維摩詰經》
導讀〉[85]、〈《寶性論》導讀〉[86]、〈《淨治明相》導讀〉[87]等
諸篇。在一片批判如來藏為真常之風下，吳老對談上師所傳
了義大中觀見地之附和，有望能助學人檢討近代學術界外加
於如來藏教法之哲學詮釋，是否恰當、如實的表達如來藏之
甚深義理。

---

84 收《佛家經論導讀叢書》，香港：博益出版集團，1996年初版。
85 收《佛家經論導讀叢書》，香港：博益出版集團，1996年初版。
86 收《甯瑪派叢書》，香港：密乘佛學會，1996年初版。
87 收《甯瑪派叢書》，香港：密乘佛學會，1998年初版。

第八節　小結

「如來藏」思想雖為佛家的重要教法，但自民初以來於漢土卻引起多場論諍。歐陽竟無、呂澂等支那內學院對《圓覺》、《楞嚴》、《金剛三昧》、《起信》等如來藏經論的批判，令人覺得這儼然便是當今日本「批判佛教」的先驅。有關這一點，林鎮國於《空現與現代性》已作細緻的分折，故不復贅說。

然而，於此卻須指出日本「批判佛教」與內院對「偽經偽論」的批判，僅是貌似而實非全同。歐陽竟無與呂澂所批判的，不是如來藏思想本身，而是漢土對如來藏義的附會與曲解；其所批判的，亦正與松本史朗、袴谷憲昭所批判的「場所哲學」（topos philosophy）、「基體論」（dhātuvāda）相近，認為若別立一實體作為創生宇宙萬有之本源實有違佛法。但呂澂等卻不認為凡說如來藏即是說此「基體論」；相反。從上來討論可見，歐陽竟無與呂澂都以如來藏為佛家之究竟義，從這一點來看，可說是與武昌佛學院的太虛大師不謀而合，唯二院對如來藏的論釋不同而已。其實，印度大乘佛教早已意識到錯解如來藏為衍生萬法之實體，此可見於《楞伽》有關如來藏之常不可思議與外道所說作因（kāraṇa）的差別：

> 大慧菩薩摩訶薩白世尊言：依世尊教，所謂常不可思議，即自證殊勝境，為第一義諦。今者，外道所說之作者，豈非亦為常不可思議耶？

> 世尊答言：非是，大慧，外道所說作因（kāraṇa）
> 為常不可思議，然此實不能成立。……諸如來之
> 常不可思議，不同外道之常不可思議，其為諸如
> 來內自證聖智之如如（tathatā）。[88]

同經〈無常品〉復云：

> 大慧，我之不生不滅不同說不生不滅之外道，不
> 同其說生與無常。何以故？外道說不生、不變性
> 相為一切法實自性，而我則不落有無二見。[89]

由此可見，所言常不可思議、不生不滅者，非指諸法之實
體，而是指如來內自證離諸有無二見的如如聖智境界。而
且，諸法實相非思量境，非有非非有，是故若諦實而言法
性為空、為不空，如來藏為有、為無等，是皆落於言說戲
論、落於分別邊見。此即如《楞伽偈頌品》第426頌所言：

> 生非生與空非空　　以及自性非自性
> 是皆一切無分別　　於唯心中無所得[90]

　　然而，「批判佛教」卻認為如來藏經論中凡說即是說
「發生的一元論」或「根源實在論」之真實「基體」，且與
印度的梵我思想、老莊的「道」無異。從這重意義上而
言，亦可說「批判佛教」的立場與熊十力和印順相近──

---

88 見談錫永《入楞伽經梵本新譯》，頁60。
89 同上，頁170。
90 同上，頁285。魏譯此頌為：「生及與不生 不分空不空 實及於不實 心中
　無如是」；唐譯則作：「智者不分別 若生若不生 空及與不空 自性無自性
　但惟是心量 而實不可得」。

這並不是說熊十力與印順對佛學的詮釋相同,又或印順對如來藏的論說即是「批判佛教」之所為;所言彼此「相近」者,是熊十力與印順於研究如來藏思想時,都先把如來藏預設為真常之一元論本體,由是印老始會評論如來藏為梵天化的佛家俗說,而這論點正是「批判佛教」所要批判如來藏不是真正佛教思想的基調。

另一方面,呂澂、牟宗三、傅偉勳與談錫永,皆不同意如來藏為真常的實體。牟宗三認為中土佛家所言「體用」者,不過是「虛說」而已,非指實有一創生性之本源實體。傅偉勳的意見則大致同牟宗三,認為不應循真常的角度來詮釋如來藏,而佛典中對如來藏「實存」的描述,亦不過是一種「功能性語言」而已 —— 此即牟氏所言之「虛說」,或佛家傳統所謂的「假施設」(prajñapti)。

至於呂澂與談錫永,則直接依佛家經論對如來藏的定義,說明佛典所說如來藏、真如、實相等,都不是指本體或實體,亦非如印順所批判自以為是空過來的而卻轉出個不空的真常本體,而是依世俗名言方便述說佛、菩薩不可思議之內自證智境界。事實上,《勝鬘》、《密嚴》等皆明說如來藏是「境界」,卻從未諦實如來藏為實體 —— 除誤譯的漢譯佛典外,如勒那摩提所譯的《寶性論》、魏譯《楞伽》等。呂、談二位對梵、藏文的認識,以及對梵本原典及漢藏佛典翻譯對勘,都幫助他們能不為誤譯、訛譯的漢譯佛典所誤導。[91] 兩位學者的另一共通處,是不把佛法研

---

91 印順於《如來藏之研究》引勒那摩提譯《寶性論》之一段:「實體者,向說如來藏不離煩惱障所纏,以遠離煩惱,轉身得清淨」,由是論定如來藏轉依而得之清淨,為「菩提的自性(實體)」。(頁221)此即明顯是受漢文誤譯而引致誤解之例也,蓋梵文原無「實體」之意。

究與修持割裂。呂氏強調「轉依」、觀修的重要性，且道出他對佛典的理解，是他「心教交參、千錘百煉」而來，非唯是理論上的臆度。談上師近年更是不斷強調一切佛典都是佛家修持的指南，是故不應純依哲學的推論來詮釋佛家經論。此於如來藏思想尤然，此如《勝鬘》所言，「如來藏者，是佛境界，非諸聲聞獨覺所行。於如來藏說聖諦義，此如來藏甚深微妙，所說聖諦亦復深妙，難見難了不可分別，非思量境。」依思量推度而外加於如來藏之種種理論，皆為與如來藏教法背道而馳也。

比較之下，歐、美、日本對佛學的學術研究，由於沒有傳統中國儒、道思想的包袱，亦沒有如現時流行幾乎把如來藏定於「真常唯心」一說之思想局限，於如來藏學說的研究成果，可謂百花齊放；而且在語言學方面的突破，國外學者多能直接研讀梵本文獻，或比較藏譯與漢譯之異同，由是不受漢譯佛典譯文優劣之局限，亦不為某些具濃厚儒、道色彩的漢譯文所誤導。漢土的佛學研究，尤其對如來藏思想而言，於近數十年可說是停滯不前。此如現存兩篇印度論師的《楞伽》釋論，即一直為中國佛學研究所忽視[92]；對此經的梵本整理及法義之深研，亦不可與菅沼晃、Satis Chandra Vidyabhushana、Lokesh Chandra 等相提並論。至於漢土對《寶性論》的研究，相較 E.H. Johnston、E. Obermiller、高崎直道、中村瑞隆等所下之苦功，更是有天壤之別。

---

[92] 參 Suah Kim. *A Study of the Indian Commentaries on the Laṅkāvatārasūtra: Madhyamaka and Mind-Only Philosophy.* Unpublished Ph.D. Thesis, Harvard University, 2002.

　　此外，印順以真常唯心論如來藏已廣為人接受，而印老亦於多部論著中依其判定對如來藏作詳細討論，是故在「真常」定義之局限下，如來藏思想亦確更無可觀之處、值得深研的地方；另一方面，歐陽竟無、呂澂、牟宗三等對佛性、如來藏所作傑出的論著與解說，卻又不受到應有的重視，漸漸為人所忘。若自身未對如來藏經論作深入研讀，對相關的研究論著亦置若罔聞，卻又漫言批判如來藏思想，豈不為識者所竊笑？

　　近年雖有杜正民〈當代如來藏學的開展與問題〉及〈如來藏學研究小史〉兩篇文章[93]，論說如來藏的研究，但論文側重的是研究發展史而非法義上的討論。以是之故，筆者於下來精挑數十種與《楞伽》、《寶性論》有關之國外學術論著，以便讀者作參考之用。其中不少，皆可說是「必讀」之作，如 David Seyfort Ruegg 的 *La Théorie du Tathāgatagarbha et du Gotra*、高崎直道的《如來藏思想の形成》、Leonard Priestley 及 Christian Lindtner 研究《楞伽》與龍樹《中論》之關係等。這些論著都甚具啟發性，但須注意的是，這並非建議讀者不加思考而去接受這些研究中的觀點，亦非慫恿讀者獨尊任一學者對如來藏所作的介說。研讀這些論文、專著，除了認識國外學者的研究進展之餘，亦能於中得到啟發，作為推動自己日後研究的踏腳石。學術研究中之下者，即是不加思考而把這些名著的論點引入自己的論文中，而自己卻未能提出創見，於是其他

---

93 分別收入《佛學研究中心學報》(1998 年 7 月) 頁 243-280，以及《佛教圖書館館訊》 第十 / 十一期 (1986 年 6 月/ 9 月)。

的學術論著僅為一己論文之裝飾品，貌似「學術」而無其實；當然，其更下者，即是移用別人的作品而視為己出。[94]為望學人皆能自重，理性治學，明辨細思，令漢土的佛學研究更上層樓。

---

[94] 可比較釋恆清〈《佛性論》之研究〉（收《中印佛學泛論 — 傅偉勳教授六十大壽祝壽論文集》）頁49，與Sallie B. King的博士論文 *The Active Self: A Philosophical Study of the Buddha Nature Treatise and Other Chinese Buddhist Texts* (Temple University, 1981, unpublished)，頁30-31。

附錄

研究《入楞伽經》與《寶性論》之參考書目

附錄：研究《入楞伽經》與 《寶性論》之參考書目

邵頌雄　輯

《入楞伽經》梵本：

Nanjio, Bunyiu (南条文雄), ed., *The Laṅkāvatāra sūtra.*
　　Kyoto: Otani University Press, 1923.

Vaidya, P.L., ed., *The Saddharmalaṅkāvatārasūtram.*
　　Darbhanga: Mithila Institute, 1963.

高崎直道校訂，《新訂入楞伽經第六章（剎那品）》，
　　東京大學文學部一九八一年三月。

《入楞伽經》藏譯本：

'Phags pa lang kar gshegs pa'i theg pa chen po'i mdo
　　（《聖入楞伽大乘經》），失譯
　　北京版，ngu 函，頁60-208；
　　奈塘版，ca 函，頁81-298；
　　德格版，ca 函，頁56-191。

'Phags pa lang kar gshegs pa rin po che'i mdo las sangs rgyas
　　thams cad kyi gsung gi snying po shes bya ba'i le'u

（《聖入楞伽寶經名為諸佛所說心髓品》），Chos grub 譯
北京版，ngu 函，頁 208-313；
奈塘版，ca 函，頁 298-456；
德格版，ca 函，頁 192-284。

《入楞伽經》漢譯本：

《楞伽阿跋多羅寶經》，劉宋・求那跋陀羅譯.
　　大正十六冊，no. 670，頁 479-514。
《入楞伽經》，元魏・菩提流支譯
　　大正十六冊，no. 671，頁 514-586。
《大乘入楞伽經》，唐・實叉難陀譯
　　大正十六冊，no. 672，頁 587-640。
《入楞伽經梵本新譯》，談錫永譯
　　台北：全佛出版社，2005。

《入楞伽經》日譯本：

安井　廣濟，《入楞伽經：梵文和譯》，
　　京都：法藏館，1976。

常盤 義伸，《『ランカーに 入る』——
梵文入楞伽經の 全譯と 研究》，
京都：花園大學國際禪學研究所，1994。

《入楞伽經》英譯本：

Suzuki, D.T. *The Laṅkāvatārā Sūtra.*
London: Routledge and Kegan Paul, 1932。

印度論師《楞伽經》註釋：

《提婆菩薩破楞伽經中外道小乘四宗論》，
提婆造 元魏・菩提流支譯
《大正藏》第三十二冊，no. 1639。

《提婆菩薩破楞伽經中外道小乘涅槃論》，
提婆造 元魏・菩提流支譯
《大正藏》第三十二冊，no. 1640。

Jñānaśībhadra, *Āryalaṅkāvatārasūtravṛtti*
SDe dge edition: Tōhoku catalogue, no. 4018
Hadano, H. ed. *The Āryalaṅkāvatārasūtravṛtti.*
Sendai: Tibetan Buddhist Society, Tōhoku University, 1973.

Jñānavajra, *Tathāgatahṛdayālaṃkāra*
SDe dge edition: Tōhoku catalogue, no. 4019
Peking edition: Ōtani catalogue, no. 5520

漢土《楞伽經》註疏：

《楞伽阿跋多羅寶經註解》，宗泐、如玘同註
　　《大正藏》第三十九冊，no. 1789。

《入楞伽心玄義》，唐・法藏造
　　《大正藏》第三十九冊，no. 1790。

《注大乘入楞伽經》，宋・寶臣述
　　《大正藏》第三十九冊，no. 1791。

《楞伽經通義》，宋・善月述
　　《續藏經》第二十五冊，頁426-612。

《楞伽經集註》，宋・正受集記
　　《續藏經》第二十五冊，頁613-722。

《觀楞伽經記》，明・德清筆記
　　《續藏經》第二十五頁723至二十六冊頁72。

《楞伽補遺》，明・德清撰
　　《續藏經》第二十六冊，頁73-85。

《楞伽經玄義》，明・智旭撰述
　　《續藏經》第二十六冊，頁86-102。

《楞伽經義疏》，明・智旭疏義
　　《續藏經》第二十六冊，頁103-332。

《楞伽經宗通》，明・曾鳳儀宗通
　　《續藏經》第二十六冊，頁333-730。

《楞伽經合轍》，明・通潤述
　　《續藏經》第二十六冊，頁731-983。

《楞伽經參訂疏》，明・廣莫參訂
　　《續藏經》第二十七冊，頁1-134。

《楞伽經心印》，清・函昰 疏
　　《續藏經》第二十七冊，頁135-338。

《楞伽經註》，唐・智嚴註
　　《續藏經》第九十一冊，頁1-226。

《楞伽經疏》，唐・智嚴註
　　《續藏經》第九十一冊，頁227-276。

《楞伽經纂》，宋・楊彥國纂
　　《續藏經》第九十一冊，頁313-387。

《楞伽經精解評林》，明・焦竑纂
　　《續藏經》第九十一冊，頁388-448。

《寶性論》梵本：

Johnston, E.H. *Ratnagotravibhāga Mahāyānottaratantraśāstra.*
Patna: The Bihar Research Society, 1950.

《寶性論》藏譯本：

Theg pa chen po'i rgyud bla ma'i bstan bcos,
Sajjana & Blo ldan shes rab 譯
北京版，vol. 108, no. 5525，頁 24-32；
德格版，phi 函，頁 54-73。

Theg pa chen po'i rgyud bla ma'i bstan bcos kyi rnam par bshad pa,
Sajjana & Blo ldan shes rab 譯
北京版，vol. 108, no. 5526，頁 32-56；
德格版，phi 函，頁 74-129。

《寶性論》漢譯本：

《究竟一乘寶性論》，勒那摩提譯
《大正藏》第三十一冊，no.1611。

《寶性論新譯》，談錫永譯
香港：密乘佛學會，1996。

《寶性論梵本新譯》，談錫永譯
台北：全佛出版社，2005。

《寶性論》日譯本：

高崎 直道，《宝性論》(インド 古典叢書)，
京都：講談社，1989。

中村 瑞隆，《梵漢對照究竟一乘宝性論研究》，
東京：山喜房，1961。

中村 瑞隆，《梵和對照究竟一乘宝性論研究》，
東京：鈴木學術財團，1967。

《寶性論》英譯本：

Holmes, Ken & Katia, trans. *The Changeless Nature.*
Eskdalemuir: Karma Drubgyud Darjay Ling, 1985.

Obermiller, E., trans. *The Sublime School of the Great Vehicle to
Salvation, Being a Manual of Buddhist Monism. TheWork of
Ārya Maitreya with commentary by Āryāsaṅga. Acta
Orientalia* vol. IX parts ii, iii and iv., 1971.

Takasaki, Jikido, trans. *A Study on the atnagotravibhāga
(Uttaratantra), Being a Treatise on the Tathāgatagarbha
Theory of Mahāyāna Buddhism.*
Serie Orietale Roma XXXIII, Roma, 1966.

《寶性論》引用經典：

Anūnatvāpūrṇatvanirdeśa-parivarta （《不增不減經》）

　　漢譯：《佛說不增不減經》，元魏・菩提流支譯
　　　　　（《大正藏》第十六冊，no. 668）。

Avataṃsaka-sūtra （《華嚴經》）：

1）　*Daśabhūmika* （《十地經》）

　　漢譯：　一）《大方廣佛華嚴經・十地品》，
　　　　　　　　東晉・佛馱跋陀羅譯
　　　　　　　　（《大正藏》第十冊，no. 278）；

　　　　　　二）《大方廣佛華嚴經・十地品》，
　　　　　　　　唐・實叉難陀譯
　　　　　　　　（《大正藏》第十冊，no. 279）；

　　　　　　三）《漸備一切智德經》，西晉・竺法護譯
　　　　　　　　（《大正藏》第十冊，no. 285）；

　　　　　　四）《十住經》，姚秦・鳩摩羅什譯
　　　　　　　　（《大正藏》第十冊，no. 286）。

2）　*Gaṇḍavyūha*（《入法界品》）

　　漢譯：　一）《大方廣佛華嚴經・入法界品》，
　　　　　　　東晉・佛馱跋陀羅譯
　　　　　　　（《大正藏》第十冊，no. 278）；

　　　　　　二）《大方廣佛華嚴經・入法界品》，
　　　　　　　唐・實叉難陀譯
　　　　　　　（《大正藏》第十冊，no. 279）；

　　　　　　三）《大方廣佛華嚴經》第四十卷，
　　　　　　　唐・般若譯
　　　　　　　（《大正藏》第十冊，no. 293）。

3）　*Tathāgatotpattisambhavanirdeśa*（《如來性起品》）

　　漢譯：　一）《大方廣佛華嚴經・寶王如來性起品》，
　　　　　　　東晉・佛馱跋陀羅譯
　　　　　　　（《大正藏》第十冊，no. 278）；

　　　　　　二）《大方廣佛華嚴經・如來性起品》，
　　　　　　　唐・實叉難陀譯
　　　　　　　（《大正藏》第十冊，no. 279）；

　　　　　　三）《佛說如來興顯經》，西晉・竺法護譯
　　　　　　　（《大正藏》第十冊，no. 291）。

Dṛḍhādhyāśaya-parivarta（《堅固深心品》）

　　無漢譯。

Kāśyapa-parivarta（《迦葉品》）

　　漢譯： 一）《大寶積經・普明菩薩會》，失譯
　　　　　　　（《大正藏》第十一冊，no. 310）；

　　　　　 二）《佛說遺日摩尼寶經》，
　　　　　　　　後漢・支婁迦讖譯
　　　　　　　　（《大正藏》第十二冊，no. 350）；

　　　　　 三）《佛說摩訶衍寶嚴經》，失譯
　　　　　　　　（《大正藏》第十二冊，no. 351）；

　　　　　 四）《佛說大迦葉問大寶積正法經》，
　　　　　　　　宋・施護譯
　　　　　　　　（《大正藏》第十二冊，no. 352）。

Mahāparinirvāṇa-sūtra（《大般涅槃經》）

　　漢譯： 一）《大般涅槃經》，北涼・曇無讖譯
　　　　　　　　（《大正藏》第十二冊，no. 374）；

　　　　　 二）《大般涅槃經》，宋・慧儼等編
　　　　　　　　（《大正藏》第十二冊，no. 375）；

　　　　　 三）《佛說大般泥洹經》，東晉・法顯譯
　　　　　　　　（《大正藏》第十二冊，no. 376）。

Mahāsaṃnipātasūtra（《大集經》）

1） *Akṣayamati-nirdeśa*（《無盡意所説經》）

漢譯： 一）《大方等大集經・無盡意菩薩品》，
宋・智嚴、寶雲譯
（《大正藏》第十三冊，no. 397）；

二）《阿差末菩薩經》，西晉・竺法護譯
（《大正藏》第十三冊，no. 403）。

2） *Dhāraṇīśvararajasūtra*（《陀羅尼自在王經》）

漢譯： 一）《大方等大集經・瓔珞品、
陀羅尼自在王菩薩品》，北涼・曇無讖譯
（《大正藏》第十三冊，no. 397）；

二）《大哀經》，西晉・竺法護譯
（《大正藏》第十三冊，no. 397）。

3） *Gaganagañja-paripṛcchā*（《虛空藏所問品》）

漢譯： 一）《大方等大集經・虛空藏品》，
北涼・曇無讖譯
（《大正藏》第十三冊，no. 397）；

二）《大集大虛空藏菩薩所問經》，唐・不空譯
（《大正藏》第十三冊，no. 404）。

4）**Ratnacūḍa-paripṛcchā**（《寶髻品》）

漢譯：　一）《寶髻菩薩所問經》，西晉・竺法護譯
（《大正藏》第十三冊，no. 310）；

二）《大方等大集經・寶髻菩薩品》，
北涼・曇無讖譯
（《大正藏》第十三冊，no. 397）。

5）**Ratnadārikā-sūtra**（《寶女經》）

漢譯：　一）《大方等大集經・寶女品》，
北涼・曇無讖譯
（《大正藏》第十三冊，no. 397）；

二）《寶女所問經》，西晉・竺法護譯
（《大正藏》第十三冊，no. 399)。

6）**Sāgaramati-paripṛcchā**（《海慧所問經》）

漢譯：　一）《大方等大集經・海慧菩薩品》，
北涼・曇無讖譯
（《大正藏》第十三冊，no. 397）；

二）《佛說海意菩薩所問淨印法門經》，
宋・惟淨等譯
（《大正藏》第十三冊，no. 397）。

Mahāyānābhidharmasūra（《大乘阿毘達磨經》）

梵本已佚，亦無漢、藏譯本。

Mahāyānasūtrālaṃāra（《大乘經莊嚴論》）

　　漢譯：《大乘莊嚴經論》，唐・波羅頗蜜多羅譯
　　　　　（《大正藏》第三十一冊，no. 1604）。

Prajñāpāramitā-sūtra（《般若波羅蜜多經》）

1) *Aṣṭasāhasrikā-prajñāpāramitā-sūtra*
　　（《八千頌般若波羅蜜多經》）

　　漢譯：　一)《大般若波羅蜜多經・第五會》，
　　　　　　　唐・玄奘譯
　　　　　　　（《大正藏》第八冊，no. 220）；

　　　　　　二)《道行般若經》，後漢・支婁迦讖譯
　　　　　　　（《大正藏》第八冊，no. 224）；

　　　　　　三)《大明度經》，吳・支謙譯
　　　　　　　（《大正藏》第八冊，no. 225）；

　　　　　　四)《摩訶般若鈔經》，
　　　　　　　前秦・曇摩蜱、竺佛念譯
　　　　　　　（《大正藏》第八冊，no. 226）；

　　　　　　五)《小品般若波羅蜜經》，
　　　　　　　姚秦・鳩摩羅什譯
　　　　　　　（《大正藏》第八冊，no. 227）；

　　　　　　六)《佛說佛母出生三藏般若波羅蜜多經》，
　　　　　　　宋・施護譯
　　　　　　　（《大正藏》第八冊，no. 228）。

2）*Pañcaviṃśatisāhasrikā-prajñāpāramitā-sūtra*
（《二萬五千頌般若波羅蜜多經》）

漢譯：　一）《大般若波羅蜜多經・第二會》，
　　　　　唐・玄奘譯
　　　　　（《大正藏》第八冊，no. 220）；

　　　　二）《放光般若經》，西晉・無羅叉譯
　　　　　（《大正藏》第八冊，no. 221）；

　　　　三）《光讚經》，西晉・竺法護譯
　　　　　（《大正藏》第八冊，no. 222）；

　　　　四）《摩訶般若波羅蜜經》，
　　　　　姚秦・鳩摩羅什譯
　　　　　（《大正藏》第八冊，no. 223）。

3）*Vajracchedikā-prajñāpāramitā-sūtra*
（《能斷金剛般若波羅蜜多經》）

漢譯：　一）《大般若波羅蜜多經.第九會》，
　　　　　唐・玄奘譯
　　　　　（《大正藏》第八冊，no. 220）；

　　　　二）《金剛般若波羅蜜經》，姚秦・鳩摩羅什譯
　　　　　（《大正藏》第八冊，no. 235）；

　　　　三）《金剛般若波羅蜜經》，元魏・菩提流支譯
　　　　　（《大正藏》第八冊，no. 236）；

　　　　四）《金剛般若波羅蜜經》，陳・真諦譯
　　　　　（《大正藏》第八冊，no. 237）；

五)《金剛能斷般若波羅蜜經》,隋・笈多譯
（《大正藏》第八冊,no. 238）;

六)《佛說能斷金剛般若波羅蜜多經》,
唐・義淨譯
（《大正藏》第八冊,no. 239）。

Saddharmapuṇḍarīka-sūtra（《妙法蓮花經》）

漢譯： 一)《妙法蓮華經》,姚秦・鳩摩羅什譯
（《大正藏》第九冊,no. 262）;

二)《正法華經》,西晉・竺法護譯
（《大正藏》第九冊,no. 263）;

三)《添品妙法蓮華經》,
闍那崛多、隋・笈多譯
（《大正藏》第九冊,no. 264）。

Sarvabuddhaviṣayāvatāra-jñānālokālaṃkārasūtra
（《智光明莊嚴經》）

漢譯： 一)《如來莊嚴智慧光明入一切佛境界經》,
元魏・曇摩流支譯
（《大正藏》第十二冊,no. 357）;

二)《度一切諸佛境界莊嚴經》,
梁・僧伽婆羅等譯
（《大正藏》第十二冊,no. 358）;

三）《佛說大乘入諸佛境界智光明莊嚴經》，
宋・法護等譯
（《大正藏》第十二冊，no. 359)。

Srīmālādevi-sūtra（《勝鬘夫人經》）

漢譯：　一）《大寶積經・勝鬘夫人會》，
唐・菩提流志譯
（《大正藏》第十一冊，no. 310）；
二）《勝鬘師子吼一乘大方便方廣經》，
劉宋・求那跋陀羅譯
（《大正藏》第十二冊，no. 353）。

Tathāgatagarbha-sūtra（《如來藏經》）

漢譯：　一）《大方等如來藏經》，
東晉・佛陀跋陀羅譯
（《大正藏》第十六冊，no. 666）；
二）《大方廣如來藏經》，唐・不空譯
（《大正藏》第十六冊，no. 667）

Tathāgataguṇajñānācintyaviṣayāvatāranirdeśa
（《入如來德智不思議境界經》）

漢譯：　一）《度諸佛境界智光嚴經》，失譯
（《大正藏》第十冊，no. 302）；

二）《佛華嚴入如來德智不思議境界經》，
　　隋・闍那崛多譯
　　（《大正藏》第十冊，no. 303）；

三）《大方廣入如來智德不思議經》，
　　唐・實叉難陀譯
　　（《大正藏》第十冊，no. 304）。

Vimalakīrtinirdeśa-sūtra（《維摩詰所說經》）

漢譯：一）《佛說維摩詰經》，吳・支謙譯
　　　　（《大正藏》第十四冊，no. 474）；

二）《維摩詰所說經》，姚秦・鳩摩羅什譯
　　（《大正藏》第十四冊，no. 475）；

三）《說無垢稱經》，唐・玄奘譯
　　（《大正藏》第十四冊，no. 475）。

Yogācārabhūmi（《瑜伽師地論》）

1）　*Bodhisattvabhūmi*（《菩薩地》）

漢譯：　一）《瑜伽師地論. 本地分：菩薩地》，
　　　　　　唐・玄奘譯
　　　　　（《大正藏》第三十一冊，no. 1579）；

二）《菩薩地持經》，北涼・曇無讖譯
　　（《大正藏》第三十一冊，no. 1581）；

三）《菩薩善戒經》，劉宋‧求那跋摩譯
（《大正藏》第三十一冊，no. 1582）。

2）*Śrāvakabhūmi*（《聲聞地》）

漢譯：　一）《瑜伽師地論‧本地分：聲聞地》，
唐‧玄奘譯
（《大正藏》第三十一冊，no. 1579）。

西藏論師《寶性論》註釋：

Bcom ldan rig pa'i ral gri (1227-1305).

Theg pa chen po rgyud bla ma'i bstan bcos kyi rgyan gyi me tog. Preserved in Leonard van der Kuijp's personal collection.

Rgyal sras thogs med bzang po (1295-1369).

Theg pa chen po rgyud bla ma'i 'grel pa nges don gsal bar byed pa'i 'od zer.

Rgyal mtshan bzang po (1383-1450).

Theg pa chen po rgyud bla ma'i 'grel pa. Preserved in the Potala Library.

'Gos lo tsa ba gzhon nu dpal (1392-1481).

Rgyud bla ma'i bstan bcos, De kho na nyi rab tu gsal ba'i me long. Preserved at Drepung.

Bkra shis 'od zer.

Theg pa chen po rgyud bla ma'i bstan bcos, Gsal ba nyi ma'i snying po. Preserved at Drepung.

Stag lung chos rje (1418-1496).

Rgyud bla ma'i zin bris stag lung chos rjes mdzad. Preserved at Drepung.

Co ne Grags pa bshad sgrub (1675-1748),

Rgyud bla'i rdo rje'i don bdun rnam gzhag/ Theg pa chen po rgyud bla ma'i don gyi snying po gsal byed kyi snang ba chen po. Preserved at The Potala Library.

Brag dkar sprul sku bstan 'dzin snyan grags (1869-1910/11).

Theg pa chen po rgyud bla ma'i bstan bcos. Preserved at the Library of IsMEO, Rome.

Rngog blo ldan shes rab (1059-1109).

Theg pa chen po rgyud bla'i don bsdus pa rngog lo chen pos mdzad pa.

Chos rgyal 'phags pa (1235-1280).

Theg pa chen po rgyud bla ma'i bstan bcos kyi bsdus don. In 'Phags pa's Collected Works, Tokyo (1968): vol. 7 no. 240.

Dol po pa shes rab rgyal mtshan (1292-1361).

Theg pa chen po rgyud bla ma'i bstan bcos legs bshad nyi ma'i 'od zer. In Taranatha's Collected Works (Leh 1987, vol. 17) and Dolpopa's Collected Works (Kapstein, Delhi 1992, vol. 4).

Sa bzang ma ti pan chen blo gros rgyal mtshan (1294-1376).

Theg pa chen po rgyud bla ma'i bstan bcos kyi rnam par bshad pa nges don rab gsal snang ba. In the Collected Works of the Ancient Sa skya pa Scholars (Rajpur, Dehra Dun: Sakya College, 1999, vol. 4).

Blos gros mtshung med (13th to 14th centuries).

Theg pa chen po rgyud bla ma'i bstan bcos kyi nges don gsal bar byed pa'i rin po che'i sgron me. Arunachal Pradesh: Tseten Dorji, 1974; Rajpur: Sakya College, 1999, vol. 3.

Rgyal tshab dar ma rin chen (1364-1432).

Rgyud bla ma'i tika. Rgyal tshab's Collected Works (Gelek Demo, 1980).

Rong ston smra ba'i seng ge (1367-1449).

Theg pa chen po rgyud bla ma'i bstan bcos legs par bshad pa. Gantok: Gonpo Tsetan, 1979.

Bo dong pan chen phyogs las rnam rgyal (1375/76-1450).

Theg pa chen po'i rgyud bla ma'i 'grel pa chad pa. In Bo dong's Collected Works (Delhi: Tibet House, 1971).

Sha kya mchog ldan (1428-1509).

Rgyud bla ma'i rnam bshad sngon med nyi ma. In Sha kya mchog ldan's Collected Works (Thimphu, 1975).

Pan chen bsod nam grags pa (1478-1554).

Theg pa chen po rgyud bla ma'i bstan bcos 'grel pa dang bcas pa'i dka' 'grel gnad kyi zla 'od. In Pan chen bsod nam grags pa's Collected Works (Mundgod, Karnataka, 1982-1992).

Sa skya Yong 'dzin Ngag dbang chos grags (1572-1641).

Rgyud bla ma'i tika.

Dpal sprul rin po che (1808-1887).

Theg pa chen po'i bstan bcos rgyud bla ma'i sa bcad. In Dpal sprul rin po che's Collected Works (Gangtok: Sonam T. Kazi, 1970).

Kong sprul yon tan rgya mtsho (1813-1899).

Theg pa chen po rgyud bla ma'i bstan bcos snying po'i don mngon sum lam gyi bshad srol dang sbyar ba'i rnam par 'grel pa sphyir mi ldog pa seng ge'i nga ro. Rumtek, n.d.

Mi pham phyogs las rnam rgyal (1846-1912).

Theg pa chen po rgyud bla ma'i bstan bcos kyi mchan 'grel mi pham zhal lung. In Mi pham's Collected Works (Gangtok: Kazi, 1976).

Mkhan po zhan phan (1871-1927).

Rgyud bla ma'i bstan cos shes bya ba'i mchan 'grel. In The Thirteen Great Treatises of Mkhan po gzhan phan chos kyi snang ba (Delhi: Konchhog Lhadrepa, 1987).

Sman rams pa Ye shes rgya mtsho (1917-?).

Rgyud bla ma'i bsdus don rin chen sgron me. In Collected Works (Hwa lung, Qinghai).

Dze smad Blo zang dpal ldan bstan 'dzin yar rgyas (1927-1996).

Theg pa chen po rgyud bla ma'i bstan bcos kyi mchan 'grel. In Collected Works of Kyabje Zemey Rimpoche.

英、法文近代學術研究：

Bailey, W. H., and E. H. Johnston

1935. "A Fragment of the Uttaratantra in Sanskrit", *Bulletin of School of Oriental and African Studies* 8-1:77-89.

Barclay, Winston F.

1975. "On Words and Meaning: the Attitude Toward Discourse in the Laṅkāvatāra Sutra", *Numen* no. 22 : 70-79。

Brown, Brian Edward.

1990. *The Buddha Nature.* Delhi: Motilal Banarsidass Publishers.

Burchardi, Anne.

2002. "Tathāgatagarbha Interpretation in Tibet," *Religion and Secular Culture in Tibet. Tibetan Studies II, PIATS 2000: Tibetan Studies: Proceedings of the Ninth Seminar of the International Association for Tibetan Studies, Leiden 2000.* Leiden/Boston/Köln: Brill, 59-78.

Buswell, Robert E., and Robert M. Gimello, eds.

1992. *Paths to Liberation: The Mārga and its Transformations in Buddhist Thought.* Honolulu: University of Hawaii Press.

Chandra, Lokesh.

1977. *Laṅkāvatāra Sūtra: Sanskrit Manuscript from Nepal.* Sata-Pitaka Series: Indo Asian Literatures, vol. 234. New Delhi: Jayyed Press.

Dutt, Nalinaksha.

1957. "Tathāgatagarbha," *Indian Historical Quarterly* 33: 26-39.

Funahashi, Naoya.

1971. "The Laṅkāvatāra-sūtra and the Time of Vasubandhu", *Indogaku Bukkyogaku Kenkyu* vol. 20, no. 1 ： 321-326 。

Furusaka, Koichi.

1998. "*Criticism on Sāṃhya in the Ārya-laṅkāvatāra-vṛtti,*" *Journal of Indian and Buddhist Studies,* vol. 47, no. 1 ： 499-493.

Griffiths, Paul J., Noriaki Hakamaya, John P. Keenan, and Paul L. Swanson.

1989. *The Realm of Awakening: A Translation and study of the Tenth Chapter of Asaṅga's Mahāyānasaṃraha*. New York: Oxford University Press.

Griffiths, Paul J. & Keenan, John P., eds.

1990. *Buddha Nature: A Festschrift in Honor of Minoru Kiyota*. Tokyo: Buddhist Books International.

Grosnick, William.

1981. "Nonorigination and *Nirvāṇa* in Early *Tathāgatagarbha* Literature," *Jounral of International Association of Buddhist Studies*, vol. 4, no. 2: 33-43.

1983. "*Cittaprakṛti and Ayoniśomanaskāra* in the *Ratnagotravibhāga*: A Precedent for the *Hsin-Nien Distinction of The Awakening of Faith*," in *Journal of International Association of Buddhist Studies*, vol. 6, no. 2: 35-47.

1995. "*The Tathāgatagarbha Sūtra*", in *Buddhism in Practice*, ed. by Donald S. Lopez, Jr. Princeton: Princeton University Press.

Hadano, H.

1975. "A Note on the *Āryalaṅkāvatāravṛtti* by Jñānaśrībhadra, Toh. 4018," *Acta Asiatica* 29 : 75-94.

Hamlin, Edward.

1983. "Discourse in the *Laṅkāvatāra Sūtra*," Journal of Indian Philosophy 11 : 267-313.

Harrison, Paul.

1991. "Is the *Dharma-kāya* the Real 'Phantom Body' of the Buddha?," *Journal of International Association of Buddhist Studies*, vol. 15, no. 1, pp. 44-94.

Hubbard, Jamie & Swanson, Paul L., eds.

1997. *Pruning the Bodhi Tree: The Storm Over Critical Buddhism.* Honolulu: University of Hawai'i Press.

Hookham, S. K.

1991. *The Buddha Within: Tathāgatagarbha Doctrine According to the Shentong Interpretation of the Ratnagotravibhāga.* Albany: State University of New York Press.

Ishibashi, Shinkai.

1968. "Tathāgatagarbha and Ālayavijñāna," *Indogaku Bukkyogaku Kenkyu,* 16: 2, 837-840.

Jackson, David.

1993. "Forword" to *Rngog Lo tsā ba's Commentary on the Ratnagotravibhāga,* pp. 1-46. Dharamsala: Library of Tibetan Works and Archives.

1997. "Rngog Lo tsā-ba's commentary on the Ratnagotravibhāga: An early-20th century Lhasa printed edition," in Ernst Steinkellner ed., *Tibetan Studies Proceedings of the 7th Seminar of the International Association for Tibetan Studies* Graz 1995, vol. I, pp. 439-456. Wien: Verlag der Osterreichischen Akademie der Wissenschaften.

Jan, Yun-hua.

1981. "The Mind as the Buddha-nature: Concept of Absolute in Ch'an Buddhism," *Philosophy East and West,* 31.

Johnston, E.H. & Chowdhury, T., eds.

1950. *The Ratnagotravibhāga Mahāyānottaratantraśāstra.* Patna: The Bihar Research Society.

Kamiya, Masatoshi.

1973. "Prayatmaryajñāna in the Laṅkāvatāra-sūtra", *Indogaku Bukkyogaku Kenkyu* vol. 21, no. 2：665-666。

1975. "A Study of Citta in the Laṅkāvatāra-sūtra", *Indogaku Bukkyogaku Kenkyu* vol. 23, no. 2：736-739。

1977. "Dharma and Bhava in the Laṅkāvatāra-sūtra", *Indogaku Bukkyogaku Kenkyu* vol. 25, no. 2：654-655。

Kan, Eisho.

1980. "Cittamātra in the Laṅkāvatāra-sūtra", *Indogaku Bukkyogaku Kenkyu* vol. 29, no. 1：282-285。

Kawada, Kumataro.

1963. "Dharmadhātu," in *Journal of Indian and Buddhist Studies*, vol. 11, no. 2: 9-24.

1964. "On the Four-Fold Truth in the Laṅkāvatāra-sūtra", *Indogaku Bukkyogaku Kenkyu* vol. 12, no. 2：505-508。

Keenan, John P.

1982. "Original Purity and the Focus of Early Yogācāra," in *Journal of International Association of Buddhist Studies*, vol. 5, no. 1: 7-18.

Kim, Suah.

2002. *A Study of the Indian Commentaries on the Laṅkāvatārasūtra: Madhyamaka and Mind-Only Philosophy.* Unpublished Ph.D. Thesis, Harvard University.

King, Sallie B.

1981. *The Active Self: a Philosophical Study of the Buddha Nature Treatise and other Chinese Buddhist Texts.* Unpublished Ph.D. Thesis, Temple University.

1989. "Buddha Nature and the Concept of Person," in *Philosophy East & West*, vol. 39, no. 2 : 151-170.

1991. *Buddha Nature.* New York: State University of New York Press.

Koshiro, Tamaki.

1961. "The Development of the Thought of Tathāgatagarbha from India to China," *Indogaku Bukkyogaku Kenkyu*, vol. 9, no. 1 : 25-33.

Kunst, Arnold.

1980. "Some of the Polemics in the *Laṅkāvatārasūtra*," *Buddhist Studies in Honour of Walpola Rahula* (ed. by S. Balasooriya, *et. al.*). London: Gordon Fraser, 103-112.

Kuroda, Chikashi.

1955. "A Note on the Laṅkāvatāra Sūtra", *Tenri Journal of Religion* No. 1 (1955.3) : 91-94。

Lai, Whalen.

1980. "A Clue to the Authorship of the *Awakening of Faith*: 'Śikṣānanda's' Redaction of the word 'Nien'," in *Journal of International Association of Buddhist Studies*, vol. 3, no. 1 : 34-53.

1981. "Sinitic Speculations on Buddha Nature," *Philosophy East and West*, vol. 32, no. 2 : 137-149.

Loy, David.

1983. "How many nondualities are there?" in *Journal of Indian Philosophy* 11 : 413-26.

Lindtner, Christian.

1982. *Nāgārjuniana: Studies in the Writing and Philosophy of Nāgārjuna.* Copenhagen: Akademisk Forlag.

1992. "The *Laṅkāvatārasūtra* in early Indian Madhyamaka Literature," *Asiatische Studien / Études asiatiques* 46 : 244-279.

Lipman, Kennard.

1980. "Nītartha, Neyārtha, and Tathāgatagarbha in Tibet," in *Journal of Indian Philosophy* 8 : 87-95.

Liu, Ming-Wood.

1984. "The Problem of the Icchantika in the Mahāyāna *Mahāparinirvāṇa Sūtra*," in *Journal of International Association of Buddhist Studies*, vol. 7, no. 1 : 57-81

1985. "The Yogācāra and Madhyamika interpretations of the Buddha-nature concept in Chinese Buddhism," *Philosophy East and West*, vol. 35 : 171-193.

Makransky, John J.

1997. *Buddhahood Embodied: Sources of Controversy in India and Tibet.* New York: State University of New York Press.

Mathes, Klaus-Dieter.

2002. " 'Gos Lo Tsā Ba gZhon nu dpal's Extensive Commentary On and Study of the Ratnagotravibhāgavyākhyā," *Religion and Secular Culture in Tibet.* ,*Tibetan Studies II, PIATS 2000: Tibetan Studies: Proceedings of the Ninth Seminar of the International Association for Tibetan Studies, Leiden 2000.* Leiden / Boston / Köln: Brill, 79-96.

McCagney, Nancy.

1997. *Nāgārjuna and the Philosophy of Openness.* Lanham: Rowman & Littlefield Publishers, Inc.

McVey, John Michael Auden.

1991. *Bhrāntivāda: Reading the Laṅkāvatāra Sūtra in Lieu of Metaphysics.* Unpublished M.A. Thesis, McGill University.

Miyamoto, Kenji.

1971. "Cittamātra in the Laṅkāvatāra-sūtra", *Indogaku Bukkyogaku Kenkyu* vol. 19, no. 2 ： 853-861。

Nanjio, Bunyin, ed.

1923. *The Laṅkāvatāra Sūtra.* Kyoto: Otani University Press.

Obermiller, E.

1971. *The Sublime School of the Great Vehicle to Salvation, Being a Manual of Buddhist Monism. The work of Ārya Maitreya with commentary by Āryāsaṅga. Acta Orientalia* vol. IX parts ii, iii and iv.

Ogawa, Kokan.

1961. "A Study of Tathāgatagarbha in the Laṅkāvatāra-sūtra," *Indogaku Bukkyogaku Kenkyu*, vol. 9, no. 1 : 213-216.

Paul, Diana Mary.

1980. *The Buddhist Feminine Ideal.* Ann Arbor: Dissertation Series – American Academy of Religion, no. 30.

Paul, Diana Y.

1984. *Philosophy of Mind in Sixth-Century China: Paramārtha's 'Evolution of Consciousness'.* Stanford: Stanford University Press.

Pettit, John.

1999. *Mipham's Beacon of Certainty: Illuminating the View of Dzogchen, The Great Perfection.* Boston: Wisdom Publications.

Piatigorsky, Alexander.

1994. "Some Observations on the Notion of *Tathāgatagarbha*," *The Buddhist Forum*, vol. III : 239-247.

Priestley, Leonard C.D.C.

1993. "The Term *'bhāva'* and the Philosophy of Nāgārjuna," in N.K. Wagle & F.Watanabe (eds.), *Studies in Buddhism in Honour of Professor A.K. Warder.* Toronto: South Asian Studies Papers No. 5.:124-144.

Schmithausen, Lambert.

1971. "Philologische Bemerkungen zum Ratnagotravibhāga," Wiener Zeitschrift für die Kunde Südasiens, vol. 15 : 123-177.

1992. "A Note on Vasubandhu and the Laṅkāvatārasūtra," in *Asiatische Studien* 46 : 392-397.

Seyfort Ruegg, David.

1963. "The Jo-nang-pas: a school of Buddhist ontologists according to the Grub-mtha oshel-gyi me-long," *Journal of the American Oriental Society*, vol. 83 : 73-91.

1968. "On the dGe lugs pa Theory of the Tathāgatagarbha," *Prajñāpāramitā and Related Systems, Studies in Honor of Edward Coze*. Pratidanam.

1969. *La Théeorie du Tathāgatagarbha et du gotra*. Paris: Publications de l'École Française d'Extrême-Orient LXX.

1971. "On the Knowability and Expressibility of Absolute Reality in Buddhism," *Journal of Indian and Buddhist Studies*, vol. 20, no. 1 : 1-7.

1976. "The meanings of the term *gotra* and the textual history of the *Ratnagotravibhāga*," Bulletin of the School of Oriental and Afiran Studies, vol. 39 : 341-363.

1977. "The *gotra, ekayāna and tathāgatagarbha* theories of the Prajñāpāramitā according to Dharmamitra and Abhayākaragupta," in Lewis Lancaster, ed., *Prajñāpāramitā and Related Systems: Studies in honor of Edward Conze*. Berkeley: Berkeley Buddhist Studies Series : 283-312.

1985. "The Buddhist Notion of an 'Immanent Absolute' (tathāgatagarbha) as a Problem in Hermeneutics," in Tadeusz Skorupski, ed., *TheBuddhist Heritage: Papers delivered at the Symposium of the same name convened at the School of Oriental and African Studies, University of London, November 1985* : 229-245.

1989. *Buddha-Nature, Mind and the Problem of Gradualism in a Comparative Perspective: On the Transmission and Reception of Buddhism in India and Tibet*. London: School of Oriental and African Studies.

Stearns, Cyrus.

1999. *The Buddha from Dolpo: A Study of the Life and Thought of the Tibetan Master Dolpopa Sherab Gyaltsen.* Albany: State University of New York Press.

Suganuma, Akira.

1967. "The Five Dharmas in the Laṅkāvatāra Sūtra," *Journal of Indian and Buddhist Studies* vol. 15, no. 2 : 32-39.

1968. "Citta-mātra in the Laṅkāvatāra-sūtra", *Indogaku Bukkyogaku Kenkyu* vol. 16, no. 2 ： 636-640 。

1970. "Two Forms of Teaching in the Laṅkāvatāra-sūtra", *Indogaku Bukkyogaku Kenkyu* vol. 18, no.2 ： 568-573 。

Sutherland, Joan.

1978. "Li Hu and the Laṅkāvatāra Sūtra", *Journal of Asian Culture* Vol. 2 No. 1 : pp. 69-102 。

Sutton, Florin G.

1991. *Existence and Enlightenment in the Laṅkāvatāra-sūtra.* Albany: State University of New York Press.

Suzuki, D.T.

1930. *Studies in the Laṅkāvatāra Sūtra*. London: Routledge and Kegan Paul.

1933. *An Index to the Laṅkāvatāra Sūtra (Nanjio Edition)*. Kyoto: Sanskrit Buddhist Texts Publishing Society.

Takasaki, Jikido.

1966. "Dharmatā, Dharmadhātu, Dharmakāya and Buddhadhātu", *Journal of Indian and Buddhist Studies*, vol. 14, no. 2 : 78-94.

1971. "The Tathāgatagarbha Theory in the Mahāparinirvāṇa-sūtra", *Journal of Indian and Buddhist Studies*, vol. 19, no. 2 : 1-10.

1977. "The Aim of the Laṅkāvatāra — A Study on the Nairmanika Parivarta", *Indogaku Bukkyogaku Kenkyu* vol. 26, no. 1 ： 111-118 。

1978. "Some Problems of the Tibetan Translation from Chinese Material,"*Proceedings of the Csoma de Körüs Memorial Symposium, held at Mátrafüred, Hungary 24-30 September 1976* (ed. by Louis Ligeti). Budapest: Akadémiai Kiadó.

1980. "Analysis of the Laṅkāvatāra: In search of its original form," *Indianisme et Bouddhisme. Mélanges offerts à Mrg. Etienne Lamotte.* Louvain-Paris: Louvain-La-Neuve : 339-352.

1981. "The Concepts of *manas* in the *Laṅkāvatāra*," *Journal of Indian and Buddhist Studies*, vol. 29, no. 2 : 1-8

1982. "Sources of the Laṅkāvatāra and its Position in Mahāyāna Buddhism," *Indiological and Buddhist Studies, Volume in Honour of Professor J.W. de Jong on his Sixtieth Birthday* (ed. by G. Schopen). Canberra: Australian National University : 545-568.

2000. "The Tathāgatagarbha Theory Reconsidered: Reflections on Some Recent Issues in Japanese Buddhist Studies," *Japanese Journal of Religious Studies*, vol. 27, no. 1-2 : 73-83.

Tanigawa, Taikyo.

1973. "Some Quotations in the Laṅkāvatāra-sūtra", *Indogaku Bukkyogaku Kenkyu* vol. 21, no. 2 ： 663-664 。

Tokiwa, Gishin.

1978. "The Laṅkāvatāra Sūtra Criticizes the Saṃkhya Thought", *Indogaku Bukkyogaku Kenkyu* vol. 27, no. 1 ： 483-485 。

1980. "'svacittamātra:' The Basic Standpoint of the Laṅkāvatāra Sūtra," *Journal of Indian and Buddhist Studies*, vol. 26, no. 1 : 10-19.

1991. "The Historical Significance of the Opening Chapter Rāvaṇādhyeṣaṇā of the Laṅkāvatāra sūtra", *Indogaku Bukkyogaku Kenkyu* vol. 40, no.1 ： 506-500 。

Tucci, Guiseppi.

1928. "Notes on Laṅkāvatāra", *Indian Historical Quarterly* Vol. 4 No. 3 : 545-556.

1930. *On Some Aspects of the Dcotrines of Maitreya (nātha) and Asaṅga.* Calcutta: University of Calcutta.

Ueda, Yoshifumi.

1967. "Two Main Streams of Thought in Yogācāra Philosophy," in *Philosophy East and West* 17 (January – October) : 155-165.

Unebe, Toshiya.

2000. "Jñānaśrībhadra's Interpretation of Bhartṛhari as found in the *Laṅkāvatāravṛtti* ('*Phags pa langkar gshegs pa'i 'grel pa*)," *Journal of Indian Philosophy* 28: 329-360.

Vidyabhushana, Satis Chandra.

1905. "Notes on the Laṅkāvatāra-sūtra", *Journal of the Royal Asiatic Society* Vol. 4 No. 3 (1905) : pp. 831-837。

1906. "Analysis of the Laṅkāvatāra-sūtra", *Journal of the Royal Asiatic Society* No. 159-164.

Warder, A. K.

1970. *Indian Buddhism.* Delhi: Motilal Banarsidass Publishers.

Wayman, Alex & Wayman Hideko.

1974. *The Lion's Roar of Queen Śrīmālā: A Buddhist Scripture on the Tathāgatagarbha Theory.* New York: Columbia University Press.

Wayman, Alex.

1978. "The Mahāsāṃghika and the Tathāgatagarbha (Buddhist Doctrinal History, Study 1)," *Journal of International Association of Buddhist Studies*, vol. 1, no.1 : 35-50.

Williams, Paul.

1989. *Mahāyāna Buddhism: The Doctrinal Foundations.* New York: Routledge.

Zimmermann, Michael.

1999. "The *Tathāgatagarbhasūtra*: Its Basic Structure and Relation to the Lotus Sutra," in *Annual Report of the International Research Institute for Advanced Buddhology at Soka University for the Academic Year 1998.* Tokyo: Soka University.

2002. *A Buddha Within: The Tathāgatagarbhasūtra, The Earliest Exposition of the Buddha-Nature Teaching in India.* Tokyo: Soka University.

日文近代學術研究：

高崎 直道

1953. 〈宝性論における如來蔵 の 意義〉，
　　　《印度学仏 教学研究》1-2：110-111。

1958. 〈《究竟一乘宝性論》の 構造と 原型〉，
　　　《宗教研究》一五五：14-33。

1974. 《如来蔵思想の 形成》(インド 大乘仏 教思想研
　　　究)，東京：春秋社。

1980. 《楞伽經》，京都：大藏。

1988. 《如来蔵思想 I》，京都：法藏館。

1989. 《宝性論》(インド 古典叢書)，京都：講談社。

1990. 《如来蔵思想 II》，京都：法藏 館。

宇井 伯壽

1979. 《寶性論研究》，東京：岩波書店。

中村 瑞隆

1960. 〈西藏譯如來藏經典群に 表れた 仏性の 語
　　　について〉，《日本仏 教學會年報》25。

1961. 《梵漢對照究竟一乘宝性論研究》，
東京：山喜房仏書林。

1967. 《梵和対照究竟一乘宝性論研究》，
東京：鈴木学術財團。

月輪 賢隆

1935. 〈究竟一乘寶性論について〉，《日本仏学會年報》7。

常盤 大定

1973. 《仏性の研究》，東京：國書刊行會。

武邑 尚邦

1958. 〈如來藏の究竟性 —— 宝性論の始終 ——〉，
《龍谷大学論叢》359：39-53。

1977. 《仏性論研究》，京都：百華苑。

小川 一乘

1969. 《インド大乘佛教にわける如來藏・仏性の研究
——グルマルンチエン造宝性論釋疏の解讀》，
京都：文榮堂。

1982. 《仏性思想》，京都：文榮堂，1982。

平川 彰【編】

1990. 《如来蔵と大乗起信論》，東京：春秋社。

1990. 《初期大乗仏教宝の研究〈2〉》
（平川彰著作集第4巻），東京：春秋社。

平川 彰・梶山 雄一【編】

1982. 《如来蔵思想講座・大乗仏教(6)》，東京：春秋社。

高田 仁覺

1955. 〈究竟一乗宝性論の序品について〉，
《密教文化》三一：9-25。

1958. 〈宝性論における転依（āśrayaparivṛtti）について〉，
《印度学仏教学研究》6-2：190-193。

菅沼 晃

1961. 〈宝性論における adhimukti について〉，
《印度学仏教学研究》9-1：130-131。

1965. 〈入楞伽経における「不生」の意味について〉，
《宗教研究》181：79-81。

1966. 〈入楞伽経における自内聖智の意義について〉，
《宗教研究》189：43-66。

1967. 〈入楞伽经如來常無常品の 註釈的研究〉，
《東洋学研究》2期：39-47。

1968. 〈入楞伽经における唯心説について〉，
《印度学仏教学研究》16-2：162-166。

1969. 〈入楞伽经剎那品の 原典研究〉，
《東洋大学紀要・文學部篇》通號23期：39-57。

1970. 〈入楞伽经における dharmanaya について〉，
《印度学仏教学研究》18-2：127-132。

1971. 〈入楞伽经の 不立文字論〉，
《東洋大学紀要》25：33-65。

1977. 〈入楞伽经三萬六千一切法集品譯註（一）〉，
《東洋学論叢》30期：91-193。

1978. 〈入楞伽经三萬六千一切法集品譯註（二）〉，
《東洋学研究》12期：123-130。

1978. 〈入楞伽经三萬六千一切法集品譯註（三）〉，
《東洋学論叢》31期：87-172。

1981. 〈入楞伽经無常性品・現觀品・如來常無常品
・變化品譯註〉，
《東洋学論叢》6期：1-134。

安井 広済

1963. 〈入楞伽经における肉食の 禁止〉，
《大谷学報》43-2：1-13。

1967.〈入楞伽経「無常品」の 原典研究〉，
　　　《大谷学報研究年報》20：65-133。

山口 益

1936.〈智吉祥賢の 入楞伽経註 について〉，《日本仏教学
　　　（協）会年報》8；《山口益仏教学文集》（東京：
　　　春秋社，1972）補訂，頁213-247。

一法 真証

1951.〈究竟一乗宝性論の 作者について〉，
　　　《仏教学紀要》2。

市川 良哉

1970.〈宝性論の 引用經典〉，
　　　《印度学仏教学研究》19-1：212-216。

岩田 良三

1959.《宝性論研究》，東京：岩波書店。

小川 弘貫

1961.〈楞伽経における如來論思想〉，
　　　《印度学仏教学研究》9-1：213-216。

全佛文化圖書出版目錄

洪老師禪座教室系列

- [ ] 靜坐-長春.長樂.長效的人生　200
- [ ] 放鬆(附CD)　250
- [ ] 妙定功-超越身心最佳功法(附CD)　260
- [ ] 妙定功VCD　295
- [ ] 睡夢-輕鬆入眠．夢中自在(附CD)　240
- [ ] 沒有敵者-　280
      強化身心免疫力的修鍊法(附CD)
- [ ] 夢瑜伽-夢中作主.夢中變身　260
- [ ] 如何培養定力-集中心靈的能量　200

禪生活系列

- [ ] 坐禪的原理與方法-坐禪之道　280
- [ ] 以禪養生-呼吸健康法　200
- [ ] 內觀禪法-生活中的禪道　290
- [ ] 禪宗的傳承與參禪方法-禪的世界　260
- [ ] 禪的開悟境界-禪心與禪機　240
- [ ] 禪宗奇才的千古絕唱-永嘉禪師的頓悟　260
- [ ] 禪師的生死藝術-生死禪　240
- [ ] 禪師的開悟故事-開悟禪　260
- [ ] 女禪師的開悟故事(上)-女人禪　220
- [ ] 女禪師的開悟故事(下)-女人禪　260
- [ ] 以禪療心-十六種禪心療法　260

密乘寶海系列

- [ ] 現觀中脈實相成就-　290
      開啟中脈實修秘法
- [ ] 智慧成就拙火瑜伽　330
- [ ] 蓮師大圓滿教授講記-　220
      藏密寧瑪派最高解脫法門
- [ ] 密宗的源流-密法內在傳承的密意　240
- [ ] 恆河大手印-　240
      傾瓶之灌的帝洛巴恆河大手印
- [ ] 岡波巴大手印-　390
      大手印導引顯明本體四瑜伽
- [ ] 大白傘蓋佛母-息災護佑行法(附CD)　295
- [ ] 密宗修行要旨-總攝密法的根本要義　430
- [ ] 密宗成佛心要-　240
      今生即身成佛的必備書
- [ ] 無死 超越生與死的無死瑜伽　200
- [ ] 孔雀明王行法-摧伏毒害煩惱　260
- [ ] 月輪觀．阿字觀-　350
      密教觀想法的重要基礎
- [ ] 穢積金剛-滅除一切不淨障礙　290
- [ ] 五輪塔觀-密教建立佛身的根本大法　290
- [ ] 密法總持-密意成就金法總集　650
- [ ] 密勒日巴大手印-　480
      雪山空谷的歌聲，開啟生命智慧之心

其他系列

- [ ] 入佛之門-佛法在現代的應用智慧　350
- [ ] 普賢法身之旅-2004美東弘法紀行　450
- [ ] 神通-佛教神通學大觀　590
- [ ] 認識日本佛教　360
- [ ] 華嚴經的女性成就者　480
- [ ] 準提法彙　200
- [ ] 地藏菩薩本願經與修持法　320
- [ ] 仁波切我有問題-　240
      一本關於空的見地、禪修與問答集
- [ ] 萬法唯心造-金剛經筆記　230
- [ ] 菩薩商主與卓越企業家　280
- [ ] 禪師的手段　280
- [ ] 覺貓悟語　280
- [ ] 蓮花生大士祈請文集　280

女佛陀系列

- [ ] 七優曇華-明末清初的女性禪師(上)　580
- [ ] 七優曇華-明末清初的女性禪師(下)　400

禪觀寶海系列

☐ 禪觀秘要	1200	☐ 首楞嚴三昧- 降伏諸魔的大悲勇健三昧 420
☐ 通明禪禪觀-迅速證得六種神通 與三種明達智慧的方法	290	

高階禪觀系列

☐ 通明禪禪觀- 迅速開啟六種神通的禪法	200	☐ 三三昧禪觀- 證入空、無相、無願三解脫門的禪法 260
☐ 十種遍一切處禪觀- 調練心念出生廣大威力的禪法	280	☐ 大悲如幻三昧禪觀- 修行一切菩薩三昧的根本 380
☐ 四諦十六行禪觀- 佛陀初轉法輪的殊勝法門	350	☐ 圓覺經二十五輪三昧禪觀- 二十五種如來圓覺境界的禪法 400

虹彩光音系列

☐ 現觀中脈	250	☐ 妙定功法 250
☐ 草庵歌	250	☐ 蓮師大圓滿 260
☐ 阿彌陀佛心詩	250	☐ 冥想·地球和平 心詩 280
☐ 觀世音·時空越	250	

光明導引系列

☐ 阿彌陀經臨終光明導引-臨終救度法	350	☐ 送行者之歌(附國台語雙CD) 480

淨土修持法

☐ 蓮花藏淨土與極樂世界	350	☐ 諸佛的淨土 390
☐ 菩薩的淨土	390	☐ 三時繫念佛事今譯

佛家經論導讀叢書系列

☐ 雜阿含經導讀-修訂版	450	☐ 楞伽經導讀 400
☐ 異部宗論導讀	240	☐ 法華經導讀-上 220
☐ 大乘成業論導讀	240	☐ 法華經導讀-下 240
☐ 解深密經導讀	320	☐ 十地經導讀 350
☐ 阿彌陀經導讀	320	☐ 大般涅槃經導讀-上 280
☐ 唯識三十頌導讀-修訂版	520	☐ 大般涅槃經導讀-下 280
☐ 唯識二十論導讀	300	☐ 維摩詰經導讀 220
☐ 小品般若經論對讀-上	400	☐ 菩提道次第略論導讀 450
☐ 小品般若經論對讀-下	420	☐ 密續部總建立廣釋 280
☐ 金剛經導讀	270	☐ 四法寶鬘導讀 200
☐ 心經導讀	160	☐ 因明入正理論導讀-上 240
☐ 中論導讀-上	420	☐ 因明入正理論導讀-下 200
☐ 中論導讀-下	380	

全套購書85折、單冊購書9折
（郵購請加掛號郵資60元）
全佛文化事業有限公司
新北市新店區民權路95號4樓之1
TEL:886-2-2913-2199
FAX:886-2-2913-3693
匯款帳號：3199717004240
　　　　　合作金庫銀行大坪林分行
戶名：全佛文化事業有限公司
全佛文化網路書店 www.buddhall.com
*本書目資訊與定價可能因書本再刷狀況而有變動，購書歡迎洽詢出版社。

大中觀系列

《如來藏論集》

作　　者　談錫永、邵頌雄
美術編輯　莊心慈
出　　版　全佛文化事業有限公司
　　　　　訂購專線：(02)2913-2199
　　　　　傳真專線：(02)2913-3693
　　　　　發行專線：(02)2219-0898
　　　　　匯款帳號：3199717004240 合作金庫銀行大坪林分行
　　　　　戶　　名：全佛文化事業有限公司
　　　　　E-mail：buddhall@ms7.hinet.net
　　　　　http://www.buddhall.com
門　　市　新北市新店區民權路108-3號10樓
　　　　　門市專線：(02)2219-8189
行銷代理　紅螞蟻圖書有限公司
　　　　　台北市內湖區舊宗路二段121巷19號（紅螞蟻資訊大樓）
　　　　　電話：(02)2795-3656
　　　　　傳真：(02)2795-4100

初　　版　2006年02月
初版三刷　2019年09月
定　　價　新台幣330元
I S B N　978-957-2031-92-6（平裝）

國家圖書館出版品預行編目資料

如來藏論集 / 談錫永,邵頌雄著. --初版.--
臺北市：全佛文化, 2006[民95]
面；　公分. －（大中觀系列）

ISBN 978-957-2031-92-6(平裝)

1.佛教-教義　2.論藏　3.經集部
220.12　　　　　　　95001079

BuddhAll

All is Buddha.

BuddhAll.

BuddhAll